哲人虽逝
清风长存

蒋树声

——陶大镛先生纪念文集

北京师范大学经济与工商管理学院 编
中国民主同盟中央委员会

人民出版社

杏坛慈音学为人师
道德文章竹为世范

刘川生

北京师范大学党委书记 刘川生题词

经国济民志气不更
鸿篇巨制勤力端方

钟秉林

北京师范大学校长 钟秉林题词

——陶大镛先生纪念文集

高中毕业留影（1936年）

全家合影于四川大学（1946年）

在英国进修时留影（1947年）

全家从伦敦回国途中（1949年）

与香港南方学院社会科学班的同学在一起
（1949年）

在马克思母校波恩大学留影（1983年）

参观恩格斯故居（1983年）

在日本京都岚山周恩来
诗碑前留影（1990年）

哲人虽逝　清风长存

与研究生在校园中交谈（1982年）

与经济系教师研究教学工作
（1988年）

书斋中的陶大镛先生
（1985年）

参加李鹏总理主持的教师节座谈会
（1989年）

著名学者合影（从
左到右：陶大镛、钟
敬文、周有光、季羡
林、张岱年、任继
愈、金克木）

与钟敬文先生（中）、启功先生
（左一）在一起

和白寿彝先生（右一）在一起

八十五寿辰合影（2002年）

访问加拿大期间在经济研讨会上讲话（1982年）

访问悉尼歌剧院（1986年）

参加香港经济研讨会期间留影（1987年）

在美国参加研讨会（1987年）

在民盟市委"盟员之家"留影

与夫人牛平青合影（1998年）

出版前言

在陶大镛先生逝世一周年之际，我们特地编辑出版了这本纪念文集，以表达我们对这位著名经济学家、教育家和社会活动家的深切缅怀之情。

文集内容共分四个部分：其中第一部分是陶大镛先生的自述性文献和生平简介；第二部分是陶大镛先生逝世前后媒体的宣传报道和社会各界撰写的纪念文章；第三部分是对陶大镛先生经济思想的评述文章；第四部分是附录，辑录了陶大镛先生生前所发表的主要著述目录。

在文集的编辑和出版过程中，北京师范大学经济与工商管理学院赵春明教授做了大量的工作，付出了许多劳动，在此表示感谢。此外，我们还要感谢民盟中央蒋树声主席为文集题写了书名，感谢北京师范大学刘川生书记和钟秉林校长为文集题词，感谢人民出版社给予的支持。

陶大镛先生虽然离开了我们，但我们的怀念却永无止境！

编　者

2011 年 4 月

目　录

先生经济思想述评

附　录

先生自述与生平简介

我的学术生涯

陶大镛①

　　回首往事,思绪万千。屈指一算,我的学术生涯,匆匆已有半个世纪了。

　　在学生时代,我曾想当记者,办刊物,有时也希望到中学去教书;虽羡慕过教授的地位,也向往出国留学,但当时对我来说,那只是一种奢望而已。

　　我出生在上海,父亲是商务印书馆的排字工人。"一·二八"事变爆发后,日军侵占闸北,工厂被毁,父亲失业,全家逃难,靠半工半读念完初中。家庭经济条件不允许我继续升入普通中学,总算考进了收费较低的江苏省立上海中学商科。高中毕业前半年,校方就保送我到一家电机制造厂当簿记员。那时,除了糊口,每月还能节省二三十元,就交给母亲储蓄起来。我虽埋头工作,但对社会现实不满,总想跳出"火坑",于是发奋读书;利用业余时间,刻苦自学数、理、化等课程,于1936年投考南京中央大学经济系,幸

---

　　①　本文节选自陶大镛先生生前为《陶大镛文集》(上、下)(北京师范大学出版社1992年版)所撰写的前言。文中按照文集的内容排列顺序,对有关文献的写作背景、基本思路以及作者感受做了较详细的阐述和介绍,是极为珍贵的第一手资料,对于我们更好地了解先生的学术思想形成过程具有重要的参考价值,故特将此文收录纪念文集,其中标题为编者所加。

被录取,就这样跨进了高等学府的大门,从此,我跟经济科学就结下不解之缘了。

这部文集所收辑的论文,从时间上看,始于大学时代,直到1992年春,虽已跨越半个多世纪,但是,由于众所周知的原因,从1958年到1979年,在这22年中,我只在《北京师范大学学报》上发表过两篇论文,基本上可说是我在学术活动上的一个空白阶段,这从文集的全部内容上当可反映出来。粗略估计,如以20世纪50年代末期为界,前期与后期的作品在文集中约各占一半。

本文集分为上、下两卷,原定字数以100万字为限。一方面要考虑到篇幅,同时又要反映我在各个时期对一些重大问题的基本观点,在选辑过程中,曾反复取舍,才将全书分为10个部分。凡过去已出专著或单印本的,基本上不再收入文集。为了便于同志们了解我在学术探索道路上的一些经历,才从个别专著中选出几篇,以补充文集内容之不足。还必须陈述一下:由于解放前长期生活动荡,许多手稿散失殆尽,在选辑这部文集的过程中,曾通过多方努力,从各大图书馆(北京图书馆、南京图书馆、重庆图书馆、北京大学图书馆、北京师范大学图书馆、中国科学院图书馆、中国社会科学院经济研究所图书馆等)珍藏的报刊中收集到好多早年发表的作品,其中有些已经列入文集的第一部分和第二部分。还有不少旧作,至今尚未查到,只好留待以后再说了。经过多次压缩,篇幅仍比预定的约多20万字。

现在,我将全书的总体结构和写作的时代背景,做些必要的说明:

第一部分收录我大学时代的论文,其中,最初三篇,是我最早公开发表的几篇经济论文。当时我在大学一年级,除了啃书本,贪婪地念资产阶级的经济学著作外,还挤时间向各报投稿,靠稿费来补贴生活。记得当初向上海《时事新报》经济版试投了《中央储备银行的职责》一文，很快就被刊登出来，编者还给我回信，欢迎我继续寄稿，我那时真有点喜出望外，于是又接连寄去了两篇，这三篇"处女作"，跟后来的其他论文一样，都如实地反映了我当时的思想面貌，在一定程度上也带有时代的烙印。

关于我的那篇大学毕业论文《中国古代生产技术研究》，有些情况要提一下：从1938年起，我开始接受了马克思主义，对生产力、生产工具决定社会经济的发展有了比较明确的认识。从大学二年级起，我对西洋经济史、各国社会经济发展史尤感兴趣，在确定毕业论文前，我读了郭沫若的《中国古代社会研究》，喜不释手，连看两遍，深受教益。"初生之犊"，我也不自量地试图把马克思主义的基本原理运用于中国古代经济史的研究。在研究过程中，我曾向郭老请教过，他热情地回了信，鼓励我勇攀高峰，令我终生难忘，可惜这些函件都已丢失了。经过半年多的钻研，终于写成了10余万字的论文。我曾将《中国石器时代的生产技术》另抄一份，寄请郭老教正，蒙他推荐给《说文》杂志发表（1940年）。该刊主编卫聚贤不久又向我索去了《中国金石并用时代的生产技术》（1941年）。1942年，我到中山大学任教，在经济系主任王亚南先生的督促下，又把《中国青铜器时代的生产技术》这一篇加以修订，在《经济科学》（中山大学学报）上刊登出来。另有《中国铁器时代的生产技术》这一篇，至今尚未发表。这次收入文集时，还是根据手稿另外誊抄的。不仅原来的纸张粗糙不堪，并且是用红墨水起草，不少字迹已经模糊。现在看来，有些资料也不确切，为了存真，这次依然照抄。不管怎样，经过那么多的风风雨雨，这篇东西居然还能保存了下来，连我自己也觉得是一个"奇迹"。

讲到《我是怎样读〈资本论〉的？》这篇短文，现在读来，实在觉得粗疏、浅陋，甚至幼稚可笑。我之所以编进文集，无非表明一个初学者对这部"工人阶级的圣经"的崇敬和一片赤子之心。在那个白色恐怖的年代,它像一盏智慧的明灯,引导我从玄学的黑夜走向科学的黎明。

第二部分收录我在新中国成立前所写的时事评论,从时间上看,它从1943年到1949年夏,并不算短,但收入文集的篇幅却很有限。这主要因为:在这段时期里,我生活漂泊不定,从湘桂撤退到重返故乡,从远涉重洋到返回祖国,在颠沛流离中,全部文稿均告散失,寄存好友处的一些发表过的报刊论文,或遭虫蛀,或被鼠噬,均残缺不全。经过多方查对,又把每篇论文重新誊抄,再从中选出了20篇,大致可分为两类:前8篇曾发表于大后方的一些较有影响的刊物,从不同侧面论述了当时人们关心的社会经济问题;后12篇都是我为香港《文汇报》所写的社论。

在这里还想补充几句:1949年新春,人民解放战争节节胜利,我怀着莫大的喜悦,匆匆携眷从伦敦赶回香港,先应聘在达德学院任教,该校不久被港英政府查封,我就主编《文汇报》经济周刊,兼写社论。前后不过半年光景,却是我一生中值得怀念的岁月。我记得很清楚,在这段时期,我跟徐铸成和杨东莼两位同志,约定每天下午3点在香港中环的一家咖啡馆碰头,边饮边谈,纵论天下大事,笑趣横溢,主要还是围绕港岛政治、经济形势和社会动态,交换意见,确定社论的主题,然后决定由谁执笔。大致这样分工:杨老负责政治,徐老负责社会、文化,我则负责经济。谈到4点光景,立即分手。执笔人奔归家门,"闭门造车",当晚11点报馆就派专人来取,有好几次,稿子尚待收尾,报馆专车已等在门口了。可以这样说,几乎每篇社论都是急就章,这次仅选出其中的12篇。

还应该提一下:在这段时期,特别是在英国进修期间,我曾写过大量有关世界经济和社会主义思想史方面的论著,后来分别编入《战后东欧的经济改造》(中华书局1948年版)、《新民主国家论》(世界知识出版社1949年版)、《战后的资本主义》(三联书店

1949 年版)、《社会主义思想史》(三联书店 1949 年版)、《世界经济讲话》(三联书店 1950 年版)、《世界经济与独占资本主义》(中华书局 1950 年版)这六本书中。可以这样说,这几年是我一生中写作的第一个"丰收期"。由于都已出版了专著,我就不再编入这一部分了。

第三部分主要收录我在政治经济学教学和科研方面的一些成果。考虑到这一领域的范围过宽,后来又决定把我在 20 世纪 50 年代授课所用的讲稿(约 40 万字)以及其他阐述政治经济学基本原理的论文(散见于各报刊)全部抽下,只选用导论部分,力求使文集的整体结构保持平衡。

《我怎样学习政治经济学》一文,是我从香港绕道东北、跨进首都大门所写的第一篇探讨马克思经济学的学习心得。当时《学习》杂志刚刚创刊,正在迎接一个学习马克思主义基本知识的高潮,我如实地叙述了自己从资产阶级经济学的"象牙之塔"走进马克思主义科学殿堂的思想转变过程,在当时沉闷的经济学界似乎起过一点小小"浪花"的作用。

在建国初期的思想建设过程中,对社会发展史的学习曾经起过相当大的作用,它不仅使广大干部和人民群众认识人类社会发展的客观规律以及从资本主义向社会主义过渡的历史必然性,也增强了大家对实现社会主义和共产主义理想的必胜信念。我一直认为,在马克思主义教学中,必须重视广义政治经济学的研究,因此,我对社会发展史这一部分,多少有些偏爱。在选辑这部文集时,我斟酌再三,还是决定把《资本主义以前的生产方式》这篇没有公开发表的讲稿(其中有些内容收入我后来主编、1982 年由人民出版社出版的《社会发展史》一书)列入,再配以我为中国大百科全书经济学卷所写的一篇《资本主义生产方式》,体例就比较完整了。

　　刚进20世纪50年代中期，随着社会主义建设的迅猛发展，在全国范围内掀起了学习政治经济学的热潮。在上海人民出版社的一再催促下，我匆匆写成了《怎样学习政治经济学》，当时发行较广，这次我把其中有关研究对象、任务和方法的几节，都作为导论收了进来。另外两个短篇，都涉及研究方法，也一并附入。

　　第四部分集中收录我对《资本论》研究的6篇作品。说来惭愧，从我初学《资本论》算起，至今已有52个春秋，在大学三年级托人从香港买到的《资本论》英译本，经历过多次周折，至今仍珍藏在身边，但我对《资本论》的研究，依然相当肤浅。党的十一届三中全会以后，提倡解放思想，实事求是，我在理论联系实际的道路上进一步探索，这多少可从《关于提高〈资本论〉的教学和科研水平问题》、特别是《〈资本论〉与现代资本主义》这两篇论文中反映出来。

　　"学然后知不足"。在《资本论》的学习过程中，更会有这样的感受。《资本论》如此博大精深，我越读，就越有"高山仰止"之感。一个多世纪来，尽管西方资产阶级经济学界对于《资本论》采取了漠视、藐视乃至仇视的态度，但实践是检验真理的标准，《资本论》中的基本原理和方法，非但没有"过时"，至今仍然显示了强大的生命力。无论在理论方面，还是在实践方面，它都经受了时代的考验，始终闪耀着真理的光辉。我这样说，并不是把《资本论》中的一字一句，都奉为万世不变的信条。因为马克思主义从来不是封闭的理论体系，而是在批判地总结和继承人类先进思想的优秀成果的基础上，随同革命的实践和科学的发展一道前进，永葆青春的。我个人体会，我们学习和研究《资本论》的科学体系，必须正确地运用它的基本原理和方法，来剖析现代资本主义社会出现的一些新情况和新问题，深入探索社会主义经济运动规律，使经济科学更好地为社会主义现代化建设服务，真正做到坚持和发展马克思主义。本着这样的愿望,我又把三篇有关的序文,列入文集的这一部分。

第五部分选录我对新民主主义经济的 8 篇论文。其实,在新中国成立前后的这几年间(从 1947 年到 1950 年),我对各人民民主国家的社会经济结构和人民经济发展的规律性,曾做过一番认真的探索,写过许多通讯和文章,分别发表在上海和香港的报刊上,后来绝大部分都收进《战后东欧的经济改造》、《新民主国家论》和《人民经济论纲》(十月出版社 1951 年版)这三本集子中。我记得离开上海的前夕(1946 年秋),在一次经济团体联谊会的欢送会上,曾说过:"这次到国外去,要看看蜕变中的欧洲。"所以,一到英国,我就开始收集资料,满腔热情地向国内报导了战后欧洲的苦难和新生。1948 年春,我曾概括地提到:"战后的欧洲,还挣扎在苦难里,但这苦难,是产前的阵痛,是新生的考验。这次大战虽给欧洲带来了苦难,也给欧洲带来了一个新生的时代。这个新时代的历史内容,就是新民主主义。到今天,新民主主义不只是美丽的希望,它已化为动人的现实了。在波兰、捷克、南斯拉夫、保加利亚、匈牙利和罗马尼亚的土地上,新民主主义不但吐了苗,且已生了根,它的须根,已从东欧的一角,渐渐伸展到每一个接受时代洗练的角落。"为了反映新时代的巨大变化,我在文集里只选入了《战后波兰的经济改造》这一章,其余五章(即关于战后捷克、南斯拉夫、保加利亚、匈牙利、罗马尼亚五国经济改造的核心内容,大体一致,均从各国的经济概况、农业和工业的改造、对外贸易的发展、经济计划的实施、人民生活的改善等方面,分别予以论述)就予以删略了。考虑到土地制度的改革是新民主主义革命的主要内容,所以,我把《新民主国家论》一书中的《论新民主国家的土地改革》又收了进来,作为对战后东欧经济研究的一个补充。

新中国建立后,在中国共产党的领导下,我国人民经济的发展一日千里,我在欣喜之余,感到我们经济学界的研究工作,还落在客观形势的后头,总想学习和运用马克思主义的基本原理和方法,对一些重大的经济问题进行具体分析,找出某些规律性的东西来,使我们从感性认识提高到理性认识,而能动地指导经济工作的实践。怀抱这样的愿望,在"发展新民主主义的人民经济、稳步地变农业国为工业国"的这个总任务的思想指导下,我写过 10 多篇东西(均发表于 1950—1951 年间),后来集成了《人民经济论纲》,其中,涉及人民经济的基本理论问题的几篇,这次都收入文集了。

第六部分涉及的范围较广,包括社会主义经济建设与改革开放,但收录的论文不多,这在某种程度上跟我的工作岗位有关。从 1958 年起,我已不再担任政治经济学的教学工作,改攻外国经济思想史了。从此,我很少接触社会主义经济建设的实际问题,也没有参加过社会主义经济理论的探讨,给我安排的具体任务,就是深入批判资产阶级庸俗经济学的各个流派。这样,我对社会主义经济建设问题就越来越陌生了。

直到 20 世纪 80 年代初,中国《资本论》研究会宣告成立,号召以《资本论》的基本原理为指导,从实际出发,来探索社会主义经济建设和改革开放过程中出现的一系列重大理论和实践问题,我有时荣幸地被邀参加一些讨论会和学术报告会,其中,有些讲稿曾整理发表,它们大多写于 80 年代中期以后。考虑到这方面的问题政策性较强,具有一定的时代感,这里选辑的 10 篇,相对来说,还是侧重于宏观理论的分析;其中,有关香港经济与海峡两岸经济交流的 3 篇,则是具体运用"一国两制"的设想所做的一种尝试而已。

此外,我还收进了一篇未发表的《我国发展国民经济的第一个五年计划的科学基础》,这篇东西多少可以反映那个时代的社会思潮,同时也是我对当时社会主义经济计划管理体制的一个坦率的自白。我总觉得,有的同志低估了建国以来社会主义经济建设的伟大成就,并把工作中的失误完全归罪于计划管理体制,如果考虑到当时特定的历史条件,当会认识到这是不公允的。事实上,第二次世界大战后,各个发达资本主义国家(像法国、加拿大、日本等国),不仅在局部范围内,并且在同国民经济发展有关的重要经济部门内,也实行了种种计划调节的措施。可以这样说,经济计量学和投入产出经济学在战后西方世界的盛行,实际上就是在垄断资本主义条件下实行一定程度的"计划化"在经济思想领域中的反映。

第七部分的内容,比较鲜明而集中,共收入有关社会主义思想史的5篇作品。对我来说,长时期来,对社会主义文库(从空想社会主义者到科学社会主义思想家)的学习和研究,始终是一大乐事。在这里,我首先要感谢生活书店。记得1948年仲夏,我在伦敦大学考古研究所进修,突然接到香港生活书店编辑部的来信,约我写本小册子,纪念《共产党宣言》发表100周年,希望我在两个月内一定交稿。任务艰巨,盛情难却。我当即下定决心,排除一切干扰,整天埋头在不列颠博物馆。好在那里藏书丰富,检索又很便捷。在那段时期,我浏览了各派社会主义的名著,有几次闭馆铃已响,工作人员还正在帮我办理存书的手续。从此,我对攻读社会主义思想史名著就成为一种嗜好,不但如期交了稿,并且产生一股强烈的愿望,要把它作为毕生研究的对象。稿子寄出后,先以士林书店的名义,于1948年12月初版,翌年2月又再版发行。解放前夕,改由三联书店重印,列入新中国青年文库,先后出过三版。在这本书的"前记"中,我曾提到:"希望它能成为青年思想旅途上的一个伴侣。"后来,我也确实陆续收到过不少青年朋友的来信,跟我探讨有关追求社会主义理想的种种有趣的问题,使我感到无比的欣慰,也深受教益和鼓舞。

到 1955 年夏,中国青年出版社准备把它重印,作为青年们的理论读物。这次修订较多,把列宁主义部分完全重写,还增补了"社会主义思想在中国的传播"这一章。尽管书中的引文,已参照国内通用的中译本,做了必要的修改,但全书的内容仍旧显得十分粗糙和过于简略,就把书名改为《社会主义思想简史》,于 1956 年问世。

《社会主义思想简史》出版后,我总觉得言犹未尽,在思想上也多少有些压抑之感,一直想再充实、改写一下。万万没有料到,客观形势的变化,使我的希望成了泡影。一拖再拖,直到 1982 年,迎来了科学的春天,青年出版社才准备把本书重印,我就开始动笔修改起来。在历史的长河中,26 载只算弹指一瞬间,但对我的学术生涯来说,它却恍如隔世。时代毕竟不同了。我不改则已,一改就停不下来,并且越改越不如意。所以。这一新版的诞生,是一个难产的过程,由于教学工作和社会活动繁多,我只能利用一点点业余时间,断断续续地修改,对有些章节做了较大的改动,甚至完全重写了。在"新版前记"(写于 1984 年 7 月 1 日)中,我深有感触地这样提到:"继十月革命和中国革命之后,社会主义思潮已猛烈地冲击到全世界的广大地区。在过去半个多世纪里,由于人们对社会主义建设缺乏经验,对经济发展规律认识不足,在各国的社会主义实践中,曾遭到一些挫折,在工作中出现过这样那样的失误;即使如此,但有一点可以肯定:科学社会主义始终像夜航中的一座灯塔,它照亮了全世界无产阶级和劳动人民驶向幸福的前程。全世界历史的巨轮正朝着科学社会主义所指引的总方向破浪前进。""'只有社会主义才能救中国'。这是我国人民 60 多年来从艰苦斗争中得出的历史结论。然而,我们绝不能从本本出发,将社会主义视为一成不变的公式或某种固定的模式。我们必须摸清自己的国情,把马克思主义的基本原理同中国的具体实际结合起来,才能探索到一条具有中国特色的社会主义建设道路。现在,我们伟大的祖国已经进入一个新的历史时期。建设有中国特色的社会主义,是我们开创社会主义现代化建设新局面所亟待解决的中心课题。通过学习和研究社会主义产生和发展的历史,当能进一步了解和认识社会主义理论和实践的多样性和复杂性,有助于我们鉴别真伪,分清是非,满怀信心地在实践中走出一条中国式的现代化道路。本着这样的愿望,我才把这本曾经起过一点启蒙作用的小书,予以增订,重新献给广大的青年朋友,并祝贺青年们在社会主义现代化的新长征中,有所前进,有所创造,不断地取得新的胜利。"时隔8年,今天读来,更是感慨无穷。我们一定要坚定信心,自强不息,同心同德,让科学社会主义的红旗永远飘扬在世界的东方!

可以这样说,每一版《社会主义思想史》的修订,多少都带有那个时代意识形态的烙印。跟前几版相比,新版的内容虽有所改进,但从整体看,仍有不少疏漏之处。为了有所区别,我又把书名改为《社会主义思想史略》。这次收入文集的,有三篇就选自《社会主义思想史略》的第一、三、五章。考虑到马克思主义和列宁主义这两章的内容跟同类的著作基本一致,我就把早年(1950年)所写的《马克思与工人运动》和近期(1990年)所写的《列宁主义的历史地位》补了进去,前后相隔40个年头,它除了追溯我对马克思列宁主义的不断求索,在某种意义上,也反映了当代社会主义所面临的挑战和新的考验。

第八部分收录我有关经济思想史的7篇论文。前面已经提到,从1958年起,我的工作岗位已经调到经济思想史教研室,并且要我对资产阶级庸俗经济学进行深入的批判。当时在全国范围内正处于"大跃进"的高潮,我除了参加劳动锻炼,就集中精力,多方设法,把近代资产阶级的经济学名著一本本找来,边读边写,越读领域越宽,居然萌生了一种不切实际的念头,打算编著一本《庸俗经济学批判》,对1870年以来的资产阶级经济学说进行一次总的述评。自我1941年离开南开经济研究所以后,还没有机会在这方面下过工夫,对当代西方经济学界流行的好些著作相当陌生,现在既能一卷在手,倒有"塞翁失马"之感。大概在1962年,又让我重登讲坛,并把授课的内容集中在批判庸俗经济学方面。与此同时,只是在组织上的敦促和安排下,要我给《北京师范大学学报》撰稿,我勉强答应下来,前后送去了两篇,这就是收录在这里的《19世纪末20世纪初庸俗经济学在方法论上的破产》和《19世纪末20世纪初庸俗经济学在价值论上的破产》。由于这是我在那22年中公开发表的仅有的两篇,它们对我来说,当然弥感珍惜。现在读来,在这两篇论文中,尚不乏"大批判"的语气;即使如此,在"文革"期间,它们还遭到大字报的非难,斥之为"借批判之名,行放毒(指介绍)之实"。在当时的历史条件下,我又能说些什么呢?

1985年和1990年,我受北京外国经济学学说研究会的委托,在中华外国经济学说研究会的关怀和好多同仁的支持和协助下,先后主编了《现代西方经济理论十五讲》(江苏人民出版社1986年版)和《外国经济思想史新编》上、下卷(江苏人民出版社1990、1991年版),通过分工合作的形式,我写了《罗斯托的经济成长论》和《美国资产阶级经济学说的演变》以及《新编》中的前言,这次也都收进了文集。

20世纪80年代初,科学春天的阳光射进了我那小小的书斋。中国社会科学出版社编辑部多次向我索稿,盛意难却,但又无所奉献。我多年积累下来的笔记不少,但都属对庸俗经济学的批判性手稿,当时国内学术界对孙中山先生的经济思想和主张展开了研究,我从平均地权纲领想起了亨利·乔治,就答应写一本《亨利·乔治经济思想述评》,从自己摘录的美国经济思想史笔记中,把亨利·乔治这部分抽了出来，费了半年多时光，予以充实和系统化，于 1981 年春交卷，并以《论孙中山与亨利·乔治》一文作为该书的《代序》，也算偿了一点宿愿。因为，我一直认为，"存在决定意识"，思想是时代的反映，任何具有一定历史地位的经济思想和经济学说，都不是从天上掉下来的，它要受到各个时代的社会存在，即社会物质生活过程的制约和影响。实践表明：自从进入阶级社会以来，人们都在一定的阶级地位中生活和工作，因此，反映社会存在的各种意识形态都具有阶级性，它是为一定的阶级利益服务的。经济观点、思想、学说就是各个时期经济实践和阶级关系在观念上的反映。当然，由于各国的自然条件和历史条件的不同以及经济发展程度的差异，从各国不同的社会集团和阶级的利害关系出发，也可构成不同的经济思想体系。所以，我们以马克思主义为指导，对外国学者的各种经济学说，要遵循实事求是的原则，力求全面，有所鉴别，不应简单地对以往一切资产阶级经济学说采取全盘否定的方针，而应本着"取其精华、去其糟粕"的科学态度，吸收前人经济思想中的一切进步的、推动社会发展的东西，并给予批判地综合和创新，做到"洋为中用"，这不仅有利于创立一套经济思想发展的科学体系，也有利于我国社会主义现代化建设事业的发展。所以，在叙述和介绍各个学派、各个代表人物的经济思想和学说时，我认为大体上应以述为主，述评结合，并突出创见。在这方面我做了初步的尝试，是否符合这一学科的要求，尚有待实践的检验和同仁们的指教。

附带提一笔，这里收入我早年的《凯恩斯主义批判》一文，写于 1951 年。凯恩斯主义作为国家垄断资本主义的理论基础，在战后西方世界曾风靡一时，有的学者还把凯恩斯和马克思拉在一起，硬说他们的学说（特别是关于他们的经济危机学说）是"不谋而合的"。这是一篇急就章，当时主要为了阐明"凯恩斯主义的立场、观点、方法与马克思主义毫无共同之处"。今天看来,似乎在一定程度上也反映了当时经济领域中的国际思潮和国内的思想批判运动。

第九部分涉及世界经济,范围太广,但篇幅有限,我反复选辑,只列入8篇。在我的全部学术生涯中,大概有相当多的时光曾用于对世界经济、特别是对现代资本主义的理论探索。有关这方面的专著,主要有四本,即《战后的资本主义》、《世界经济讲话》、《世界经济与独占资本主义》、《现代资本主义经济研究》(湖南人民出版社1985年版),还有《现代资本主义和社会主义的基本经济法则》(中国青年出版社1955年版)等几本小册子。另外散见于各主要报刊上的论文约有百余篇,其中,20世纪50年代以前发表的作品都写于海外,有些已收入《世界经济与独占资本主义》一书,但仍有不少尚未找到,至今没有汇编成集,这次只把《英国帝国主义经济的演变过程》和《美国帝国主义经济的发展过程》(1947—1948年写于伦敦)这两篇收入文集,也许其中的一些统计资料还可供研究上的参考。与此相联系,在国际金融领域,我只选用了《英镑的将来》和《美元与英镑的斗争》两个短篇,无非为了从另一侧面来反映大英帝国的衰落和帝国主义国家之间矛盾的尖锐化。

1978年年底,学术界开始活跃起来。在各方面的鼓励和催促下,我曾把当时所做的几篇报告,编写成《战后资本主义经济特征》一书(湖南人民出版社1981年版)。从1981年起,我多次出国访问,有机会到各个发达资本主义国家实地考察,亲眼看到了20世纪70年代以来现代资本主义经济发展中出现的许多新情况和新变化,于是,我一方面以《资本论》和《帝国主义论》的基本原理为指导,同时结合实际,又继续研究现代资本主义经济的发展及其变化,于1985年增订成《现代资本主义经济研究》一书。在"新版序"中,我曾提到:"战后以来,在新的历史条件下,由于现代科技革命对资本主义世界经济的重大影响以及资本主义国家发展不平衡规律作用的加强,由于金融资本的空前膨胀和国家垄断资本主义的高度发展,也由于西方社会中新的职业经理和技术阶层的出现,使不少人眼花缭乱,把这看成是资本主义'新阶段'的转折点。在各国经济学界相继流行着形形色色的资本主义'变质论':从'经理革命论'到'权力转移论',从'后期工业社会论'到'信息社会论',从'民主社会主义'到'年金社会主义',可谓琳琅满目,异曲同工,究其核心内容,无非为了断言金融资本已经'解体','经济权力已经转移',垄断资本主义已经发生了'质变',有些人甚至据此抹杀资本主义同社会主义之间的根本区别。""与此相反,另有一些同志,对于战后资本主义世界的新情况和新变化,漠不关心,乃至视而不见。对现代资本主义社会经济结构所发生的某些变化及其新的特点,一概予以否定,仍旧'食古不化',照本宣科,未能把住时代的脉搏,显然脱离了实际。""这两种倾向,'变质论'也好,'不变论'也好,从一个极端转到另一个极端,都或多或少带有某些片面性,并不能透过现象,认清本质,对具体情况进行具体分析,从而得出令人信服的科学结论。我依然认为,马克思所阐明的资本主义经济运动规律以及列宁关于帝国主义的基本原理并没有'过时',在今天仍是我们剖析现代资本主义的强大理论武器。当然,我们绝不是也从来没有把马克思主义著作奉为万世不变的教条。因为,马克思主义是科学,是生气勃勃的创造性的革命学说,而科学的本身是不会停滞不前的,它将在革命实践的基础上,随着时代的前进而不断地丰富和发展。我深深觉得,我们对现代资本主义经济的研究,既不能抱有狭隘的阶级偏见,也不应'一叶障目'或'坐井观天',必须全面地、准确地运用马克思主义关于人类历史和资本主义社会的基本原理,面向世界,密切联系实际,认真解剖现代资本主义发展中涌现的种种新现象、新问题,找出一些规律性的东西来,把富有生命力的马克思主义继续推向前进。"本着这样的初衷,我把《论现代资本主义的基本经济特征》(写于1980 年)和《探索现代资本主义的发展阶段——对"向社会主义过渡"问题的再认识》(写于 1989 年)这两篇收入文集,只是作为一种尝试,对一些带有根本性的理论问题提出不成熟的看法,主要还是希望得到各方的指教,来共同探讨。

在这一部分,本来打算从早年的《世界经济讲话》一书中选辑一章,后来觉得在结构上难于割裂,就放弃了。所好 1980 年年初,为了迎接中国世界经济学会的成立,我曾向大会提交过一篇《论世界经济的研究对象》(先发表于《社会科学战线》1980 年第 1 期,后由《世界经济》月刊转载),涉及这一新兴的边缘学科中的若干重大理论问题,由于当时大家见仁见智,尚未取得一致的看法,我试做一番探索,也是为了抛砖引玉而已。

附带提一下,这里收入的《时代的考验》一文,是我为纪念《经济导报》(香港)创刊 35 周年而写的短篇。记得该刊创刊(1947年)不久,我曾从海外寄去一篇论文,涉及当时的国际经济形势;到 1987 年,在该刊创刊 40 周年纪念特刊上,我又写过一篇《再论世界经济的动向》,回顾了一下 40 年间的变迁。正如拙文中所提到,"35 年如弹指,往事历历在目。追忆过去,再看看现在,恍如隔世"。我将这篇选入文集,真可谓感触多端,不免交织着怀念和祝愿之情。

最后这一部分,严格说来,应当作为"附录"。因为,在学生时代,我虽没有想当一个经济理论工作者,但半个世纪来,我还是一直在经济科学的这座宝殿里不断求索。在前面九个部分中,当可从一条崎岖曲折的黄泥路上隐约看出我所留下的步步脚印。在探索过程中,我有过难言的困惑和辛酸,也有无比的情趣和欣慰。我长期生活在文化教育的大花园里,这里五彩缤纷,生机盎然,经常看得见燃烧着的科学之火,也不时辐射出令人耀目的真理之光。作为教育岗位上的一名"园丁",我在耕耘之余,曾为新文化启蒙运动呐喊过,也为知识分子呼吁过;我为"百年大计、教育为本"的国策而寄予希望,也为维护世界和平,促进人类进步的前景而忧喜参半。考虑到全书的篇幅,这里所收的 10 篇,只能算是我在文化教育大海中学泳时溅起的点滴浪花而已。

特别值得一提的,就是收在这里的 10 篇悼念文章。我怀念老一辈的同志,主要当然因为敬仰他们。他们不仅是我的良师益友,也是中国知识分子的优秀代表。写到这里,不禁又想起了王亚南先生。太平洋战争爆发后,我虎口余生,于 1942 年春混在梅县难民回乡队里,历尽千辛万苦,从香港逃到广东坪石镇,本来打算在老友处歇一歇脚,再去当时的"文化城"——桂林当一名新闻记者。通过他的介绍,去拜访在那里担任中山大学经济系主任的王亚南教授。说老实话,在学术的征途上,我当时还是一只"迷途的羔羊"。就这么一个偶然的机遇,后来在王先生的关怀和推荐下,把我留在中山大学,这是我一生中的转折点,从此以后,就开始了教书的生涯,至今整整半个世纪。在我的第一篇悼文中,曾这样深深地感念过:"饮水思源。如果没有亚南先生的提携、指引和鼓励,恐怕在科学的大道上我还不能如此顺利地踏步前进。"当然,其他学术界,特别是经济学界的前辈们对我的种种教诲,也同样使我毕生难忘的。

风雨50年

陶大镛①

开国大典那天,我和夫人平青同志站在金水桥畔的北面,眼望着第一面鲜艳的五星红旗在天安门广场冉冉升起。当时,隆隆的礼炮声和数十万各界人士发出的欢呼声响彻云霄。这是东方醒狮在高吼,也是五千年文明古国的人民向全世界宣告:"我们站起来了!"这样壮丽的场面,这样动人的情景,至今历历在目,在我的一生中留下了最深刻、最难忘和最美好的回忆。

开国盛典时,我刚过"而立",如今已进入耄耋之年。时光流逝之快,使我思绪万千。回首50年风风雨雨,更是感慨无穷。其中有欢乐,也有哀伤;有期盼,也有怅惘;有憧憬,也有困惑。今天拿起笔来,想写的人和事,实在太多太多了。在这篇短文中,也不知从何谈起。想来想去,还是实事求是,从一个侧面,也是知识界普遍关心的问题谈些随想吧!

静静沉思一下,这50年的历程,似乎可以分为三个阶段:从开国到1956年是第一阶段。其间,广大知识分子经过一系列的思想

---

① 这是陶大镛先生生前为庆祝中华人民共和国成立50周年撰写的文章,文章刊发于《群言》1999年第10期。因文章中穿插有先生自身经历的一些重要回顾,故也将此文编入纪念文集中。

改造运动,认识上发生了不同程度的变化。学习辩证唯物主义和历史唯物主义的积极性有所提高,对社会主义的到来抱有空前的热情,尽管对高校实行的"院系调整"以及"一边倒"(学习苏联)的教学方针尚有不同的看法,也并未影响到教育事业的发展。1956年,周总理发表了关于知识分子问题的报告,党也发出了"百花齐放、百家争鸣"和"向科学进军"的号召,报告和号召像春雷一样惊动了大地,激发了广大知识分子的献身精神。1951年,我曾到广西贵县参加过一次轰轰烈烈的"土改运动",亲历了清匪反霸、访贫问苦、扎根串联,直到划阶级、分田地的全过程。对我这个出生在上海、从未下过乡的书生来说,也算闯过"民主革命"这一关了。从总体上看,这个阶段基本可以说是"和风细雨"。虽也有"山雨欲来风满楼"之势,甚至雷声震耳,但是经过一阵风吹雨打,不久也就雨过天晴了。

从1957年那个不平凡的夏天开始,到1976年"四人帮"垮台,中国知识界进入了一个"狂风骤雨"的艰难阶段。尽管每个人的具体遭遇各有不同,但大多数知识分子或多或少都经受过一段凄风苦雨的日子。关于这方面的自述和追忆一类的作品已经发表过不少,我不想再多费笔墨,在这里只是简略地谈些自己的感受。

1956年3月,我突患中心性视网膜炎,病情很重,医嘱全休。我当时担心失明,到处走访名医,长期疗养。足有一年光景,我没有阅读书报,只能"以耳代目"听听广播。直到1957年4月中旬,我才从北大医院回家。那时,正值"大鸣大放"进入高潮,由于众所周知的原因,忽然飞来一顶"右派"的帽子扣在了我的头上。真是祸从天降!虽然在1959年第一批摘了帽,但还是得低着头打发时光。"文革"期间,跟一批同命运的"臭老九"一样,我的家被抄了又抄,心爱的书画不翼而飞,不少手稿散失了。在那段"和尚打伞,无法无天"的日子里,我蹲过"牛棚",关过"劳改队",干过各种各样的重活:拉过压路机,当过锅炉工,长期在暖气管道里包石棉瓦,还曾爬进锅炉去挖过烟道灰。有时让我当清洁工,打扫学生宿舍的厕所,这已算是不可多得的轻活了。说来奇怪,在这样的环境里,有时脑子里还会闪过这样的"理念"来自我解嘲:劳动真是伟大、光荣;劳动创造了人本身,也创造了人类社会;劳动是一切价值的来源,劳动人民才是创造历史的真正主人!

"风雨如晦,鸡鸣不已"。"山穷水尽疑无路,柳暗花明又一村。"熬过了"十年浩劫",1978 年中共十一届三中全会召开,吹起了改革开放的东风,迎来了科学的春天,中国知识分子的命运也发生了划时代的变化。1979 年秋,一阵清风把戴在我头上那顶"不实之词"的帽子吹掉了,这岂非福从天降吗?

欣喜之余,屈指一算,22 个春秋已经过去了。在这段风雨飘摇的岁月里,只是在组织上的敦促和安排下,我才被允许在《北京师范大学学报》上发表过两篇批判资产阶级庸俗经济学的论文。1958 年到 1979 年这段时期,是我生命历程中的"黄金时代"(从 39 岁到 61 岁),同时又是我学术活动的一个空白阶段。为了弥补或者说夺回已失去的宝贵时光,我又开始伏案,在书斋里重操旧业了。改革开放的 20 年中,祖国的经济建设突飞猛进,也带动了文教事业的高速发展。20 世纪 80 年代,党和政府提出"教育要面向现代化、面向世界、面向未来"的总方针,并强调要"尊重知识、尊重人才"。"臭老九"终于重见天日了。从那时起,中国知识界又开始进入一个发挥所长的新阶段。20 年来,虽也刮过几次寒风,有过几阵雷雨,但与过去,特别是"文化大革命"时期相比,还是处于"风调雨顺"的大天地里。我虽已跨进"老年"的门槛,倒还活得精神饱满。除了忙于教学和科研,编写一些东西,还不时到各地开会、讲学,几乎跑遍了天南地北,对祖国的锦绣河山有了更深切的了解。与此同时,除了参政议政,我还参加了多种社会活动,并多次再出国门,重新认识变化中的世界。

为了建设一个繁荣富强的社会主义现代化中国,我们只有推动科技进步,加快经济建设的步伐,增强综合国力,才能屹立于先进国家之林。"百年大计,教育为本"。改革开放以来,从普及义务教育到发展高等教育,我国颁布了一系列教育法规,并在1995年召开的全国科技大会上明确提出了"科教兴国"战略。这既顺乎当今世界科技高速发展的潮流,也符合中华民族的长远和根本利益。从现在起到下个世纪的前10年,是我国实现第二步战略目标和向第三步战略目标迈进的历史性关键时期,我们一定要千方百计地将"科教兴国"的战略落到实处。放眼世界,要实现"科教兴国",就必须先做到"国兴科教"。国家应该持续地增加对科教事业的投入,至少要从国民生产总值中拿出4%投在教育上,才能真正把教育放到优先发展的战略地位上。在这场创新的攻坚战中,广大知识分子义不容辞地肩负着神圣的使命。我深信,富于强烈爱国主义光荣传统的中国知识分子将像过去一样,在党的领导下,不畏艰辛,经得起任何惊涛骇浪,抓住机遇,与祖国同呼吸、共命运,风雨同舟,驶向21世纪的新世界。

陶大镛先生生平

赵春明①

　　著名经济学家、教育家和社会活动家,第八届北京市人大代表,第九、十届北京市人大常委会副主任,第六、七、八届全国人大常委,第七届全国人大财经委员会副主任,第一、二、三、四、五届北京市政协委员,第五届全国政协委员、第六届全国政协常委,民盟第一、第四届北京市委副主委、第五、六、七届主委、民盟第一、二届候补中央委员、第四届中央委员、第五、六、七届中央副主席、第八、九届中央名誉副主席,中华外国经济学说研究会荣誉会长,中国世界经济学会原副会长,中国《资本论》研究会原副会长,北京师范大学荣誉教授,北京师范大学经济与工商管理学院名誉院长陶大镛先生因病医治无效,于 2010 年 4 月 18 日 16 时 38 分在北京不幸逝世,享年 92 岁。

　　陶大镛先生 1918 年 3 月出生于上海,作为一个商务印书馆排字工人的儿子,他在战乱与贫穷中度过童年,通过刻苦自学,考取了中央大学经济系,从此开始了他作为经济学家的人生历程。

---

　　①　作者系北京师范大学经济与工商管理学院副院长、教授、博士生导师。本文撰写过程中参考了杨国昌教授提供的有关资料,成文后程树礼教授、王同勋教授、詹君仲教授、李翀教授、沈越教授、赖德胜教授和胡松明副教授进行了讨论和修改,并最后由中央统战部、民盟中央、北京市人大和民盟北京市委审定定稿。

1937 年 4—5 月，当时还是大学一年级学生的陶大镛先生就在上海的《时事新报》上连续发表了《中央储备银行的职责》等三篇论文。也正是在大学读书时期，陶大镛先生从朋友那里借到一本列昂节夫著的《政治经济学基础教程》，由此得到马克思主义经济学的启蒙。后来，他为了进一步从原著中学习马克思的经济学说，又托人从香港买来了《资本论》英文三卷本，利用暑假时间，系统学习了这部巨著，并以卡奇的笔名在重庆《读书月报》上发表了《我是怎样读〈资本论〉的?》一文，介绍他读马克思《资本论》的体会。

大学毕业后，陶大镛先生考上了南开经济研究所的研究生。那时正值国难当头，他遂放弃研究生的学习，前往香港从事进步文化活动。太平洋战争爆发后，日本占领了香港，陶先生又历尽艰辛，返回内地，先后在中山大学、广西大学、交通大学和四川大学任教。在这期间，他在《广西日报》、《中国工业》、《时代中国》、《民主周刊》、《民主生活周报》、《民主与科学》、《民众时报》等报刊发表过大量文章，对国民党政府的腐败和官僚资本的罪恶，做了尖锐的揭露。

1946—1949 年，陶大镛先生在英国和香港期间，主要从事经济史和经济思想史方面的研究，他曾为香港的《经济导报》和上海的《文汇报》、《世界知识》、《新中华》、《经济周报》、《时与文》、《中国建设》等刊物发表大量学术论文。这几年出版和成稿的著作有《战后东欧的经济改造》、《新民主国家论》、《论马歇尔计划》、《社会主义思想史》、《战后资本主义》、《世界经济与独占资本主义》、《世界经济讲话》等。年仅三十出头的陶大镛先生，在短短几年里就发表如此大量的文章和专著，不难想见，他的研究工作是多么的勤奋。

1949 年，中国新民主主义革命胜利在望，一心向往祖国的陶大镛先生决定回国参加工作。中央人民政府成立后，他担任中央出版总署编译局计划处处长，主编新中国第一个综合性学术杂志《新建设》，同时兼任《光明日报》经济周刊主编。这一时期，他在全国十几份刊物上发表过大量的文章，著有《人民经济论纲》、《怎样学习政治经济学》等著作。

然而，人生的道路不是平坦的，从1957到1979年的22年间，陶大镛先生蒙受了极大的冤屈，但他并没有动摇对马克思主义和社会主义的信念，仍然保持学者刻苦的专心钻研学问的精神，孜孜不倦地阅读书刊，不厌其详地收集资料，默默无闻地从事着研究工作。在极端困难的条件下，他在《北京师范大学学报》上发表了《十九世纪末二十世纪初庸俗经济学在方法论上的破产》及《十九世纪末二十世纪初庸俗经济学在价值论上的破产》两篇学术论文。

党的十一届三中全会以后，陶大镛先生的错案也随之得到改正。这时他虽已年过花甲，依然以极大的热情和旺盛的精力投入工作，他的著作也陆续得到发表，主要有《社会主义思想简史》、《战后资本主义经济特征》、《现代资本主义经济研究》、《亨利·乔治经济思想述评》、《马克思经济理论探索》（主编）、《社会发展史》（主编）、《人类社会的过去、现在和将来》（主编）、《外国经济思想史新编》（主编）、《现代资本主义论》（主编）、《世界经济新格局研究》（主编）等。1992年，为了庆祝他执教50周年，北京师范大学出版社出版了《陶大镛文集》上、下两卷，比较全面地反映了他的学术成就。

陶大镛先生从事马克思主义经济学的研究，是与他的马克思主义信仰密切相连的。他发表的十几部著作和数百篇论文，无论是在新中国成立前写的，还是新中国成立后写的，坚贞不渝的马克思主义信念是他坚持经济学研究的力量源泉。由于他在马克思主义经济学研究方面的显著成就,在 20 世纪 80 年代初成立中国《资本论》研究会时,一致选举他为副会长(后任名誉顾问),同时还被选为中华外国经济学说研究会副会长、中国社会科学院经济研究所学术委员会委员和马克思主义研究院学术顾问等。

在世界经济研究方面,陶大镛先生在 20 世纪 50 年代初就出版了《世界经济讲话》和《世界经济与独占资本主义》,这两本书是目前能检索到的我国学者有关世界经济的最早的专著,书中系统地阐述了世界经济的研究对象、方法、基本问题及其发展趋势,为这一新兴学科在我国的建立做出了重要贡献。我国改革开放后,他又在《社会科学战线》1980 年第 1 期发表一篇长文《论世界经济的研究对象》,对世界经济的基本概念、研究对象和若干重大理论问题做了进一步的阐述,在学术界产生了重要影响。我国已故著名经济学家、中国世界经济学会首任会长钱俊瑞曾称道陶大镛先生"是我国最早提出并从事世界经济学的创始人之一"。在 1980年成立中国世界经济学会时,陶大镛先生被推举为副会长;1981年建立学位制度以后,国务院学位委员会批准陶大镛先生为我国首批世界经济博士生导师。为了更全面反映陶大镛先生在世界经济领域的学术成果,1998 年北京师范大学出版社又出版了《陶大镛文集》(世界经济卷)。

由于陶大镛先生在学术界的重要影响,曾出席 1956 年全国科学规划会议,参与制定《1956—1967 年哲学社会科学规划纲要》,1979 年出席全国经济科学规划会议,制定《1980—1985 年经济科学发展规划》,担任国务院学位委员会第一、二届经济学科评议组成员,多次应邀参加国际学术交流活动,并入选"影响新中国经济建设的 100 位经济学家"。

陶大镛先生一生热爱教育,为我国教育事业的发展尽心竭力,建言献策,并身体力行,为我国培养了大批德才兼备的优秀人才。

陶大镛先生的教育生涯可追溯到 1942 年。当时日本侵占了香港,陶大镛先生虎口余生,历尽千辛万苦到达广东坪石镇。在《资本论》中文版译者、时任中山大学经济系主任王亚南的推荐和热心帮助下,先生被聘为中山大学讲师,开始了他的教育事业。随后,先生于 1943—1944 年在桂林广西大学经济系任副教授,1944—1945 年在重庆交通大学管理系任副教授,1945—1946 年在成都四川大学任教授。那时他年仅 27 岁,这在我国教育界是不多见的。

1946 年秋,应英国文化委员会之邀,陶大镛先生以进修学者的身份,在曼彻斯特大学和伦敦大学从事经济研究,1949 年年初返回香港,在达德学院商经系任教。新中国成立后,他担任中央出版总署编译局计划处处长,同时兼任北京大学法学院教授和辅仁大学经济系教授,讲授战后国际政治经济问题和政治经济学。

1954 年,陶大镛先生被聘为北京师范大学政治教育系教授,并担任政治经济学教研室主任,为政教系第一届学生讲授政治经济学。由于教学科研成绩突出,1956 年被评为北京市劳动模范。

1979 年,陶大镛先生接受了筹建北京师范大学经济系的任务,并任系主任。他虽然年过花甲,依然忘我工作,积极组建师资队伍,制定经济学人才培养方案,很快就建起了全国师范院校中第一个经济系,为全国其他师范院校做出了榜样。在陶大镛先生的带领下,北师大经济学科逐渐成长,发展壮大,如今的经济与工商管理学院已成为我国经济学人才培养的重要基地。

陶大镛先生终生从事教育工作,对教育事业有着深厚的感情,深知我国教育的现状、问题和症结,他在许多会议论坛和刊物上发表的教育言论,综合起来主要有以下几方面。

(一)教育不是商品,不能推向市场

改革开放初期,有些人提出,在市场经济条件下,教育本身也是"商品",学校也是市场,深化教育改革,就必须"把教育推向市场,面向市场"等等。陶大镛先生认为,这些提法同中央颁布的《中国教育改革和发展纲要》所提出的教育方针是不一致的,"不可把商品经济的规律盲目地引入教育领域里来",不能把"教育要适应市场经济发展的需要"同"教育商品化"混为一谈,也不应把"教育必须面向社会"说成是"把教育推向市场"。

(二)实现"科教兴国"必须"国兴科教"

他强调"科教兴国,教育为先",科技人才的培养主要依靠教育,发展教育。他针对我国教育拨款一直低于国际平均水平的情况,多次呼吁政府应该对教育大量地投入,每年至少要从 GDP 中拿出 4% 投在教育上。

(三)发展教育关键在政府

他认为教育是公益性事业,因此发展教育的责任主要在于政府。陶大镛先生在任全国人大常委期间,长期参与立法工作,《教育法》的颁布就包括他诸多的心血和建议,比如关于教师待遇的第二十五条规定:"教师的平均工资水平应当不低于或者高于国家公务员的平均水平,并逐步提高。"对这一条,他特别感到由衷的高兴和欣慰。此外,陶大镛先生还和其他学者共同倡导设立了"教师节"。

(四)稳定师资队伍是提高教育质量的前提

关于这个问题,陶大镛先生曾提出过六条措施:第一,大幅提高各级合格教师的劳动报酬,务使教育系统的平均工资水平高于12 个行业职工的平均工资水平;第二,除职务工资和各项规定的生活津贴外,教师可另加教龄津贴;第三,凡满 30 年教龄的教师,退休后可享受全额工资待遇;第四,民办教师的工资不但要按月兑现,而且要能与公办教师同工同酬;第五,兴修教师宿舍楼,使教师能安居乐业;第六,师范院校的学生可免交学费。

虽然岁月过去了多年，如今我们正在讨论和实施《2010—2020国家中长期教育改革与发展规划纲要》的今天，陶大镛先生提出的这些措施仍然有着极为重要的参考价值。

陶大镛先生不仅是我国著名的经济学家、教育家，同时还是一位杰出的社会活动家。

1939年，陶大镛先生在中央大学加入了地下党领导的"抗日救亡工作团"，担任过团长，同时还发起并领导地下党的外围组织"中苏问题研究会"，放映苏联电影，举办苏联生活图片展览，还经常举行座谈会、报告会，曾邀请周恩来以及邹韬奋、潘梓年、钱俊瑞等进步人士到重庆沙坪镇中央大学做报告。由于他参与爱国进步活动，曾受到学校当局及国民党特务的忌恨和监视。

抗日战争胜利后，陶大镛先生在四川大学任教时积极支持学生运动，他曾与彭迪先和李相符教授一起，声援昆明"一二·一"惨案，营救被捕的学生，因而遭到国民党特务的迫害，这就是当时在四川大学发生的"三教授事件"。1946—1948年，他在英国曼彻斯特大学和伦敦大学做访问教授，结识了一批留学进步人士，声援国内的人民解放战争。1947年加入中国民主同盟，筹建了中国民主同盟英伦支部，任民盟英伦支部负责人。在那个时候，追求社会主义是许多革命青年的崇高理想，但很难找到有关社会主义的中文参考书，先生利用英国的有利条件，在伦敦大英博物馆潜心研究了社会主义思想的各种流派。1948年，为了纪念《共产党宣言》问世100周年，他全力以赴地在短短两个月内撰写了《社会主义思想史》一书，寄回香港士林书店出版（全国解放后又由三联书店发行过三版）。

1949年春，国内的人民解放战争胜利在望，一心向往祖国的陶大镛先生，响应中国共产党的召唤，决定回国工作。他携带全家克服重重困难，冒着巨大风险坐船回到香港，在进步教授汇集的达德学院等待时机准备北上。中央人民政府成立前夕,他应中国人民银行总行行长南汉宸的邀请,赴东北解放区,由营口转到北京。

从 20 世纪 80 年代起,陶大镛先生在全国人大、全国政协、民盟中央以及北京市人大、民盟北京市委担任多项重要社会职务。1984 年,在民盟北京市第五次代表大会上,陶大镛先生当选民盟北京市委主委,直至 1997 年换届,改任名誉主委。在他主持民盟北京市委工作的十几年中,坚持正确的政治方向,同中国共产党亲密合作,努力发挥参政党职能作用,围绕北京市的“两个文明”建设,广泛组织座谈研讨,对北京市“八五”计划纲要、“九五”计划纲要、2010 年远景目标纲要、政府工作报告、重要人事安排、廉政建设、亚运会的筹备工作等提出了许多建设性意见,受到有关部门的高度重视和采纳。他认真贯彻落实中国共产党领导的多党合作和政治协商制度,积极加强民盟北京市各级组织自身建设,团结和带领全市盟员为促进首都改革开放和现代化建设做出了积极贡献。

在担任北京市人大常委会副主任期间,陶大镛先生坚决贯彻执行中国共产党的路线、方针、政策和国家的法律法规,兢兢业业履行人大工作职责,充分发挥专业特长,对北京市教育科技文化卫生体育事业及有关立法工作提出了许多建设性意见。在立法工作中,充分听取和反映社会各界的意见建议,主持完成了实施中华人民共和国职业教育法办法、北京市实施《中华人民共和国教师法》办法、北京市科学技术普及条例等地方性法规的制定工作。他注重监督实效,坚持实事求是,深入开展法律法规执行情况的检查,提出了许多建设性意见,为坚持和完善人民代表大会制度,推进北京市的民主法制建设,倾注了大量心血,付出了艰辛的努力。

陶大镛先生在担任民盟中央副主席期间,担任《群言》杂志的主任编委十余载,他不辞辛劳,尽心竭力,把这份月刊办得具有鲜明的特色,在海内外产生了广泛的社会影响。他多次参加党和国家领导人召开的座谈会,为国家的政治、经济发展献计献策,发挥了积极作用。

就在先生因病长年卧榻期间,他也念念不忘百姓的疾苦和国家的发展大业,时常让家人和学生给他读报,讲述正在发生的国家大事,并发表自己的看法。

回顾陶大镛先生的一生,是追求真理的一生,是开拓奋进的一生,是令人敬仰的一生。他热爱祖国、热爱人民、热爱中国共产党、热爱社会主义事业,在长达70多年的学术生涯里,他始终不渝地坚定马克思主义信念,笔耕不辍,著书立说,为我国的经济科学研究事业无私地奉献了自己的一生和才华;陶大镛先生终生热爱教育事业,教书育人,直抒己见,为我国教育事业发展做出了突出的贡献;陶大镛先生虽历经坎坷,但他襟怀坦荡,光明磊落,心系祖国,竭力维护祖国统一,衷心拥护党的领导,积极参政议政,为国家经济社会发展和统一战线事业做出了重要贡献,是中国共产党的亲密朋友。

如今,陶大镛先生离我们远去了,但先生的精神风范将永远激励着我们前行,先生的音容笑貌将永远活在我们心中!

宣传报道与纪念文章

痛别陶大镛先生

北京日报社　王　皓①

著名经济学家、教育家和社会活动家，第六至八届全国人大常委会委员，第七届全国人大财经委员会副主任委员，民盟第五至七届中央副主席，北京市第九、第十届人大常委会副主任陶大镛同志因病医治无效，于2010年4月18日在北京不幸逝世，享年92岁。昨天上午，陶大镛同志遗体送别仪式在八宝山革命公墓举行。

胡锦涛、温家宝、贾庆林、李长春、习近平、李克强、周永康、王刚、王兆国、王岐山、刘淇、刘延东、李源潮、张高丽、乔石、朱镕基、尉健行、吴官正、蒋树声、杜青林、张梅颖和丁石孙、许嘉璐等通过各种形式表示沉痛哀悼并向其亲属表示深切慰问。

陶大镛同志1918年3月出生于上海，通过刻苦自学考取中央大学经济系学习。1946年至1949年，陶大镛在英国和香港期间，主要从事经济史和经济思想史方面的研究。

1949年，陶大镛同志决定回国参加工作。中央人民政府成立后，他担任中央出版总署编译局计划处处长。从1957年到1979年的22年间，陶大镛同志受到错误批判。

---

① 作者系北京日报社记者，原文刊载于《北京日报》2010年4月25日第1版，原文标题为《陶大镛同志遗体在京火化》。

1979 年,陶大镛接受了筹建北京师范大学经济系的任务,并任系主任。从 20 世纪 80 年代起,陶大镛同志在全国人大、全国政协、民盟中央以及北京市人大、民盟北京市委担任多项重要社会职务。

陶大镛同志病重期间和去世后,袁贵仁、柳斌杰、张宝文、郭金龙、杜德印、阳安江和张健民、于均波、武光等以不同方式表示慰问。

陶大镛同志亲属、生前友好及中央和北京市有关部门负责同志也到八宝山送别。

治学垂典范　耕耘传清风

——高校学者师生缅怀陶大镛先生

中国教育报社　杨晨光①

"终生治学垂典范，一世耕耘传清风"……陶大镛的弟子写给老师的挽联，摆在北京师范大学经济与工商管理学院设立的悼念灵堂里。灵堂正中，被黄白两色菊花环绕着的是著名经济学家、教育家和社会活动家，北京师范大学荣誉教授、经济与工商管理学院名誉院长陶大镛先生的遗像。

4月18日下午，92岁的陶大镛安详地离开了。灵堂设立后，每天都有不少学界前辈、青年教师、年轻学子前来吊唁，他们纷纷回忆起和陶大镛先生相处的难忘故事。

病中仍心系学科发展

4月21日，中国人民大学经济学院老教授卫兴华专程赶到设在北师大的灵堂，拜祭陶大镛先生。已经85岁的老人步履蹒跚，但是面对陶大镛先生的遗像，他依然深深地鞠了三个躬。

---

① 作者系中国教育报社记者，原文刊载于《中国教育报》2010年4月27日第2版。

"我和陶老曾经在一起搞理论研究,他对马列主义的追求和信念始终坚贞不渝,即使是在极端困难的条件下,也没有动摇过。"回忆当初,卫兴华教授语带哽咽,"前几年由于身体原因他住进医院,经常处于昏迷状态,有一次我去看他,他清醒过来,看到我,马上和我讲起马克思主义在中国的发展和社会主义的进程,让我特别感动。"

在长达70年的学术生涯里,陶大镛笔耕不辍,著书立说,为我国的经济科学研究事业无私地奉献了自己的一生和才华。20世纪50年代初,他就出版了《世界经济讲话》和《世界经济与独占资本主义》,这两本书是目前能检索到的我国学者有关世界经济最早的专著。

一生只带了6名博士

1981年,北师大第一批获准招收世界经济专业博士生,陶大镛也成为我国第一批博士生导师。但他终其一生,只亲自指导了6名博士。

北师大经济与工商管理学院教授沈越1995年拜在陶大镛先生门下读博士,让沈越记忆犹新的是,一入学,陶大镛先生就提出,希望他能发挥掌握德文的优势,赴德国用第一手资料研究其社会市场经济体制,考察德国及欧洲社会主义思潮对这一体制的影响。

带着这一任务,沈越到了德国汉堡世界经济研究所。临行前,陶大镛一再叮嘱他,留学访问时间很短,切忌浮躁。"秉承先生的教诲,我在德国多个图书馆中泡了整整一年。最后我带回国一百多公斤文献资料,这为我后来完成博士论文奠定了基础。"沈越回忆说。更让沈越动容的是,那时陶大镛已年过八旬,可是他仍然坚持逐句逐字地批改论文。

"搞学术不能三心二意"

第一次和陶大镛先生近距离接触,已经是 20 多年前的事情了,但是,陶大镛先生说的一段话,这么多年来时时响在北师大经济与工商管理学院教授赵春明的耳边。"搞学术,绝不能三心二意,一定要持之以恒。不要急于求成,不要赶时髦。"

1990 年师从陶大镛在职攻读博士学位的赵春明,至今仍记得老师的指导。有一次,赵春明给陶大镛送去一部分博士论文的初稿,其中有几处注解出现了"转引自某某文献"的字样,陶大镛见了,问他:"你为什么不直接引用第一手材料呢?"赵春明说这些材料国内恐怕很难见到原文。陶大镛又问:"那你查过没有?"赵春明只好如实相告说没有查过,陶大镛马上露出不悦的神色,严厉地说:"不行,这部分我先不看,查好了以后再交给我!""后来经过数日的奔波和多处努力,我终于查到了这些材料的原文,先生这才高兴起来。"赵春明感慨地说。

赵春明说:"如今先生离我们远去了,但精神要由我们来传承,只有更加努力,在工作岗位上取得更多、更大和更好的成绩,才是对先生殷殷培育之恩的最好报答。"

深切怀念著名的马克思主义
经济学家陶大镛先生[①]

经济学动态杂志社

　　2010年4月18日,我国著名经济学家、教育家和社会活动家陶大镛教授不幸逝世。陶大镛教授生前曾任中华外国经济学说研究会荣誉会长、中国世界经济学会副会长和中国《资本论》研究会副会长,为我国的经济科学研究和教育事业做出了突出的贡献,值此悲痛之际,我们特从经济学视角发表此文,以表达对这位老一辈经济学家的深切怀念。

　　陶大镛教授一生著述丰硕,造诣精深,学贯中西,其研究涉及政治经济学、《资本论》研究、世界经济、新民主主义经济、社会主义经济建设与改革开放、社会主义思想史、外国经济思想史等多个领域。

　　20世纪40年代,陶大镛深入研究了新民主主义经济,先后出版了《战后东欧的经济改造》和《新民主国家论》,分别论述了东欧各人民民主国家的经济概况、农业和工业的改造、对外贸易、经济生活和经济计划等。这些理论为新中国的经济改造和经济建设提供了可资借鉴的经验。在马克思主义经济学基本理论方面,陶大

---

　　① 原文刊载于《经济学动态》2010年第7期。

镛结合时代的发展,深入探讨了劳动价值论和剩余价值论在现时代的表现和意义。他认为,在生产高度自动化的条件下,创造价值不仅仅是主要从事体力劳动的生产工人,还包括日益增多的主要从事脑力劳动的生产工人,他们都是总体工人的组成部分。因此,劳动创造价值就不仅是体力劳动创造价值,科技、管理劳动等因素同样也创造价值。在此基础上,陶大镛认为,凡在生产领域中受雇于资本家的科技和管理人员,只要他们的劳动能使资本自行增值,同样也就参与了剩余价值的生产。此外,随着现代化科技成果在生产上的广泛应用,垄断资本剥削的新形式也层出不穷。因此,在估算资本的剥削率时,还必须考虑到战后出现的一些新情况,比如战后时期,有大批外籍工人背井离乡,涌向各个发达资本主义国家从事各种繁重的劳动;另外,战后跨国公司的迅猛发展和扩张,也对整个世界经济格局和国际资本的发展产生了巨大的影响。

陶大镛是我国世界经济学科的主要奠基者之一。早在学生时代,陶大镛就开始了对世界经济的研究,并于20世纪50年代初出版了《世界经济讲话》和《世界经济与独占资本主义》两本专著,系统地阐述了世界经济的研究对象、方法、基本问题及其发展趋势,为这一新兴学科在我国的建立做出了重要贡献。陶大镛认为,世界经济的研究必须以马克思主义政治经济学作为理论基础,以政治经济学所阐明的基本经济范畴和一般经济规律为依据和出发点,通过对国际经济关系或经济发展现状的分析,揭示整个世界的经济运动规律。在这种思想的指导下,陶大镛深入研究了作为世界经济主要组成部分的现代西方国家经济。在《现代资本主义论》一书中,陶大镛通过理论和实证分析认为,随着社会生产力的发展,生产社会化程度的提高以及生产和管理的社会化,为社会主义准备着日益完备的物质基础;资本的社会化、股份化,垄断组织的大量出现,为将来由整个社会即全体人民来实行"剥夺"做好了准备;现代资本主义国家职能的某些变化,对社会经济进行宏观调控和微观调控职能的加强,为社会主义消除社会生产的无政府状态做了必要的准备;现代发达国家经济计划的推行和逐步加强,有助于高度发展的社会生产力逐步冲破私有制生产关系对它的束缚,从而最终实现向社会主义的过渡;现代资本主义社会保障制度的高度发展,为未来社会主义社会的社会保障体系提供了现成的借鉴;"三大差别"的缩小,也是资本主义向社会主义过渡准备物质条件的重要表现形式。论著通过对现代资本主义的具体发展形态的考察和探索后得出结论,在发达资本主义国家的经济结构内部,已经孕育着某些社会主义因素的萌芽了。对现代西方发达国家经济发展趋势的这一探索,既是作者不拘成说的学术结晶,也是作者矢志不渝的马克思主义信念的真实表达。

世界经济活动重心转移是当代世界经济的重要特点之一。早在 20 世纪 80 年代初期,陶大镛就提出了世界经济活动的重心逐渐向环太平洋地区转移的观点。在他主持的国家社会科学基金"九五"重点课题结项成果《世界经济新格局研究》一书对此做了进一步的分析。在当代世界经济格局发生演变的过程中,陶大镛认为,中国应通过全面转变经济增长方式和产业结构的升级,社会主义市场经济和民主法治政治体制的完善等战略手段和途径,来实现中国未来的发展战略目标。陶大镛提出的这些思想和观点为经济全球化条件下我国发展战略的调整与确立提供了重要的理论依据。

回顾陶大镛先生的一生,是追求真理的一生,是开拓奋进的一生,是令人敬仰的一生。如今,陶大镛先生离我们远去了,但先生的精神风范将永远激励着我们前行,先生的音容笑貌将永远活在我们心中。

陶大镛:经济学人的悲悯情怀

光明日报社　靳晓燕　刘　茜[①]

打开北京师范大学网页,屏幕上不停晃动的黑字"陶大镛先生讣告"让人心痛。

4月18日下午,我国著名的经济学家、教育家和社会活动家陶大镛,安详地离开了,享年92岁。

作为一个商务印书馆排字工人的儿子,他在战乱与贫穷中度过童年,通过刻苦自学,考取了中央大学经济系,从此开始了他作为经济学家的人生历程。在长达70多年的学术生涯里,他始终不渝地坚定马克思主义信念,笔耕不辍,著书立说,为我国的经济科学研究事业无私地奉献了自己的一生和才华。

"在经济学领域里,陶先生成名很早、成果丰硕,以至于有些和他年龄相差无几的著名学者,都自谦和他在学术上'差一辈'。"陶大镛的首位博士生、中国世界经济学会副会长李翀教授说。

---

① 作者系光明日报社记者,原文刊载于《光明日报》2010年4月21日第9版。

专注马克思主义经济学研究
兼任《光明日报》经济学专刊主编

上大学期间，一次偶然的机会，陶大镛从朋友那里借到了一本列昂节夫的《政治经济学基础教程》，他怀着激动的心情读完了这本马克思主义理论的普及著作，由此得到了启蒙。

为了进一步学习和研究马克思主义的经济理论，他省吃俭用，凑了一点钱，托人从香港买了三大卷《资本论》英译本，利用学校放暑假的机会，一口气读完了这本巨著，而且马上用"卡奇"的笔名，在重庆出版的《读书月报》（1940年）上发表了《我是怎样读〈资本论〉的?》一文，介绍他读《资本论》的一些体会。

笔名"卡奇"取意卡尔·马克思和伊里奇·列宁，从中不难看出陶大镛对马列主义的追求和信念。而且正是这种坚贞不渝的信念，成为他日后虽历经坎坷曲折，仍努力探索真理的力量源泉。

中央人民政府成立后，他担任中央出版总署编译局计划处处长，主编新中国第一个综合性学术杂志《新建设》，同时兼任《光明日报》经济学专刊主编。

在世界经济研究方面，他在20世纪50年代初就出版了《世界经济讲话》和《世界经济与独占资本主义》，这两本书是目前能检索到的我国学者有关世界经济的最早的专著。

从1957年到1979年的22年间，陶大镛蒙受了极大的冤屈。在极端困难的条件下，他没有动摇对马克思主义和社会主义的信念，仍然保持学者刻苦的专心钻研学问的精神，孜孜不倦地阅读书刊，不厌其详地收集资料，默默无闻地从事着研究工作。十年动乱后，陶大镛的错案得到改正。这时他虽已年过花甲，依然以极大的热情和旺盛的精力投入工作，他的著作也陆续得到发表，主要有

《社会主义思想简史》、《战后资本主义经济特征》、《现代资本主义经济研究》等。

办一本经济学的期刊,是陶大镛的遗愿。从 2003 年住院开始,陶大镛因为肺衰竭就开始用呼吸机了。"对于常人来说易如反掌的对话,对于老先生是一件痛苦的事情——他要先换上人工喉,才能开始交流。但是老先生期待着交流,期待着我们去看他,因为他想办一份期刊,随时公开贫困化的指数,为解决贫富差距做些基础性的研究;他想知道国家对教育投入,同时了解师范教育的发展;他想了解农民工在城市的待遇有没有改善……躺在医院 6 年,老先生始终'操心'啊。"北京师范大学经济与工商管理学院沈越教授是陶老的学生,两人情如父子。

建起师范院校第一个经济系
明确提出:教育不是商品

"可以说,北师大经济学科的每一步成长,都离不开陶先生。"和他共事多年的王同勋教授感慨。1979 年,陶大镛先生接受了筹建经济系的任务,并任系主任。虽然年过花甲,依然忘我工作,积极组建师资队伍,制定经济学人才培养方案,很快就建起了全国师范院校中第一个经济系,为其他师范院校做出了榜样。

从 30 年前初创北师大政治经济学系,到一路成长为经济系、经济学院,直至今天的经管学院,陶大镛一直是这个队伍的学术引路人。

对博士生严把质量关,绝不批量化生产,这是陶大镛育人的一大特点。1981 年,北师大第一批获准招收世界经济专业博士生,陶大镛也成为我国第一批博士生导师。但他终其一生,只带了六七名博士。

"先生治学素以严谨著称，这使我受益良多。记得有一次，我给先生送去一部分博士论文的初稿，其中有几处注解出现了'转引自某某文献'的字样，先生见了，问我：'你为什么不直接引用第一手材料呢？'我说这些材料国内恐怕很难见到原文。先生又问：'那你查过没有？'我只好如实相告说没有查过，先生马上露出不悦的神色，严厉地说：'你没有查，怎么就能断定没有呢？不行，这部分我先不看，查好了以后再交给我！'经过数日的奔波和多处努力，我终于查到了这些材料的原文，先生这才高兴起来，并谆谆教导我做学问一定要踏实，切忌浮躁和想当然。"北京师范大学经济与工商管理学院赵春明告诉记者，"搞学术，绝不能三心二意，一定要持之以恒。不要急于求成，不要赶时髦。大器晚成，要一辈子这样努力下去，肯定会学有所成"。陶先生语重心长地把学界前辈王亚南先生曾经教导他的话转赠给了他的学生。

严格的学术训练，他培养的每位博士生都成了学术中坚。

陶大镛终生从事教育工作，对教育事业有着深厚的感情，他和其他学者共同倡导设立了"教师节"。他深知我国教育的现状、问题和症结，明确提出：教育不是商品，不能推向市场；实现"科教兴国"必须"国兴科教"；发展教育关键在政府；稳定师资队伍是提高教育质量的前提。他长期关注农村基础教育，很早就提议对小学生免收学费，少收杂费……对他来说，关心教育不只是为了一批学生、一所学校，而是为了整个国家的前途命运。

陶大镛最后的表情是安详的微笑。生病10年，住院6年，同样是耄耋之年的夫人牛平青一直照顾在陶老身边，幸福的婚姻、美满的家庭让他少了些牵挂。

"他一直教导我们，有美满的家庭和幸福的生活，才能安心做好学问。"赵春明说，"先生倡导和谐，他是经济学家更是懂得生活的人。"

陶大镛:勤力端方写人生

光明日报社　向小园[1]

　　北京安贞医院一间四壁洁白的病房里,陶大镛先生静静地躺在床上。清癯的面容,在睡梦中仍是凝神思考的模样。

　　这位 91 岁的著名经济学家,缠绵病榻已五年余。虽然生活被浓缩在这一方不足十平方米的空间里,虽然喉管切开术使他只能依靠人工喉艰难发声,然而,不会被束缚和局限的,是一位学者对新知新事的无限渴求。

　　儿子陶晓永来看他了。老人醒来,用目光发出无声的指令。于是,陶晓永俯在父亲耳边,讲起国际金融危机的最新演变,讲起中国的经济发展态势。老人凝神听着,浑浊的眼里渐渐有了神采。

　　这是陶大镛留给儿子和女儿的必做功课。精神稍好的时候,他需要以这样的方式为自己充电。于他而言,人生每一分钟都是宝贵的,片刻不能虚度。他的生命,也似一块在智慧长河里浸满养分的海绵,纵使不再澎湃,却始终润泽丰盈。

---

　　① 作者系光明日报社记者,原文刊载于《光明日报》2009 年 11 月 20 日第 12 版。

"老教授中的少壮派"

在北京师范大学经济与工商管理学院的网站上，"名誉院长陶大镛"的字样位居页首。教师们说，这代表了陶先生在大家心目中的地位。从30年前初创北师大政治经济学系，到一路成长为经济系、经济学院，直至今天的经管学院，陶大镛一直是这个队伍的学术引路人。

不止如此。中国世界经济学会原副会长、中华外国经济学说研究会名誉会长、中国《资本论》研究会名誉会长……每一个称号，都俨然是陶大镛学术成就的灼灼勋章。

"在经济学领域里，陶先生成名很早、成果丰硕，以至于有些和他年龄相差无几的著名学者，都自谦和他在学术上'差一辈'。"陶大镛的首位博士生、中国世界经济学会副会长李翀教授说。

未做助教直接担任讲师，27岁即任正教授，陶大镛创下的这项纪录一度传为佳话。1942年，刚从中央大学毕业不久的陶大镛因战乱流落广东坪石镇，结识了中山大学经济系主任王亚南。因为相同的学术旨趣和深厚的理论功底，陶大镛被王亚南破格提拔为讲师，在中山大学讲授经济学。此后三年间，他先后任教于广西大学、重庆交通大学、四川大学，1945年即升任教授，人称"老教授里的少壮派"。自此，他的学术之舟风正帆满，加速前行。

1946年，应英国文化委员会之邀，陶大镛赴曼彻斯特大学和伦敦大学研修。"这次到国外去，要看看蜕变中的欧洲"，怀着这样的热情，两年多的旅欧岁月里，他一面研究发达国家经济发展史，一面关注东欧各人民民主国家的社会经济改造，笔不停挥地撰写了《战后资本主义》、《战后东欧的经济改造》、《新民主国家论》、《社会主义思想史》等著作，为即将解放的新中国选择经济道路提供了参考。而他最主要的学术贡献——世界经济研究,也在这一时期悄然滥觞。

研究经济现象的世界性,这在当时的国际学界亦属前沿。陶大镛发现,西方学者多停留在现象分析层面,却把资本主义和社会主义两种制度的斗争彻底撇开,甚至妄图"以资本主义世界的经济现象作为人类经济的全体"。在经过大量观察和条分缕析之后,他立足于一般经济规律,摸索出一套独到的研究方法,从纷繁芜杂的表象中"拎"出了世界经济发展的总规律和总动向。在20世纪50年代初出版的《世界经济讲话》、《世界经济与独占资本主义》等大部头中,他满怀信心地宣告:"战后的世界经济,在激变中,也在改造中。这一个'变'的历程,将把人类历史推向崭新的阶段去。"这两本著作是我国最早的世界经济专著,直接促成了这一新兴学科在我国的建立。因此,中国世界经济学会首任会长钱俊瑞、著名经济学家杜厚文等都曾称陶大镛"是我国世界经济学科最早的开创者之一"。

开创者的脚步永不停歇。此后的岁月里,他在此领域着力甚勤,先后发表了《论世界经济的研究对象》等长文,汇集成洋洋五十余万言的《陶大镛文集·世界经济卷》,完成了《世界经济新格局研究》等重要课题。1980年中国世界经济学会成立之时,他被推举为副会长;他的研究方法与理念,一直影响至今。

"真理之声是封锁不住的"

在学界,陶大镛对《资本论》的精研和喜爱,可谓有口皆碑。

在他的文集里,专辟有《资本论研究》一章,从《资本论》的理解、应用、教研等各个方面详加论述,可见用功之深。

作为一个商务印书馆排字工人的儿子,陶大镛在战乱与贫困中度过童年,刻苦自学考入中央大学经济系。国难、家难激发着他"为国民找寻出路"的豪情,然而,大学课目里的"有闲阶级经济学"却令他备感茫然和隔阂。直到有一天,因为偶然借阅到一本苏联列昂节夫写的《政治经济学基础教程》,他的眼前亮起了曙光。

"我激动地读完了这本书,我懂得了人怎样变成'能说话的工具',我懂得了'儿童的鲜血怎么会变成金属货币',我更懂得了资本主义的工厂又怎么会变成苛罚的拷问室。从这时起,我不再为资产阶级的庸俗经济学所麻醉,我狂热地开始追求马克思主义的科学真理了。从这时起,我不再消极地憎恨旧社会,我勇敢地愿为新社会的创建而努力了……"欣喜不已的陶大镛一口气研读了能找到的几乎所有政治经济学新书,还四处凑钱,托香港友人买了三大卷本的英译《资本论》寄来。

"足足有两个多月,我一天也没有放松学习,全神贯注地来读这部'无产阶级的圣经'了……我深深感到,长期以来,尽管资产阶级学者对《资本论》采取了漠视、蔑视乃至仇视的态度,但真理的声音是封锁不住的。"一口气读完《资本论》后,陶大镛写了《我是怎样读〈资本论〉的?》一文发表,并给自己起了个新笔名"卡奇"以寄托志向。卡尔·马克思、伊里奇·列宁,两位革命导师的精神就以这样的方式嵌入了他的生命。

就是这部《资本论》,后来历经了一段漂泊的"旅途",险些成为陶大镛心中永远的痛。

经济学家关梦觉是陶大镛的至交好友,1941年,他借走了《资本论》卷一,约定短期归还。孰料未几"皖南事变"爆发,两位老友顿失联系,一晃近十年之久。1949年,两人终于得见,欣喜之余,陶大镛言语间满是对心爱书本的牵念。而此时,这本《资本论》尚被关教授交托他人保管。两年之后,关梦觉特意携书北上,完璧归

"陶"。一丢十余载,转手几万里,这部巨著终于"回家"了。"那时的喜悦和激动,实在无法用笔墨来形容"。陶大镛专门撰文,以作纪念。

"这里必须根绝一切犹豫"

1957 年,席卷而来的"反右"风潮使许多知识分子蒙受苦难。39 岁的陶大镛也难逃此劫——因为在一次会议上提了些被视做"别有用心"的建议,他和费孝通、钱伟长、黄药眠等人一同被扣上了"右派"帽子,成为名噪一时的"六教授事件"主角。

命运似乎和他开了个无情的玩笑——解放之前,陶大镛曾与四川大学彭迪先、李相符教授一起声援昆明"一二·一"惨案被害的进步学生,被蒋介石政府以"左派三教授"的名义实施迫害。此刻,从"三教授"到"六教授",从"左"到"右",他被撤销职务、监督改造、受尽磨难,一蹉跎就是 20 余年。

然而,陶大镛以超乎想象的坚韧挺了过来。"文化大革命"时,虽然被剥夺了发表文章的权利,他还是在"牛棚"里偷偷写下了上百万字的书稿。他的耳畔似乎回响着马克思推崇的句子——"这里必须根绝一切犹豫,这里任何怯懦都无济于事"。

"坚强来自内心的信念,他曾多次对我们讲,他对马克思主义的追求不会因为人生际遇而动摇,因为这是他披沙沥金寻得的真理。"陶大镛的弟子、北师大经管学院副院长赵春明教授说。

早在读书时代,陶大镛胸中就燃烧着爱国救亡的火光。1939 年,他在中央大学加入了地下党领导的"抗日救亡工作团",发起并领导地下党外围组织"中苏问题研究会",还曾经邀请周恩来、邹韬奋、潘梓年等人为学生们做专场报告。即使在留英访学的三年里,他也心牵国家存亡,团结起一批留学进步人士,声援祖国的解放战争。

1949年,新中国成立在即的喜讯传到英伦。陶大镛特意来到海格特公墓的马克思墓前,献上一束鲜花以示告别与庆贺,然后,火速携眷回国。

执教香港达德学院商学系、主编新中国第一个综合性学术杂志《新建设》、兼任《光明日报》经济周刊主编……他把新鲜的学术空气带回了祖国,也在革命建设实践中愈发服膺真理。

"陶先生如果听到我们歪曲或者贬损马克思主义,会非常生气。然而,他绝不反对学术探索,自己也身体之,力行之。他是一个坚定而不僵化的马克思主义者。"北师大经管学院分党委书记沈越教授说。他记忆犹新的是,改革开放之初,学界对于经济特区尚有误解与猜测。陶先生专程赴深圳做了为期几天的考察,之后,他开始在各种会议上发表演说、提交论文,为深圳的效益和速度叫好,称经济特区是"符合发展潮流的一大创举"。这在当时产生了很大反响——一个公认的"最坚定的马克思主义者"站到了创新的阵营里去,说明这种创新并非离经叛道。

"早春寒意消,园丁快育苗"

1957年,陶大镛在一次会议上发出呼吁:"早春寒意消,园丁快育苗",而这句话正是他半生倾情教育事业的写照。

此时的陶大镛,正在北师大进行着自己的"育苗事业"。1954年,北师大成立不久的政治教育系,急需一个学贯中西而又富有声望的学术带头人,留洋归来正活跃于经济学界的陶大镛自然成了不二人选。1979年,一副更重的担子落到了他肩上——北师大决定在政治教育系基础上组建政治经济学系、哲学系和马列主义研究所。陶大镛接受了筹建政治经济学系的任务,积极组建师资队伍,制定人才培养方案,很快就建起了全国高等师范院校中第一个经济系,这对于我国师范院校学科建设的完善意义深远。

"可以说,北师大经济学科的每一步成长,都离不开陶先生,他对教育是那样特点鲜明、观点突出,感染着我们每个人。"和他共事多年的王同勋教授感慨。

对博士生严把质量关,绝不批量化生产,这是陶大镛育人的一大特点。1981 年,北师大第一批获准招收世界经济专业博士生,陶大镛教授也成为我国第一批博士生导师,28 年来,他门下的博士生尚不足 10 人。

经管学院副教授胡松明是陶大镛的关门弟子,他对导师的严格体会至深。"因为健康的缘故,先生已经不能给我讲课了,但他坚持让我做读书笔记,每周带去医院见他。有一次他借给我两本英文原著让我啃下来,我看得很困难,灵机一动,偷偷跑到图书馆去看中文译本。一周后向先生汇报读书心得,我根据中译本谈了很久,先生立即提出质疑:你看得有这么快吗? 是不是在看中文版本? 我承认了,先生很生气:不读原著,何谈研究? 二手文献怎么靠得住! 我只好一字一句地重新攻读原著。这种'痛苦'的训练过程,对我以后的文献阅读帮助很大。"

严格的学术训练,使他培养的每位博士生都成了学术中坚。

他曾和北师大多位教授联名提议设立教师节,多次在各种场合呼吁"百年大计,教育为本";他撰写长文,明确提出"科教兴国"要首先"国兴科教",反对将教育推向市场,力主提高我国教育投入;他参与制定《教师法》,为提高教师待遇和教师队伍质量建言献策;他长期关注农村基础教育,很早就提议对小学生免收学费,少收杂费……对陶大镛来说,关心教育不只是为了一批学生、一所学校,而是为了整个国家的前途命运。

"大器晚成,要一辈子这样努力下去"

在夫人牛平青眼中,陶大镛是一个为事业完全忘我的人,勤奋是他最大的特点。

"在伦敦的时候,他经常去大英图书馆,一块三明治一壶水就是午餐。在马克思常坐的那排书架前,他似乎能够汲取到特别丰富的养分。"牛平青回忆。

赵春明十分理解先生的勤奋,因为先生曾语重心长地转送他这样一段话:"搞学术,一定要持之以恒。不要急于求成,不要赶时髦。大器晚成,要一辈子这样努力下去。"这是工亚南当年对先生的提点,已成他奉行不二的座右铭。

回国之后,陶大镛一直身兼数职,还先后在全国人大、全国政协、民盟中央担任要职。生活更加忙碌了,他牺牲掉一切业余爱好,依旧见缝插针地研读、书写,每天深夜12点后方睡,连看报纸都只能在睡前烫脚时同步进行。

这样不停歇的努力,终使陶大镛"视野宏观,才华横溢"。沈越回忆了自己与先生的初识:"在一次全国性学术会议上,我关于德国经济研究的发言引起了先生关注,他在回京的火车上和我长谈,我惊讶地发现,虽然这非他的研究领域,但他却能敏锐地捕捉其价值所在,他给我的启发,竟然比我多年求师得来的还要多。"

"正人君子陶大镛",这是学界对陶先生的一致评价。"你可以不同意陶先生的观点,但你不能不佩服他的人格。他始终如一,从无虚伪。"李翀感慨。

端方、刚正、敢于直言,牛平青说,先生始终摆脱不了有些天真的"书生意气",而这种真性情更滋养了他内心的善良。就在住院不久后的一天,先生谈及中国亟待解决的三农问题,竟至老泪纵横:"研究了一辈子经济,还没能让所有农民都过上富足日子,我心里惭愧啊。"听到老人借人工喉哽咽发声,连护工都没能忍住眼泪……

现在的陶大镛,依然有心愿未竟。在病魔摧垮身体之前,他正在构思几件事情:写一部《大时代小故事》,浓缩经风历雨的人生智慧;创办《太平洋导报》,以适应世界经济发展态势的需求……他的心,因为这些愿望而始终热烈。

陶大镛先生的故事

北京师范大学校报　郑　伟[1]

陶大镛先生的故事（一）——求学时代

1918 年 3 月 12 日，陶大镛出生在上海商务印书馆的一个排字工人家庭。他的父亲 16 岁就当起了工人，长期在商务印书馆排字车间做工，家境贫寒。陶大镛从小就勤奋好学，学习成绩一直很优秀，读完子弟小学之后，接着上初中。但是，当他踏进初中二年级时，因父亲失业而不能继续读书。后来通过亲友的帮助，改为半工半读，勉强维持到初中毕业。这时，他的父亲要求他去工厂做工，但他并不甘心就此辍学，而是想方设法地投靠免费的学校，于是他进了江苏省立上海中学高中商科。由于他的学习成绩优异，他读到高中三年级上学期就提前毕业，进了一家电机制造厂当簿记员。

满目疮痍的旧中国，民不聊生，亿万民众受欺压受凌辱，租借地区挂着"华人与狗不得入内"的牌子，这些都深深刺痛了他的

---

① 作者系北京师范大学校报主编，原文连载于《北京师范大学校报》2010 年 1 月 20 日至 2010 年 5 月 20 日第 4 版，收录本书时由陶大镛先生夫人牛平青先生修改定稿。

心。陶大镛渐渐明白,国富民强之日,才是中国人扬眉吐气之时。然而,要振兴中华,必须发展民族经济,这引发了陶大镛对经济学的偏爱。他利用业余时间刻苦学习数、理、化等课程,终于考上了学费较低的中央大学(现南京大学)经济系,从此与经济学科结下了不解之缘。

(一)

"我是 1936 年秋天考入中央大学经济系的。在一年级时,只知道发奋读书,不大过问政治。那时还要写些稿子,靠点稿费维持自己的生活。1937 年夏,'七七'事变爆发后,由于祖母和父亲病重,我回到了上海。七月底八月初,在三天之内,祖母与父亲相继去世,我是独子长孙,那年才 20 岁,刚刚料理完丧事,谁知'八一三'上海战事又起,全家从闸北逃到租界,挤住在一间小阁楼里。我仍靠写稿子维持生活。正在这时,收到学校来信,中央大学决定迁移到重庆,要我赶快回南京去报到。我到底去不去?思想波动很大,真是左右为难。幸好在商务印书馆工作的二姐夫鼓励我走,他说今后母亲和姐姐的生活由他负担。就这样,我两手空空,只背了一个布袋,在炮火中匆匆离开了上海,由于没有钱,我从上海步行到镇江,在镇江遇到了同学,一起回到南京,又从南京乘船同赴重庆。我们乘着一艘货轮,住在船的底舱到了武汉。在武汉等船时又遇到日本飞机轰炸,过三峡时历尽艰险,终于在 1937 年 9 月初赶到了重庆。"

——陶先生 2001 年自述(陆方整理)

杨国昌(陶大镛先生的硕士生,经济与工商管理学院教授、原**副校长**):跨进大学校门以后,陶大镛先生怀着强烈的求知欲望,读了一本又一本"古典的"和"庸俗的"经济学著作,同时还挤时间写些文章,靠微薄的稿费来维持生活费用。在学生时代,陶先生想当记者,办刊物,有时也曾希望到中学去教书;虽然羡慕过大学教授的地位,也向往过出国留学,但当时对于他而言,只是一种奢望而已。当初向上海《时事新报》经济版试投了《中央储备银行的职责》一文,很快就被刊登出来了,这是他的"处女作",当时他喜出望外。那时,他把全部心血都倾注在书堆里,根本没有时间关注现实的社会经济生活。直到后来他祖母和父亲在贫困中相继去世,再加上抗日战争爆发,在这种阶级压迫和民族压迫的现实面前,他开始考虑现实的社会经济问题了。

(二)

"从1937年到1940年大学毕业,在大学二、三、四年级的几年里,我都是在沙坪坝度过的。那一段难忘的岁月,很值得回忆。当时生活十分艰苦,中央大学是借重庆大学的一侧,在松林坡上盖起了一片简陋的平房。集体宿舍是几百人一大间类似仓库式的平房,睡的是双层床、上下铺。洗脸间是半露天的,每个人的饭碗都放在脸盆里。饭厅里八个人一桌,大家都站着吃饭,伙食由学生会自己管。虽然有时要'抢'饭吃才能吃饱,但每餐还能四菜一汤。当时四川桔子、花生都很便宜,桔子一角钱一大筐,偶尔还能打打牙祭,生活是苦中有乐、富有朝气!只是,像我这样的穷学生就更困难了。当时我在重庆举目无亲,冬天只有一件绒衣,经常是光着脚穿球鞋,在重庆大学的操场上跑步。有一次得了疟疾,没有钱买药,我睡在上铺直发抖,同学让我换到了下铺。一天晚上,我起床到门口解手,不觉晕倒在尿桶边,恰巧后来天下雨了,感到脸上发凉才醒过来,当时幸好年轻,醒后坚持站起来,洗了脸再回到床上。

那时生活虽然艰苦,读书气氛却很浓。我们的教室十分简陋,图书馆阅览室也很小,但是藏书不少,主要的参考书都有。大家学习刻苦勤奋,到图书馆还要早去抢座位。我们的学习还常常受到日本飞机轰炸的干扰。在1939年'五四'大轰炸期间,每逢下午一拉警报,我们就要跑进防空洞。即使在防空洞里,同学们还在学习,或看小说,有人还朗读莎士比亚诗句……警报一解除,学校就上课,秩序很好。当时中央大学拥有很多具有学术权威地位的名教授,对学生们影响很大。如宗白华先生讲美学,方东美先生讲康德哲学,沈刚伯先生讲西洋史,孙本文先生讲社会学原理……我很喜欢听沈先生讲课,他一上讲台,不仅教室里坐满,连窗口、地上都站满、坐满了人,各系学生都可以自由地来听课。教授们教学认真,中午也不回家,他们生活相当清苦,常常是吃一碗阳春面就当了午餐。学生们课余去请教,他们也不怕麻烦,因此师生间感情深厚,关系十分融洽。当时的教务长童冠贤先生,在经济系讲'西洋经济史'也很受学生欢迎。我在二年级时,因成绩不错,已获得奖学金,在'西洋经济史'的考试中,我用中英文同时答卷,童先生颇为赞许,鼓励我博学,还经常借书给我。

当时的同学,不仅学习刻苦,而且关心时事,抗战气氛浓,爱国热情高。可是校内的政治情况很复杂,每届学生会改选时斗争都很激烈,国民党通过'三青团'操纵学生选票。有一批'三青团员'、党棍子,早该毕业了,还不走,一呆就是六七年,他们是'职业学生',为反动政治服务的。那时校内也有我们共产党的地下组织活动,在那艰苦的抗日战争年代也培养出了我们这些马克思主义的信仰者。

我在大学一年级时,不大过问政治,很幼稚;二年级到重庆后受抗日战争影响,接近进步同学,逐渐接触了进步书刊。我读了列昂节夫的《政治经济学》后,才认识到资本家是如何剥削工人的。当时我激动地一口气读完了这本书,我懂得了人怎样变成了'会说话的工具',我懂得了'儿童的鲜血怎么会变成金属货币',我更懂得了资本主义的工厂又怎么会变成苛罚的拷问室。从这时候起,我不再把父亲之死只看做'个人的悲剧',我深切地理解到它是一个'时代的悲剧'了。从这时起,我不再为资产阶级的'庸俗经济学'所麻醉,我狂热地开始追求马克思主义的科学真理了。从这时起,我不再消极地憎恨旧社会,我勇敢地愿为新社会的创建而努力了。"

——陶先生 2001 年自述(陆方整理)

沈越(陶大镛先生的博士生,经济与工商管理学院教授、分党委书记):陶大镛先生是一个有人文精神、人文关怀的人,我觉得他对马克思主义经济学的兴趣和研究,是和马克思主义的人文精神和人文关怀有很大联系的,也跟他的家庭出身有关系。他经常向我们提到他是一个工人的儿子,所以他对社会底层、弱势群体,倾注了自己的热情和心血。

(三)

"在新中国成立前夕,我到北京时,有人问我是如何接受马列主义的,我说,就是从学习《政治经济学》开始,联想到我的父亲,他从 16 岁起到去世,一直是商务印书馆的排字工人。我从小就常到排字车间看父亲排字,他瘦弱的身影,他苦难的一生,给我留下极为深刻的印象,他去世时才 49 岁。我读了《政治经济学》,才懂得像父亲那样的无产阶级是怎样受资本家剥削的,也就是从那时起,我思想有了转变,接受了马列主义。此后我真是如饥似渴地要求学习,起初,找不到《资本论》,我就念英文本;后来,我拿出奖学金的一部分,托人到香港买了三本英译的《资本论》,在一个暑假里就把它念完了,这部书我至今还保留着。"

——陶先生 2001 年自述(陆方整理)

赵春明(陶大镛先生的博士生,经济与工商管理学院教授、副院长):多年来,陶大镛先生对《资本论》这部"工人阶级的圣经",

总是爱不释手,即使在颠沛流离的艰苦岁月中,也一直把它带在身边。现在我们翻开他珍藏的这部著作,从页边下注明的日期,还可以清楚地看到他当时的读书进度。显然,当时学习《资本论》对于他的政治启蒙以及后来在经济科学上的造诣,是起了重要作用的。利用学校放暑假的机会,他一口气读完了这本著作,并且马上用"卡奇"的笔名,在重庆出版的《读书月报》(1940年)上发表了《我是怎样读〈资本论〉的》一文,介绍他读《资本论》的体会。他的笔名"卡奇"取意卡尔·马克思和伊里奇·列宁。从中我们不难看出陶先生对马列主义的追求和信念。而且正是这种坚贞不渝的信念,成为了先生日后历经坎坷曲折、努力探索真理的力量源泉。

陶大镛先生的故事(二)——投身进步运动

陶大镛先生在大学时代所写的论文,初次显露了他在经济理论研究方面的才能,从字里行间可以看出,他是以历史唯物主义来指导写作的。他曾说过,人类社会的历史像一根长链,"石器时代、金石时代、铜器时代和铁器时代,都是这根长链上的一环。"

(一)

"1939年前后,我参加了地下党领导的'抗日救亡工作团',还做过团长。参加这个团的同学很广泛。在'五四'大轰炸时,听说重庆城里防空隧道堵塞发生惨案,死了上万人,我们就跑步进城冒险参加救火、救人,没有什么工具,我们就凭着满腔热情,在火里穿行;居民被压在废墟下,我们就去抢救,记得有的人被拉出来时已经没有腿脚了。那种惨状给我留下很深的印象,至今也难忘记。'救亡工作团'学习俄国的'十二月党人',要接近群众。我们曾组织同学下乡、下煤矿,慰问他们。大轰炸后,还组织歌咏队、话剧队到城里义演，卖票得的钱用于帮助疏散难民，为难民发救济金。之后，在1939年至1940年间，我们还募捐办了个刊物叫《新流》，请生活书店帮助刊出了两期。

也就在1939年，我与进步同学联系更多了。经济系的石山（靳吉甫）同志是地下党支部书记，但是当时我不知道。和我单线联系的是中文系的陈维诚同志，我从他那里看到不少延安寄来的小册子。1939年春天，陈维诚介绍我参加了地下党。

后来，陈维诚通知我说，校内国民党、'三青团'活动很猖獗，我们要与之抗衡。组织上让我出来负责主办'中苏问题研究会'，这是地下党的外围组织。开始每隔一星期开一次座谈会，讨论当时的国际形势，介绍唯物主义哲学。在会上公开提出'我们要认识苏联在第二次世界大战中起什么作用，能否与英美联合反法西斯主义'，当时在校内很受欢迎。

每到星期六，我们还通过'中苏文化协会'负责人张西曼，与苏联大使馆联系，借苏联影片，在校内露天放电影。还在苏联大使馆的支持下，在沙坪坝举办过苏联人民生活图片展览，虽然遭到国民党党棍们的骚扰、抗议，但是在我们轮流看守之下，还办了三整天，影响很大。

'中苏问题研究会'办的另一件大事，就是请思想文化界的名人如邹韬奋、沈志远、钱俊瑞等到学校做报告。其中最轰动的就是请周恩来同志做报告。我以个人名义曾写信给他，请他到中央大学来讲当前形势，讲'中国青年向何处去'的问题，他约我到八路军办事处去谈。他说：'我可以去，但是一定要校方领导同意。你去找童冠贤先生吧，他同意了我就去。'我回学校后，就去找童先生，取得了他的同意。之后，我又到曾家岩周公馆去，我看到当时周恩来同志起居生活非常俭朴，还见到了邓颖超同志，她出来给我们倒了两杯水……周恩来同志到中央大学来做报告的那天，童冠贤先生亲自到校门口去迎接,他们握手时,我看出他们像是很熟悉的样子。后来我才知道,实际上童先生和周恩来同志在日本留学时曾一起生活过,童先生曾和我们党有过联系。

那是1939年的春天,周恩来同志当时担任国民政府军事委员会政治部副部长,那次报告是在中央大学的大饭厅里举行,报告的题目大概是:'谈谈当前的形势与任务'。他的报告讲得好极了,非常生动,很吸引人,讲了足有两三个小时,给大家留下了极为深刻的印象。那天大饭厅里挤满了人,真是掌声不断,轰动极了!很多年后,在解放初期,有一次周总理到民盟来,那时我是民盟的候补中央委员,我问他是否还记得请他到沙坪坝中央大学去做报告的事,周总理含笑回答说:'记得!记得!'

'中苏问题研究会'的活动,前后约有一年。当时与此有关的外围组织,一是'社会问题研究会',另一是'文学研究会',我都参与了,但是都不如'中苏问题研究会'影响大。由于参加的学生很多,我们开会时,'三青团'想捣乱都不敢,他们只好在门外吹吹口哨而已。以上活动都是地下党组织的,石山同志也参加了'中苏问题研究会'的活动。党推我出来负责具体工作,可能因为我算是个好学生,在同学中有点影响吧。"

——陶先生2001年自述(陆方整理)

牛平青(陶大镛先生的夫人):陶大镛先生1939年就入党了。我们结婚60多年了,以我作为亲人来看,陶先生是个书生气十足的正直的人,他非常刚强,从来不怕打压。

(二)

"到了1940年年初寒假时,国民党掀起白色恐怖,中央大学的地下党员冯秀藻突然被捕。党通知我们'中苏问题研究会'的主要负责人,说抓人的黑名单上有石山、曾联松等人。不久,石山、陈元晖、周寿臧三人去了延安。当时没有通知我去延安,但是不许'中苏问题研究会'活动了。校长罗家伦要开除我,是童冠贤先生保了我,说我是个好学生。他找我谈话,叫我不要参加社会活动了,要我好好写毕业论文。此后半年中,我白天在重庆大学图书馆,晚上在法学院教室集中精力写论文。我的毕业论文是:《中国古代生产技术研究》。

当时我很崇拜郭沫若,我也学习甲骨文,论文的第一篇写的是石器时代,以后是青铜器时代,铁器时代……写完第一篇,我送给郭沫若先生看,他很高兴,介绍在当时的《说文》历史期刊上发表,因此,史学界很早就有人知道我。但是论文写完后,交给经济系主任吴干,他看后却不予通过,也不让我参加西南联大的留美庚款考试。之后,童冠贤先生看了我的论文,打了 85 分,又让我参加了庚款考试。后来听说已考取了,最后却被当时教育部划掉了我的名字。"

——陶先生 2001 年自述(陆方整理)

詹君仲(陶大镛先生的学生,经济与工商管理学院教授、原经济系系主任):陶大镛先生的文笔很好。他看了郭沫若先生的《中国古代社会研究》受到启发,就以《中国古代生产技术研究》为题,根据大量考古史料写成了他的本科毕业论文,共十万多字。毕业论文最后送请郭沫若指导,并经郭沫若推荐,在《说文》月刊上发表了其中的两章:《中国石器时代的生产技术》和《中国金石并用时代的生产技术》。

杨国昌(陶先生指导的硕士生,经济与工商管理学院教授、原副校长):陶大镛先生在大学时代所写的论文,初次显露了他在经济理论研究方面的才能,从字里行间可以看出,他是以历史唯物主义来指导写作的。他曾说过,人类社会的历史像一根长链,"石器时代、金石时代、铜器时代和铁器时代,都是这根长链上的一环。"

他在论文中分析社会发展过程时,特别强调生产力在社会发展中的作用,他说:"每一种生产工具,代表着一定程度的生产力,在石器时代,人类只能生活在渔猎社会和游牧社会;到了金属工具发明之后,人类始能踏进一个比较安定的农业社会。所以,生产工具决定了社会经济的发展""生产工具的革命,可以促使人类经济生活的革命"……陶大镛先生的这些观点,在今天看来,是很平常的唯物史观的 ABC,但在封建军阀统治下的旧社会,能讲唯物史观,的确是难能可贵的。

1940 年夏,陶大镛先生在中央大学经济系毕业后考取了南开经济研究所研究生。当时,正是战火纷飞的年代,而研究生的课程与他所追求的革命理想格格不入。一年以后,由于国民党特务的盯梢和监视,他毅然放弃研究生的学习,前往香港,加入到邹韬奋、沈志远等一批进步文化工作者的行列,从事进步文化活动。

陶大镛先生的故事(三)——颠簸岁月

"1974 年我路过师大校内的书店,见到一本《〈资本论〉研究》,以为是亚南先生的新作,没想到前言中写到:'这是他生前的部分成果。'顿时觉得一瓢冷水浇透全身。失去一位敬爱的恩师,让我痛苦万分。"

(一)

"太平洋战争爆发后,我虎口余生,于 1942 年春,从香港历经艰辛混在梅县难民回乡队里,到达广东坪石镇。本来打算在老友处歇一歇脚,再去当时的'文化城'——桂林当一名新闻记者。通过他的介绍,我去拜访时任中山大学经济系主任的王亚南教授。说老实话,在学术的征途上,我当时还是一只'迷途的羔羊'。就这么一个偶然的机遇,后来在王先生的关怀和推荐下,把我留在了中山大学,这是我一生中的转折点,从此以后,就开始了教书的生涯,至今整整半个世纪。"

——陶先生 1992 年自述

在王亚南的推荐和帮助下,陶大镛的工作才基本稳定下来,开始在中山大学执教。王亚南对陶大镛影响至深。在陶大镛的最初印象中,王亚南的名字是同《资本论》紧密连在一起的(王亚南是最早翻译《资本论》三大卷的译者之一)。陶大镛首次拜访王亚南,就为他的博学和深思所倾倒。

"我追随这位献身于真理的良师,学到了不少东西。我没有上过讲坛,他指导我备课;我缺乏科研修养,他激励我知难而进;我偏爱钻书本,他又提醒我重视实际。他学风严谨,一丝不苟,经常告诫我打开眼界,博览各个流派的学术著作。

十年浩劫期间,福建方面通过所谓的'外调',要我写材料'揭发'亚南先生到重庆'会见'蒋介石的情况,我当时毫不迟疑地予以驳回了。因为当时的情况是,国民党统治区的通货膨胀恶性发展,物价扶摇直上,广大劳动人民生活在水深火热之中。正是在这种形势下,蒋介石才伪装'开明',向社会贤达'征询''限制物价'政策。王亚南先生怀抱拯救祖国、热爱人民的赤子之心,揭穿通货膨胀的真相,伸张正义。这种坚持原则,嫉恶如仇的崇高精神,难道错了吗?

1974 年我路过师大校内的书店,见到一本《〈资本论〉研究》,以为是亚南先生的新作,没想到前言中写到:'这是他生前的部分成果。'顿时觉得一瓢冷水浇透全身。失去一位敬爱的恩师,让我痛苦万分。"

——陶先生 1998 年自述

詹君仲(陶先生的学生,经济与工商管理学院教授、原经济系

系主任）：陶先生非常敬爱他的老师王亚南。在他对王亚南先生的悼文中，曾这样深深地感念过："饮水思源，如果没有亚南先生的提携、指引和鼓励，恐怕在科学大道上我还不能如此顺利地踏步前进。"

从 1942 年至 1946 年，陶大镛先后在中山大学（坪石）经济系任讲师、广西大学（桂林）经济系任副教授、交通大学（重庆）管理系任副教授和四川大学（成都）任教授，讲授过经济学原理、中国经济史、国际贸易与金融、经济学原著选读、财政学、统计学、会计学、经济数学等课程。由于他在教学和学术上的成就显著，仅三年时间，他就由讲师、副教授被提升为教授，那时他年仅 27 岁，这在我国教育史上是不多见的。他是名副其实的"老教授中的少壮派"。

"1942 年王亚南力排众议，坚持聘请当时'没有上过讲台，资历也很浅'的陶大镛到中大经济系担任讲师，并合开经济学原理一门课。1943 年秋天，陶大镛要去桂林参加留英庚款考试，必须中途离职。王亚南从陶大镛和整个事业的发展出发，对此不但没有不悦之色，反而一面积极找人代课，一面热情鼓励他去投考，赞助成行，同时推荐他到广西大学继续教书，免去其生活上的后顾之忧，使他安心备考。"

——摘自《王亚南教育思想研究》

杨国昌（陶先生指导的硕士生，经济与工商管理学院教授、原副校长）：在这期间，他曾用真名以及大古、石人、奚石人等笔名，在《广西日报》、《中国工业》、《时代中国》、《广东省银行季刊》、《国讯》、《民主周刊》、《民主生活周刊》、《民主与科学》、《民众时报》等报刊上发表大量文章，对国民党反动政府的腐败和官僚资本的罪恶，做了尖锐的揭露。例如，在《肃清官僚资本》一文中，他曾写道，在半封建半殖民地的中国，官僚资本已经枝粗叶茂了，它的发展与中国的官僚政治是分不开的，"大地主、大银行家就是大官僚的化身。"他还认为"消灭官僚政治就成为肃清官僚资本的基本前提"，而"肃清官僚资本是建设新中国的开始"。

王同勋（陶先生的同事，经济与工商管理学院教授、原总支书记）：陶先生非常勤奋，我从来没有看到他闲着的时候。他爱写文章，文思敏捷，才华横溢，下笔快且行文优美，而且分析问题非常到位，文笔老辣，具有深厚的学术功底。这方面非常让我佩服。

（二）

在四川大学任教期间，陶大镛积极参加民主运动。1945 年冬到 1946 年春。他与彭迪先教授、李相符教授一同声援昆明"一二·一"惨案，营救被捕的进步学生，因此遭到国民党特务的迫害，这就是当时在四川大学发生的"三教授事件"。

彭迪先（民盟原中央副主席，"三教授事件"当事人之一，1991 年逝世）：抗战胜利后，人心厌战，渴望和平民主，反对蒋介石挑起内战和独裁卖国。当时担任四川大学校长的是国民党四川省党部主任委员黄季陆。他打起"民主办校"的旗号，吹嘘要学蔡元培办北京大学的样子，要办一个"万人大学"。为此他先后聘请了一些民主进步教师来校任教。1945 年暑期，聘请年青力强的经济学家陶大镛做经济系教授。

1945 年 12 月 11 日，森林系学生李实育和几个同学在学生宿舍张贴声援昆明学生和抗议"一二·一"惨案的标语，遇到几个"三青团"反动分子围攻殴打，此后反动分子又纠合三四十人，蜂拥到李的寝室把李打昏，同时，他们还诬陷，说李在纪念"一二·一"游行队伍中喊过卖国口号，并将李关押审讯。此时，在共产党的领导下，进步学生用各种方法公开事件真相。

1946 年 2 月 14 日，法院被迫宣告李无罪释放。"李实育事件"发生不久,参加围攻李的"三青团"骨干分子肖连荣(有人说他是首先出手打的),冒名顶替别的学生补考,被当场抓住。我向学校当局提出,"替代考,按校规,要开除学籍"。黄季陆表示不同意,说"肖再过几个月就要毕业,记两个大过就行了"。当时我明确表示如不开除肖,就要辞职。经济系陶大镛教授、森林系李相符教授等都表示要与我共进共退。

事情就闹大了,我们说要发表公开声明。川大经济系和别系的一些进步同学知道此事后,都纷纷表示支持我们,使我更增强了斗争的信心。这就使黄季陆非常尴尬,找不到滑过去的借口,终于忍痛开除了肖的学籍。

肖被开除后,川大的反动分子更加仇恨我们了。他们一伙阴谋策划,在当时川大训导长丁作韶(中统特务)、川大"三青团"头目王文元等人的策划下,炮制了惊动校内外的"三教授事件"。

1946年3月12日,反动分子在川大图书馆大楼前的墙壁上,贴出一张题为《新民主》的特大壁报。壁报内容无中生有地诬蔑我们三人"吃卢布"(接受苏联津贴),"讲新民主",主张东北自治,新疆、西藏独立,出卖祖国,等等,极尽诬蔑谩骂之能事。壁报贴出后,全校哗然,掀起轩然大波。我和陶大镛在课堂上公开宣布,如不处分这些侮辱师长的反动家伙,我们立即辞职,并将向法院起诉。

反动分子阴谋"先收拾李相符,再来收拾彭迪先和陶大镛",想把我们三人轰出川大。对此,我们提出了"尊师重道"的口号,很快掀起了"尊师运动",以争取广大的中间派师生。结果,全校各社团、各系级纷纷出启事、发声明,大多数院系主任和六七十位教授签名,表示要站在我们这一边,不少同学纷纷主动到我们家里慰问。形势对反动分子极为不利。黄季陆得到急电从南京赶回成都。一下飞机就有几十位进步同学向他"请愿"(实际上是示威),

要求严惩肇事者。黄季陆虽然想庇护他羽翼下的反动分子，但由于师生中进步力量占绝对优势，而且当时很有影响的成都市各大学教授联谊会也公开发表宣言，声援"三教授"，谴责反动派。因此，黄季陆只得把公开出面肇事的马云声等四个特务学生分别处以记两大过、两小过和停学一年的处分。暑假中又撤去了丁作韶的训导长的职务，解聘了王文元，这两个罪魁祸首先后滚出了川大。

1946 年 10 月，应英国文化委员会邀请，陶大镛以进修学者的身份，赴英国从事经济史和经济思想史方面的研究工作。

陶大镛先生的故事（四）——留学英伦

1946 年至 1948 年，陶大镛以进修学者的身份，先后在曼彻斯特大学和伦敦大学从事经济史和经济思想史方面的研究工作。"这是一个苦难的时代。我怀着一颗焦灼而沉重的心，暂时离别了祖国的怀抱，真有无限的感伤和怅惘！"

（一）

1946 年至 1948 年，陶大镛以进修学者的身份，先后在曼彻斯特大学和伦敦大学从事经济史和经济思想史方面的研究工作。

"这是一个苦难的时代。我怀着一颗焦灼而沉重的心，暂时离别了祖国的怀抱，真有无限的感伤和怅惘！

航行是迅速而顺利的，仅只五个钟点，就从龙华（上海）飞到了九龙。太平洋战争前，我曾到过这里。可是，今天的九龙机场，四面野草丛生，到处泥潭没足，低矮的军用布幕架成了一间休息室，里面的一切设备是出乎意料的简陋。中航公司有专车送我们到半岛酒店，在车上，但见颓垣断壁，战争痕迹犹存，香港给予我的第一个印象是'衰落'了。

海风吹来,已深深感到秋意。香港的秋市,更呈现了一片萧条气象。皇后大道的灯火,并不能矫装它的繁华;满街洋溢的音乐,也无法掩饰它的凄凉。从难童的哀诉,伶女的苦笑,盗窃案的层出不穷,厂家的纷纷倒闭,就可反映出香港的危机。"

——陶先生自述(1946年10月,香港)

1946年10月,陶大镛经香港飞赴伦敦,途经越南海防、缅甸阿克耶、孟买加尔各答、印度卡拉奇、伊拉克巴斯拉、以色列耶路撒冷、希腊雅典、意大利罗马、法国马赛等城市,于11月抵达伦敦。一路的所见所闻让陶大镛大开眼界,也让他感触良多。

"英国的国有运动正在酝酿中,工党执政以来,对于独占性企业的国有政策,是朝前走了一步的。政府提出的英格兰银行、航空、海底电报与无线电报,及煤矿的国有法案,都先后在国会通过了。11月12日,英王向国会报告政府所提出的16件新法案中,就有两件是国有法案。

尽管在对内政策上,丘吉尔和艾德礼形同水火,可是在对外政策上,他们又融如胶漆。当艾德礼宣布政府要延长兵役的时候,丘吉尔狂喊:'红军前线已推到了易北河了,法国的命运已经非常危急了!'而前两天,11月10日,是停战纪念日。全英悼念着两次战争中的英魂。在阵亡将士的墓碑前,无数的花圈,无数的挽词,无数的十字架堆插在四面;无数颗眼泪,挂在不同的脸上,慈母哭着爱儿,娇妻哭着情郎,稚女哭着阿爷……教堂里传来了哀钟、哭声和挽歌,混成了一片,是那么凄楚、肃穆和悲凉。我站在人海里,也不禁掉下泪来。

伦敦的雾季,还没有过去,但,它是会过去的。度过这一个凛冽的严冬,总能给它带来暖和的阳光吧?"

——陶先生自述(1946年11月,英国)

在旅欧期间,陶大镛对世界经济做了深入的研究,其研究成果先后在上海的《新中华》、《世界知识》、《文汇报》,以及香港的《大公报》、《经济导报》等报刊上发表。当时,陶大镛根据东欧各国驻英使馆提供的政治经济方面的第一手资料,完成了他的第一部著作《战后东欧的经济改造》。该书介绍了战后的波兰、捷克斯洛伐克、南斯拉夫、保加利亚、匈牙利和罗马尼亚的社会经济改革情况。随后,他又撰写了《新民主国家论》一书,对东欧的人民民主国家进行了综合考察。在此期间,他还撰写了《世界经济与独占资本主义》和《世界经济讲话》两书。这些著作是当时研究世界经济问题所不可多得的读物,因此,陶大镛可说是我国研究世界经济问题的先行者之一。

"我觉得中国的社会经济结构,与东欧诸国颇多类似之处。今天中国的历史任务,也同样是反帝反封建。东欧各国新民主主义的经济改造,已把它们从半封建半殖民地的苦海里拯救了出来。我相信,它们的光辉的业绩,将可给中国经济改造的将来,提供最可珍贵的经验!"

——陶先生自述(1948 年 4 月,伦敦)

杨国昌(陶先生指导的硕士生,经济与工商管理学院教授、原副校长):陶大镛先生在上述两部有关东欧的著作中,热情地宣传了东欧各人民民主国家在社会改造方面所取得的成就。很明显,他写作的意图是想通过对东欧各人民民主国家的研究,为中国将来的经济改造提供一点可借鉴的经验。

詹君仲(陶大镛先生的学生,经济与工商管理学院教授、原经济系系主任):陶大镛先生在旅欧期间,十分关心祖国的命运,结识了一批留英的进步人士,共同推进民主运动,声援国内的人民革命战争,并于 1947 年至 1948 年负责筹建了中国民主同盟英伦支部。他身居异国,以学者的身份向国统区人民宣传新民主主义,描绘新中国未来的前景,这对于提高人民群众的政治觉悟,起了一定的作用。

(二)

陶大镛在留英期间,为了探寻真理,曾潜心研究了社会主义思想史。1948 年,为了纪念《共产党宣言》问世一百周年,他利用大英图书馆的丰富藏书,花了两个月的时间,赶写了《社会主义思想史》一书。

杨国昌(陶先生指导的硕士生,经济与工商管理学院教授、原**副校长**):当时,在他身边没有一本关于社会主义思想史的中文参考书,而能够写出这样一部系统的著作,确实是难能可贵的。该书于 1949 年在香港出版,新中国诞生后由三联书店发行过三版,1955 年做了较大修改和增补以后,改名为《社会主义思想简史》。该书系统地介绍了社会主义思想从空想到科学的发展过程,以及马克思主义同工人运动中的机会主义做斗争的历史。正是通过对各派学说的分析、比较,使他更加坚定了对马克思主义的信念。

牛平青(陶大镛先生的夫人):在英国的时候,陶先生经常带上几块三明治,一壶水,在大英图书馆里一坐就是一天。在马克思常坐的那排书架前,他似乎能够汲取到特别丰富的养分。马克思坐过的地方,地上留下了马克思的脚印,他说他就要坐在那里看书,也要在那里留下脚印。

他很有才华,我特别喜欢看他写的东西,我是他的第一读者。我还经常帮他抄文章,互相切磋。他在回国的船上一个月时间写了小半本《世界经济讲话》,那时候我们什么资料都没有带,他记忆力特别好。

"1948 年,我旅居英国,在伦敦大学进修。当时,香港三联书店曾向我约写三部书稿,《战后的资本主义》、《社会主义思想史》

都已如期交卷,唯有《世界经济讲话》一书,我一拖再拖。除因太忙,还考虑到这是一本青年自学的入门书,要求写得简明易懂。而当时在经济科学的领域里,几乎还找不到一本这样的参考读物。1949年年初,我匆匆携眷从伦敦赶回香港,搭乘海轮"广州号",航程约需要一月。为了利用这段难得的时光,我索性在船上动起笔来。风平浪静时多写几段,波涛起伏时搁笔沉思,时断时续,倒也乐在其中。在船上大约写了全书的1/3。抵港后,一直想把它写完,但生活总是无法安定下来,又拖了好几个月,直到离港北上首都前夕,才足足费了半个多月工夫,一口气把它续完了。所以,这本十分粗浅的小册子,却经历了一个'难产'的过程。"

　　　　　　　　——陶先生自述(1998年3月,北师大小红楼)

　　旅欧期间,陶大镛考察游历了欧陆各国,除撰写了一批对世界经济的研究文章外,还撰写了很多随笔、散记和杂文。

　　"我写的随笔、散记和杂文,希望能从不同的侧面来反映当时当地社会经济的一些真实情况。其中5篇随笔,是赴英时的旅途见闻,后面的5篇散记,则是返国前匆访欧陆的考察片段。另外4篇,都是涉及保卫世界和平这一当代的主题。"

　　　　　　　　——陶先生自述(1998年3月,北师大小红楼)

　　1949年年初,中国新民主主义革命胜利在望。一心向往祖国的陶大镛,在故土的召唤下,克服重重困难,毅然携全家远涉重洋,回到了香港。

陶大镛先生的故事(五)——身滞香港

　　政治自由,是经济安定的前提……有了这自由,有了这安定,人民才能得到真实的欢乐。这欢乐,是庄严的、热烈的,却不是萎靡的、得意忘形的!它表现为精神的解放和个性的解放。

（一）

1948 年年底,陶大镛携眷经过近一个月的海上颠簸,于 1949 年 1 月抵达香港。

詹君仲(陶先生的学生,经济与工商管理学院教授、原经济系系主任):陶大镛先生在离别伦敦的时候,特地到海格特公墓的马克思墓前献了一束鲜花,以此表达对马克思的崇敬和报效祖国的决心。他携带全家人克服了重重困难,冒着巨大的风险坐船回到香港,在进步教授汇集的达德学院等待着时机准备北上。

人民解放战争节节胜利,令陶大镛兴奋不已,魂牵梦萦的祖国就要获得新生了。他希望将自己所掌握的关于世界经济发展的一些知识,用以培养国家建设的有用之才,使中国富强繁荣起来。

"我应聘在达德学院任教,该校不久就被港英政府查封,我就开始主编《文汇报》经济周刊,兼写社论。前后不过半年光景,却是我一生中值得怀念的岁月。

我记得很清楚,在这段时期,我跟徐铸成和杨东莼两位同志,约定每天下午 3 点在香港中环的一家咖啡馆碰头,边饮边谈,纵论天下大事,笑趣横溢,主要还是围绕港岛政治、经济形势和社会动态,交换意见,确定社论的主题,然后决定由谁执笔。大致这样分工:杨老负责政治,徐老负责社会、文化,我则负责经济。谈到 4 点光景,立即分手。执笔人奔归家门,'闭门造车'。当晚 11 点钟报馆就派专人来取,有好几次,稿子尚待收尾,报馆专车已等在门口了。可以这样说,几乎每篇社论都是急就章。"

——陶大镛先生自述(1992 年 5 月,北师大小红楼)

杨国昌(陶先生指导的硕士生,经济与工商管理学院教授、原副校长):陶大镛先生从伦敦回到香港以后,暂时在达德学院商经系任教,并主编《文汇报》经济周刊。他在积极准备北上的同时,仍然抓紧时间从事学术研究。在短短的半年时间里,编了二十多期经济周刊,还写了大量的文章发表在香港《文汇报》、《大公报》、《光明报》、《经济导报》等报刊上。

赵春明(陶先生指导的博士生,经济与工商管理学院教授、副院长):陶大镛先生知识渊博,著述等身,有人誉之为"天才"。殊不知,"天才"的背后是勤奋。1949 年年初,历尽艰辛的陶先生与学界前辈王亚南先生相聚香港,两家同住一栋房子的上下楼,朝夕相处,亲如一家。当时,陶先生和王先生都没有固定的工作,只能靠写稿度日。陶先生习惯于开夜车,而王先生则一向在黎明前奋笔。因此,每当陶先生刚刚躺下,楼上王先生家的灯便亮了;而在黑夜来临,王先生家的灯刚刚熄灭时,陶先生又在书桌前挥笔疾书了。真理的种子便在这两家灯火的交相辉映中得到了播撒。

一次傍晚散步时,王亚南先生语重心长地对陶大镛先生说:"搞学术,绝不能三心二意,一定要持之以恒。不要急于求成,不要赶时髦。大器晚成,要一辈子这样努力下去,肯定能学有所成。"经过长期不懈的努力,陶先生没有辜负王先生的一片厚望,成了一位博古通今、蜚声国内外的著名经济学家。这句话现在也已成为了陶先生许多学生们的治学座右铭。

(二)

陶大镛虽然身在香港,却无时无刻不关心着祖国的命运和前途。他对当时的国内形势有着鲜明的判断,一心向往着祖国的胜利,时刻心系着同胞的安危。当时国内形势一片大好,中国人民解放军发动战略决战,三大战役后,国民党军队实力快速缩减,节节败退。1949 年元旦,内外交困的蒋介石宣布下野,此后代总统李宗仁试图求和,以长江为界划江而治,但遭到中共与蒋介石拒绝。为此,陶大镛在香港《文汇报》上撰写了一系列社论文章。他在

《北方传来的福音》一文中这样写道：

"东北华北的全面解放，给我们带来了莫大的鼓舞与欣忭。雪片似的和平福音，纷纷传来，那么悦耳，又那么令人欢奋。千百万受苦受难的北国同胞，现在都从水深火热里翻过身来，他们逃出封建主义、帝国主义与官僚资本主义的魔掌，开始度着自由、安定、欢乐的日子了。

……

政治自由，是经济安定的前提……有了这自由，有了这安定，人民才能得到真实的欢乐。这欢乐，是庄严的、热烈的，却不是萎靡的、得意忘形的！它表现为精神的解放和个性的解放。

北方的人民，无论是政治上、经济上以至文化上，都确确实实得到了解放！在那边，隆冬已经过去，春天的温暖重新回到了人间。每个人都生活在自由的新天地。"

1949年3月，党的七届二中全会在西柏坡举行。陶大镛在香港得到会议召开的有关消息，心潮澎湃，奋笔在《文汇报》上写下了《光明的召唤》一文，酣畅淋漓地表达他对祖国胜利在望的欣喜之情——"新中国的希望，寄托在北京；全中国的目光，也集中在北京。今天的华北，事实上已经成为我国的政治中心。这次中共七届二中全会的重大决定，更给充满了信心的中国人民带来了无限的勇气与感慰。中共的这一决定，有着划时代的历史意义……它是一个伟大的号召：它不仅号召中共党员'继续保持谦虚、谨慎、不骄、不躁和艰苦奋斗的作风'，它更号召全国人民共为'人民民主共和国的建立'而奋斗。我们遥闻之余，真不禁欢欣鼓舞。愿略抒数语，聊表祝贺之忱。"

当年4月，人民解放军发起渡江战役，强渡长江，击溃沿江防御的国民党军，顺利解放南京。接着先后解放了南方的许多地区。当时香港民众舆论纷纷，各种不同的观点充斥岛内。陶大镛清晰地分析了国内形势,撰写了一系列的文章为岛内民众剖析真相,澄清事实——

　　"解放军正长驱南下,大有直薄穗垣之势,南中国的全面解放,已计日可待。在这新旧大转变的前夜,香港市上,谣诼乱飞。混淆黑白,颠倒是非……为了澄清邪说,为了抑止以讹传讹,对于蒋党爪牙所散播的满篇鬼话,必须予以戳穿,才不致上当,才能粉碎他们的挑拨离间的阴谋!"

　　对新中国满怀热情的陶大镛,一心向往着回到祖国大陆参加工作。虽然身滞香港不能马上成行,但他的心却始终紧贴着祖国的脉搏。1949 年 7 月,在地下党的安排下,陶大镛终于得到了回到大陆的机会——新中国诞生前夕,他应中国人民银行总行南汉宸先生的邀请,坐船绕道营口赴东北解放区,终于在 8 月底抵达了北京。

陶大镛先生的故事(六)——建设新中国

　　"我跨进首都大门所写的第一篇探讨马克思主义经济学的学习心得就是《我怎样学习政治经济学》一文。我如实地叙述了自己从资产阶级经济学的'象牙之塔'走进马克思主义科学殿堂的思想转变过程,在当时沉闷的经济学界似乎起过一点小小'浪花'的作用。"

　　中央人民政府成立后,陶大镛担任中央出版总署编译局计划处处长,并兼任《光明日报》经济周刊主编。1949 年,新中国第一个综合性学术期刊《新建设》问世,1951 年,陶大镛出任主编。此间,他还兼任北京大学法学院教授和辅仁大学经济系教授,讲授战后国际政治经济问题和政治经济学。

　　牛平青(陶大镛先生的夫人):陶先生从小受父亲影响,立志办杂志。他热爱出版工作,将忧国忧民的情怀融注在创办或主编的出版物之中。大学时,他就与同学一同创办了进步杂志《新流》,后来又陆续主编了多份报刊。

主编《新建设》期间,陶先生广泛组织李达等知名学者撰写了大量优秀文章。大家对他的工作非常肯定。

全国高等学校院系调整以后,1953 年,北京师范大学为加强政治思想教育师资的培养,成立了政治教育系。1954 年,陶大镛被聘为教授,踏入了北京师范大学的校门,并担任了北师大第一任政治经济学教研室主任。就在北师大这方饱含知识和希望的热土上,陶大镛倾注了毕生的精力与时光。1955 年,北师大首次在全国招收政治经济学研究生,许统乔、杨国昌等五位同学有幸成为了陶大镛的研究生开门弟子。当时,陶大镛就已经是北师大传播马克思主义经济学的著名教授了。

1955 年至 1956 年,陶大镛还兼任人民出版社特约编审。1956 年,他出席了全国科学规划会议,参与制定了我国第一个哲学社会科学远景规划"1956—1967 年哲学社会科学规划纲要",为繁荣新中国的社会科学事业做出了突出贡献。

王同勋(陶先生的同事,经济与工商管理学院教授、原总支书记):我和陶先生最初的接触是 20 世纪 50 年代初,当时政治经济学是很重要的一门学科。1953 年,学校刚成立政治教育系,政治经济学教学中很需要一个领头人,这就请来了陶先生。当时在社会上、在经济学界,陶先生都是很有名望的。他是《光明日报》经济周刊的主编,他从 1951 年开始主办这个刊物,当时已经出版了 60 多期,在全国经济类学术刊物中算得上是最好的刊物了。

1953 年,政治教育系招收了第一届本科生。那时的政治经济学课时是很多的,大概一周有 8 个课时。陶先生亲自给我们授课。他因为工作太累,眼睛都熬坏了。1956 年,由于在教学科研工作上的突出贡献,他当选为"北京市劳动模范"。他对社会主义经济理论的宣传起了重要作用,他培养的学生现在都是各个方面的骨干,这些人有力地推动了政治经济学发展。毫无疑问,陶先生是我校政治经济学学科的奠基人,对我们学校的学科建设厥功至伟。

詹君仲(陶大镛先生的学生,经济与工商管理学院教授、原经济系主任):我是1953年考到北师大的,当时我们是政治教育系第一届本科生。当时学界很缺这方面的人才,这方面的教师更是很少。我们当时的系主任张刚特意找来陶先生给我们本科生讲了一年半的政治经济学。陶先生深入浅出的讲解,对我们有很大影响,我们当时都非常喜欢听他讲课。他不仅讲课,还要求学生搞科学研究。

1956年,我毕业留校工作。那时候,科研的氛围并不是特别浓厚,尤其是师范类院校,都认为教学是第一位的。陶先生一直很重视学术科研,他热情鼓励老师写文章,总说无论是教学还是科研都要保持勤奋。在科研上,陶先生总是给我们压力,科研任务很多。他强调科学研究必须掌握第一手材料。我这辈子中,最崇敬的人就是陶先生。

这段时期,陶大镛在党的领导下,工作兢兢业业,尽管任务繁多,仍然挤出时间从事学术研究。他先后在《人民日报》、《光明日报》、《学习》、《世界知识》、《观察》、《经济周报》等十几种刊物上发表了许多论文。

杨国昌(陶先生指导的硕士生,经济与工商管理学院教授、原副校长):陶先生在钻研学术的过程中,以高昂的热情投入到新民主主义经济理论的研究之中。他不仅写文章,著书立说,还做过多次讲演。他说,新中国人民经济的发展,真是一日千里,可是,我们经济学界的研究工作,还落后在客观形势的后头,经济工作者绝不应停顿在低级的感性阶段,必须好好地学习并运用马克思主义的基本原理和方法,对一些重大的经济问题进行具体分析,找出某些规律性的东西来,使我们从感性认识提高到理性认识,从而能动地指导经济工作的实践。

怀抱这样的愿望,陶大镛在"发展新民主主义的人民经济、稳步地变农业国为工业国"这个总任务的思想指导下,写过《土地改革与解放农村生产力》、《新民主主义的人民经济》等多篇论著,后集成《人民经济论纲》出版。值得一提的是,陶大镛的著作《怎样学习政治经济学》在当时的经济学界产生了热烈反响。

"我从香港绕道东北、跨进首都大门所写的第一篇探讨马克思主义经济学的学习心得就是《我怎样学习政治经济学》一文。当时《学习》杂志刚刚创刊,正在迎接一个学习马克思主义基本知识的高潮,我如实地叙述了自己从资产阶级经济学的'象牙之塔'走进马克思主义科学殿堂的思想转变过程,在当时沉闷的经济学界似乎起过一点小小'浪花'的作用。

……刚进50年代中期,随着社会主义建设的迅猛发展,在全国范围内掀起了学习政治经济学的热潮。在上海人民出版社的一再催促下,我匆匆写成了《怎样学习政治经济学》,当时发行较广……"

——陶先生1992年自述

杨国昌(陶先生指导的硕士生,经济与工商管理学院教授、原副校长):陶先生在研究新民主主义和社会主义经济问题之外,于现代资本主义经济问题研究方面也有较深造诣。回国后,他继续从事有关现代资本主义的研究工作,并不断在报刊上发表文章。1954年,《斯大林关于资本主义体系总危机的理论》一书由中国青年出版社出版。同年,上海人民出版社出版了他的《什么是帝国主义》一书。1955年,他的著作《现代资本主义和社会主义的基本经济法则》问世,陶先生在书中着重从经济发展规律的角度,探讨了现代资本主义的历史趋势。

陶大镛先生的故事（七）——波澜人生

坚强来自内心的信念，陶先生曾多次对我们讲，他对马克思主义的追求不会因为人生际遇而动摇，因为这是他披沙沥金寻得的真理。

人生的道路是不平坦的，每个人在生命的旅途中难免会遇到曲折和不幸。1957 年，席卷而来的"反右"风潮使许多知识分子蒙受苦难。39 岁的陶大镛也难逃此劫——由于在一次座谈会上提出在党委领导下实行民主办校的建议，他被别有用心者指责为否定党的领导。他和费孝通、钱伟长、曾昭抡、黄药眠、吴景超等人一同被扣上了"右派"的帽子，成为轰动文教界的"六教授"之一。命运在这里似乎和陶大镛开了个无情的玩笑——从解放前的"三教授"到"六教授"，从"左派"到"右派"，从此，一蹉跎就是 22 年。

当陶大镛看到报纸上发文批判他的"右派"言论时，犹如晴天霹雳。他立即去找了当时的北京市有关领导，澄清事实，并在《北京日报》发表了简短声明："多少年来，我一直拥护共产党的领导，坚决拥护社会主义。"但陶大镛还是被撤销了行政职务、剥夺了上讲台的权利，被分配到资料室接受"监督改造"，后又被调往经济思想史教研室。

"当时，全国范围内正处于'大跃进'的高潮，我除了参加劳动锻炼，就集中精力，多方设法，把近代资产阶级的经济学名著一本本找来，边读边写，越读领域越宽，居然萌生了一种不切实际的念头，打算编著一本《庸俗经济学批判》，对 1870 年以来的资产阶级经济学进行一次总的述评。自我 1941 年离开南开经济研究所以后，还没有机会在这方面下过工夫，对当代西方经济学界流行的好些著作相当陌生。现在既能一卷在手,倒有'塞翁失马'之感。"

——陶先生 1992 年自述

1959 年,时值共和国成立 10 周年,一批"右派"分子获得了"摘帽"的机会。国庆节的前一天,陶大镛突然得到组织部门的通知,第二天去天安门观礼。这个信息让他感到欣喜——20 天以后,报纸上正式公布了第一批"摘帽右派"名单,陶大镛的名字也在其中。

虽然摘掉了"右派"帽子,但"摘帽右派"的称号一直伴随着陶大镛。特别是在"文化大革命"中,康生来到北师大群众大会上点名批判陶大镛,使他遭到残酷的批斗。在那种环境下,陶大镛不仅肢体受折磨,精神上的痛苦也非一般人所能忍受。

蒙受极大冤屈的陶大镛并没有放弃研究工作,仍然保持学者特有的精神,孜孜不倦地学习,不厌其烦地收集资料,默默无闻地从事研究工作。虽然被剥夺了发表研究成果的权利,他还是在"牛棚"里继续着对庸俗经济学的研究,偷偷写下了上百万字的书稿!

牛平青(陶大镛先生的夫人):"文化大革命"时,我们被赶到 12 楼的一间小房子里,我们俩在风雨中互相支持,互相理解。夫妻间的理解和信任是支撑我们走下去的最重要的力量。不论在何种状况下,陶先生总是忘我地工作,没一点休息时间。遗憾的是在那二十多年里,除了特殊批准在师大学报上发表过两篇文章之外,陶先生没有被允许发表其他任何学术论著。

杨国昌(陶先生指导的硕士生,经济与工商管理学院教授、原副校长):逆风知劲草,烈火见真金! 陶先生在 1957 年到 1979 年的 22 年间,特别是在"十年动乱"时期,受到了种种打击。在极端困难的条件下,他尽量利用一切可以利用的时间,继续探索真理,从事学术研究工作。二十多年里,他对帝国主义时期(19 世纪 70

年代以来)各派庸俗经济学做了系统的研究,写了近百万字的书稿。

在那个非常时期,写这些东西不被扣帽子、打棍子就不错了,所以,那些文字的命运可想而知。漫长的 22 年中,陶大镛的研究同整个中国的学术命运一样,可说是一片空白。这种不正常的情况,无论对他本人还是对学术都是一种损失。以至于若干年后,陶大镛谈起 22 年中自己仅有的两篇学术文章,仍不禁唏嘘——

"1962 年,在组织上的敦促和安排下,要我给《北京师范大学学报》撰稿,我勉强答应下来,前后送去了两篇,这就是《十九世纪末二十世纪初庸俗经济学在方法论上的破产》和《十九世纪末二十世纪初庸俗经济学在价值论上的破产》。由于这是我在那 22 年中公开发表的仅有的两篇论文,它们对我来说,当然弥足珍贵。"

无论环境多么恶劣,陶大镛始终坚守着心中的理想与信念,以超乎想象的坚韧挺了过来。

赵春明(陶先生指导的博士生,经济与工商管理学院教授、副院长):坚强来自内心的信念,陶先生曾多次对我们讲,他对马克思主义的追求不会因为人生际遇而动摇,因为这是他披沙沥金寻得的真理。

胡松明(陶先生指导的博士生,经济与工商管理学院副教授):陶先生始终坚持对马克思主义的信仰。他说,有人说我是"左派",有人说我是"右派",我看我自己既不"左"也不"右"。那意思就是,他坚信自己是正确的。

1978 年,拨乱反正的春风还未吹向陶大镛,但他已感受到丝丝暖意。这一年初夏时分,他突然接到时任中国社科院经济研究所所长许涤新的来信,邀请他参加《政治经济学辞典》的编审工作。22 年了,他知道这份信任的分量。当年冬天,他和二十多位来自全国各地的专家逐条审定资本主义部分的辞目。用陶大镛自己的话说,"那时真是拼命了"。

1979 年,正在长春做辞典定稿工作的陶大镛,接到老伴牛平青写来的一封快信,告诉他已经平反的消息。沉冤昭雪,错案平反。从此,他终于可以放下包袱,投身工作了。此时的陶大镛,已过了花甲之年,但却仍旧精神矍铄,干劲不减当年,积极致力于教学科研和社会活动。他曾以平静的口吻总结了这 22 年充满波澜的岁月——

"1957 年祸从天降,1979 年喜从天降,真是世事无常。"

陶大镛先生的故事(八)——书斋春回

改革开放的阳光射进了陶大镛小小的书斋,整个经济、学术界也日趋活跃,他的研究与学术活动又丰富起来了。从 1981 年起,陶大镛终于有机会重新实地考察和了解世界各个发达国家的经济状态和学术进展,亲眼目睹二十多年来当代世界经济发展中出现的新变化和新趋势。重又"睁眼看世界"的陶大镛回忆起当时的情形说道:

"1978 年后,迎来了知识分子的春天……最近几年,我有机会重访欧美,看到西方世界的变化,对现代资本主义的新情况有所认识,结合自己对马克思主义经济学的粗浅理解,我又重新探索了一番,写了《现代资本主义与无产阶级贫困化》、《探索现代资本主义的发展阶段》两篇论文,并向各方讨教。"

对世界的重新了解与熟悉,加上陶大镛经济研究的功力,使他很快找回了自信与敏感,他蕴蓄已久的学识才华像打开闸门的江水,滔滔不绝地奔流出来,他又迎来了学术研究上的"第二个春天"。一大批著作陆续发表,其中包括今天研究世界经济的必读作品《论世界经济的研究对象》,以及《现代资本主义经济研究》、

《亨利·乔治经济思想述评》、《世界经济新格局研究》等力作。

詹君仲（陶先生的学生，经济与工商管理学院教授、原经济系系主任）：陶先生著述很多，主编的作品也很多。他对书稿编辑的要求非常严格，基本上事必躬亲。《中国大百科全书》经济学卷资本主义部分，由他担任分支主编，从设计到审阅全是他亲自把关。主编《外国经济思想史新编》时，他不仅将当时北京市在这方面研究上有成就的学者都集中到了作者队伍里，而且在框架、结构、篇章设计等各方面都细致入微地审定，甚至连注脚他都要看。只要是他主编的书，从约稿到主要文章，他都会过问。他的工作十分繁重，每天都是晚上 12 点后睡觉，第二天早上起来继续工作。他晚上烫脚时有看报的习惯，为提高效率，他爱人牛平青先生就帮他把文稿中主要的东西标注出来。陶先生这种忘我的工作精神让很多人都自愧不如。

多年来，陶大镛一直没有间断对《资本论》的研究。对陶大镛而言，他与《资本论》已结下了一生的不解之缘。年轻时初识《资本论》，在那个白色恐怖的年代，这本书指引他从玄学的黑夜走向科学的黎明，并奠定了他马克思主义信仰的坚实基础。此后，他一直运用《资本论》的基本原理和方法来研究、看待理论和实践问题。由于在马克思主义经济学研究方面的显著成就，在 20 世纪80 年代初成立中国《资本论》研究会时，陶大镛被一致选举为副会长。1992 年，陶先生回顾了自己研究《资本论》的历程，言辞中仍旧透着学者的谦虚与自警：

"说来惭愧，从我初学《资本论》算起，至今已有 52 个春秋……但我对《资本论》的研究，仍然相当肤浅……学然后知不足。在《资本论》的学习过程中，更会有这样的感受。《资本论》如此博大精深，我越读，就越有高山仰止之感。"

陶大镛坚信，《资本论》所揭示的经济运动规律，今天仍然是适用的。但他绝不反对学术探索,他的思想坚定却不僵化。

杨国昌(陶先生指导的硕士生,经济与工商管理学院教授、原副校长):陶先生认为,不能把《资本论》中的一字一句,都奉为万古不变的信条。因为马克思主义在革命实践的基础上,也在不断地丰富和发展。必须全面地、准确地运用《资本论》中的基本原理和方法,来研究和分析新现象、新问题。

沈越(陶先生指导的博士生,经济与工商管理学院教授、分党委书记):当时,有人认为深圳的经济发展是走资本主义道路,这种看法一时间甚嚣尘上。陶先生专程赴深圳做了为期几天的考察,之后,他开始在各种会议上发表演说、提交论文,为深圳的效益和速度叫好,称经济特区是"符合发展潮流的一大创举"。由于他是"最坚定的马克思主义者",他站出来讲话,并以理服人,影响就很大了。这充分表明,这种"创举"并非离经叛道,也表明陶先生从来就不是一个思想僵化的马克思主义者。

陶大镛和《资本论》之间,还有一段感人至深的故事。

赵春明(陶先生指导的博士生,经济与工商管理学院教授、副院长):著名经济学家关梦觉与陶先生是至朋好友。1941年年初,当他得知陶先生曾从香港邮购到《资本论》的三卷英译本时,就向陶先生索阅,并再三保证一定原璧归还。临走时,他借去了第一卷,并约定短期内送还。不料不久后便爆发了"皖南事变",陶先生与关梦觉失去了联系。虽经多方打听,但仍无踪影,陶先生为痛失《资本论》第一卷而闷闷不乐。解放后,在北京召开民盟四中全会时,陶先生又与关梦觉见面了,一见面,陶先生便急切地问起那部《资本论》。原来,"皖南事变"发生后,关梦觉不得不仓促离开渝城,后来又从西安奔赴东北解放区,生活一直处于颠沛流离的状态,但不管走到哪里,关梦觉都把这部《资本论》带在身边。在黑龙江工作期间,关梦觉又把《资本论》转借给一位老干部,并嘱他妥为保藏。此刻，关梦觉向陶先生表示了歉意，并答应一定努力找回原书。两年后，关梦觉从吉林给陶先生捎来了一份"礼物"。陶先生打开一看，里面正是他朝思暮念的这部巨著———此书一"丢"十余载，转手几万里，最后终于又回到原藏者手中。陶先生后来回忆起这件事说，他那时的喜悦和激动，实在无法用笔墨来形容。在过去的岁月里，每次一提到这一段学术上的"佳话"，总会给我们带来不少美好的回忆。如今，这卷充满传奇色彩的《资本论》，还珍藏在陶先生的书斋里。

1979年，北京师范大学决定把政治教育系分为哲学系、经济系和马列主义研究所。陶大镛接受了筹建经济系的任务，并任系主任。他虽然年过花甲，依然忘我工作，积极组建师资队伍，制定经济学人才培养方案，由当时的政教系77级和78级学生自愿报名转入，很快就建起了全国师范院校中第一个经济学系，为全国其他师范院校做出了榜样。

詹君仲(陶大镛先生的学生，经济与工商管理学院教授、原经济系主任)：陶先生担任了第一任经济系系主任。他关心教师队伍的建设和本科生、研究生的培养，亲自抓教学计划的制订和科学研究。他特别关心中青年教师的培养和水平的提高，在带硕士生、博士生以外，陶先生每学期总要抽时间给全系教师和学生做学术报告。

王同勋(陶先生的同事，经济与工商管理学院教授、原总支书记)：陶先生当系主任期间，对教师生活十分关心，谁家的孩子病了，他都会登门探望，还自己拿钱给生活有困难的教师补贴家用。他不仅希望系里的教师们在教学上能够取得成功，也希望大家在科研上能够有所成就。在陶先生的领导下，系里创办了三个学术性出版物。一是他主编的《经济学集刊》，当时这本刊物经教育部审批后，由我校和中国社科院共同出版。1980年《经济学集刊》就出版了第一批全国性的学术论文集,作者都是全国闻名的专家。二是《〈资本论〉研究论丛》系列丛书,一共出了十几本,在社会上影响很大,那时研究《资本论》的都看这本书。三是《美国经济问题研究》。他鼓励教师一边教学一边科研,通过科研提高教学。

在陶大镛的带领下,北师大经济学科逐渐成长,发展壮大,如今的经济与工商管理学院已成为我国经济学人才培养的重要基地。

陶大镛先生的故事(九)——教泽宏敷

陶大镛热爱教育,在他近七十年的从教生涯中,培养了大批德才兼备的优秀人才,确可谓桃李满天下。1980年,第五届全国人大会议通过《中华人民共和国学位条例》,1981年开始实施,北师大第一批获准招收研究生的专业就有世界经济学。陶大镛也成为我国第一批博士生导师。

詹君仲(陶大镛先生的学生,经济与工商管理学院教授、原经济系主任):陶先生对研究生的录取和培养极其严格。他是1981年的第一批经济学博士生导师,到2002年最后一批研究生毕业,二十多年来,在他名下录取和培养的硕士生、博士生加在一起不足20人。陶先生对学生要求非常严格,在学术和品德方面他看得上的学生才招,他绝不批量生产,追求的是质量。

沈越(陶先生指导的博士生,经济与工商管理学院教授、分党委书记):陶先生和我相识的契机是1985年中国《资本论》研究会年会,会议在郑州召开。那时我认识陶先生,陶先生却不认识我。当时我作为在校硕士生做大会发言,发言以后先生就问杨国昌老师,说这个年轻人是哪儿的啊。杨老师告诉他是我们北师大的学生,于是陶先生就在回京的火车上把我叫到他的包厢,和我长谈了一夜。我当时研究的课题是关于按劳分配的性质的翻译问题,按照中译本,按劳分配被理解为"资产阶级权利",而我认为应译为"市民权利"。我在大学期间就开始做相关研究,我投考北师大研究生一是由于北京丰富的文献资料,二是为了求师。到北京后我发现,北京的学者中,一类是属于对马克思主义经济学研究很精到,但不懂德文;一类是对德文很了解,但马克思主义经济学功底比较弱。可陶先生却集中了这两类人的优点,他学识极为渊博,而且对我的论题又有很独到的见解。这一宿谈话的收获很大,真可谓"踏破铁鞋无觅处,得来全不费功夫"!后来,我便考了陶先生的博士生。

李翀(陶先生指导的博士生,经济与工商管理学院教授、原院长):我第一次见到陶先生是在 1980 年。当时我在北大经济学系攻读硕士学位。罗志如教授和我的导师厉以宁教授完成了合作撰写的《二十世纪的英国经济》书稿后,邀请在京部分知名学者来北大讨论书稿。我作为研究生参加了座谈会。当陶先生身穿中山装、脚着布鞋登台发表意见时,一位同学告诉我:这就是著名经济学家陶大镛先生。我凝视着陶先生:一位平和的长者,双鬓花白,两眼炯炯有神,带着学者特有的风度。我第一次与陶先生联系是在 1984 年,当时我是中山大学讲师,为进一步深造,我准备重返北京攻读博士。我在北京多所高校和多位学者中选择了要拜陶先生为师。我于是给陶先生写了一封信,表达了到北师大经济学系深造的愿望。不久,我收到他的回信,他告诉我准备招收 1 到 2 名博士生,欢迎我报考。经过认真准备,我终于以总分第一的成绩,考取了陶先生的博士生。

陶大镛不仅对学生严格要求,也时刻爱护提携他们,悉心鼓励学生成长。

赵春明(陶先生指导的博士生,经济与工商管理学院教授、副

院长）：我珍藏着陶先生的一封信。1991 年，我翻译了西方著名经济学家曼德尔的名著《资本主义发展的长波——一个马克思主义的解释》。当时，我们对资本主义的认识是有偏见的，这本书译成之后找不到出版商出版。陶先生就专门给出版社写推荐信，最终这本书得以付梓。这是我第一次写书出版，所以先生对后辈的提携令我铭记在心，至今这封推荐信我仍然珍藏身边。

胡松明（陶先生指导的博士生，经济与工商管理学院副教授）：我 1998 年考上陶先生的博士生，是他的"关门博士"。第一次见陶先生时，我和他谈西方经济学的"理性预期"，我"侃侃而谈"了四十分钟。由于他年事已高，我一直以为他不会对西方学术前沿有太多了解。没想到我说完之后，陶先生又给我补充了许多前沿性的知识，着实让我惊喜。陶先生在求官求利上从不"与时俱进"，但他在知识上却在随时更新，他说："如果你懂都不懂，那你就没资格谈。"他曾借给我两本书，是他从英国带回来的。他说，这两本书文笔好，你看得懂。我当时是第一次知道英文原著还有"文笔"一说。他对学生很严格，也很宽容。他说如果不能按时毕业也没有关系，可以往后延期，关键是要厚积薄发。我认为，陶先生对学生的要求、对治学的要求、对教学的要求，于今天的教师而言，有着很好的借鉴意义。

陶大镛长期工作在教育第一线，对教育事业有着深厚的感情。他始终怀着一颗赤诚之心、本着一份使命之任，为教育事业的发展殚精竭虑，建言献策，奔走呼吁，倾注了大量的心血和精力。

詹君仲（陶大镛先生的学生，经济与工商管理学院教授、原经济系主任）：陶先生时刻关心教育事业。他曾和几位学者一同倡导设立了"教师节"。他多次在各种场合强调"百年大计，教育为本"，反对将教育推向市场。20 世纪 80 年代，我们国家的教育经费还达不到发展中国家的平均水平，陶先生就坚决主张要提高教育经费。他还很早就提出了对小学生免收学费、减少各种杂费的建议。

牛平青（陶大镛先生的夫人）："文化大革命"之后，百废待兴。改革初期，民盟积极地四处办学、举办讲座，推进国家的教育事业。陶先生也身体力行，和钱伟长、费孝通等教授举办"多学科讲座"，一同为教育事业的恢复与发展而奔忙。他作为民盟中央副主席主要负责华北地区，在他的推动下，内蒙古青城大学得以创办，他被特聘为名誉校长。

沈越（陶先生指导的博士生，经济与工商管理学院教授、分党委书记）：陶先生对中国的教育问题，尤其是师范教育问题特别关注。他时刻关心北师大的发展，这一方面是基于他对学校的深厚感情，另一方面是他认为，我们北京师范大学承担着发展中国教育事业的重要任务，是支撑中国基础教育的脊梁。陶先生还经常谈到农村教育的问题，即使是在病床上。他对社会弱势群体的关注给我的感触很深。

陶大镛对我国教育的现状、问题和症结了然于胸。他坚决认为，教育不是商品，不能推向市场。要实现"科教兴国"必须"国兴科教"，他多次呼吁政府应该对教育加大投入，每年至少要从GDP中拿出4%投在教育上。他在民盟中央论证"三峡工程"时，大声疾呼建议"缓上"，要求把钱省下来先发展教育事业。他提出，发展教育关键在政府。各级政府切不可"凑凑合合办教育"，一定要"认认真真办教育"。同时，他十分关心教师的待遇问题，指出稳定师资队伍是提高教育质量的前提。他对国家教育事业的发展，时刻抱有忧患意识，他曾说：

"其实，我们只要保持清醒的头脑，不抱成见，面对教育的现状，就会深深地感到不安，无限的隐忧萦回心头……'十年树木，百年育人'，唯有教育事业，不能急于求成，无法'毕其功于一役'，必须高瞻远瞩,具有战略眼光,才能从根本上缓解潜在的危机!"

殷彪(经济与工商管理学院博士生):2007年,我作为陶先生的徒孙,有机会去医院陪护先生。虽然陶先生要靠人工喉来发声,每说一句话都很艰难,但他依然拿出上课的架势来,给我讲他所思考和关注的问题。比如他对教育产业化的批判、对农村义务教育的关心,他认为的世界经济中心的转移,他构想的集旅游、观光、战略多功能于一体的海滨花园城市等等,这一切的一切,让我切身感受到一位大家的高尚品格。虽然躺在特殊护理的病床上,先生依旧心系苍生,忧国忧民。而且,先生还不是普通意义上的关心,他所说的都是既有理论依据,又有实际经验的问题。先生的这种精神和品格,永远刻在了我的心里。

前任校长陆善镇在"陶大镛教授从事学术活动六十周年座谈会"上给予陶大镛高度评价:几十年来,他培养了一大批德才兼备的教学、科研人才,为我国的教育事业做出了重要贡献,也对我校的建设和发展产生了很大的影响。

陶大镛则曾这般简短地谈及自己的教育生涯:

"我长期生活在文化教育的大花园里,这里五彩缤纷,生机盎然,经常看得见燃烧着的科学之火,也不时辐射出令人耀目的真理之光。作为教育岗位上的一名'园丁',我在耕耘之余,曾为新文化启蒙运动呐喊过,也为知识分子呼吁过;我为'百年大计,教育为本'的国策而寄予希望,也为维护世界和平,促进人类进步的前景而喜忧参半……"

陶大镛先生的故事(十)——忧国忧民

陶大镛是一位杰出的社会活动家。党的十一届三中全会以后,他历任全国政协常委、全国人大常委、民盟中央副主席、民盟北京市委主委、北京市人大常委会副主任等多项社会职务。在他主持民盟北京市委工作的十几年中，同中国共产党亲密合作，带领广大盟员，广泛参与政治、经济、文化等各类问题的协商。他对北京市的亚运会筹备、廉政建设、2010 年远景目标纲要等工作提出了许多真知灼见。

牛平青（陶大镛先生的夫人）：陶先生当时兼任着全国人大、北京市人大、民盟等一系列社会工作，他不辞辛苦，尽心竭力地奔波操劳，忙得连每年的体检都不去。实在没时间啊！

陶大镛大力推动民盟开展面向社会的各类服务工作，开展了多项咨询服务和智力支边活动。1990 年，他组织盟内外农业专家学者组成攻关组，在北京市顺义县开展了大面枳的吨粮田试验推广工作，取得了显著成绩，亩产达到了 1006 公斤。他组织举办了各类培训班、辅导班，培训人数达一万余人次。编写了各种普教资料 300 余万字。另外，还赴四川、山西、广东、新疆、贵州、内蒙古等地培训教师，受到当地师生的欢迎。

牛平青（陶大镛先生的夫人）：1995 年，陶先生被确诊为帕金森综合症，但他还是不肯休息，仍然拄着拐棍，坚持工作。后来身体状况实在不太好了，才每年到天坛医院神经内科住院两次，调一调药。2003 年，陶先生的病情恶化，开始用呼吸机，特别痛苦。2004 年，转到了安贞医院，并做了喉管切开手术，需要借助人工喉才能发声。他因病卧床期间让我最感动的，是持之以恒地忧国忧民。一天，龙新民同志来看他，他借助着人工喉说："我作为经济学家，对不起农民啊！研究了一辈子经济，还没能让所有农民都过上富足日子，我心里惭愧啊！"说着就掉下了眼泪。当时大家都深受感动，连护工也没能忍住眼泪。

李翀（陶先生指导的博士生，经济与工商管理学院教授、原院长）：陶先生住院的时候，甚至不能连贯地讲话。即便如此，在病床上他给我们讲的也是国家大事———"三农"问题、教育问题……一个人在神志都不甚清晰的状态下想的还是这些,这就足以说明他的精神和信仰。在经济学界都有这么个说法:你可以不同意陶先生的观点,但你对他的人格没有什么可以怀疑的! 不管在观念上与陶先生有怎样分歧的人,不管他们的学术观点如何不同,但大家对陶先生的人格都是极为推崇的。

胡松明(陶先生指导的博士生,经济与工商管理学院副教授):陶先生住院期间,我去看他,他即使不清醒时都要我给他谈世界经济的问题。他的儿子陶晓永每次看他,都要向他报告世界经济的演变和中国经济的发展态势。他是全心全意地为国家的经济与社会的发展操心啊。

牛平青(陶大镛先生的夫人):陶先生有几件遗憾的事情。其中一件事是,他计划写一本书,名为《大时代,小故事》,他打算在书中记录 100 个人生小故事,浓缩经风历雨的人生智慧。他断断续续地讲了一些,但因病最终没有能写成,这是很大的遗憾。还有一件事,他认为 21 世纪是"太平洋世纪",想要办一份《太平洋导报》。当时还找来了自己得力的学生商议,但后来没办起来,陶先生也是备感遗憾。

中国未来的发展将迎来"太平洋世纪"。对此,陶大镛早在1998 年就曾有过富有预见性的论断:

"世界经济活动的重心逐渐向太平洋转移,未来的'太平洋世纪'将会创建一个崭新的、更加灿烂的物质文明和精神文明……在这样的新的历史条件下,我国经济发展的前途,既面临着困难和挑战,同时也存在着希望和机遇。"

在陶大镛心中,国家与社会的发展大业重有千钧,然而关乎百姓民生的"小事",他也时刻挂念心头。

王同勋(陶先生的同事,经济与工商管理学院教授、原总支书记）：北师大东门外的过街天桥，就是陶先生呼吁建起来的。建桥之前，师生过街只能横穿马路，那儿老出交通事故，还死过几位老师。20世纪80年代的时候，相关方面呼吁过很多次，但那个时候国家穷，建个桥困难挺大的。在陶先生担任北京市人大副主任后，他就在市人大会上强烈呼吁在这里建天桥，后来市人大通过了这项决定。90年代，这座桥终于建了起来，它是我们这一带最早建成的过街天桥，对师大师生来说是一件很重要的事。

作为社会活动家，陶大镛有着一般学者所不具备的组织协调能力。他既运筹帷幄，又通过个人魅力，把许多人都团结起来，凝聚在一起共同为事业奋斗。

沈越（陶先生指导的博士生，经济与工商管理学院教授、分党委书记）：陶先生是一个组织能力很强的人，这是我与他长时间接触后深刻体会到的。譬如开会遇到问题，有些学者间会发生矛盾，有时甚至会发生冲突，其他学者都没有办法。这时，主办方往往都会把"难题"交给陶先生，他说几句话、打几个哈哈就把矛盾化解了。他在对不同观点的处理上不像有些人那样搞批判，他采取的是一种包容的态度，并以自己的独特魅力把和他观点不同的人吸引过来。

牛平青（陶大镛先生的夫人）：陶先生对上对下，都是一个好同志。我们在一起很少谈家庭，却经常谈国家和世界，但他对家庭、子女的责任心却是很重的。以前他有时间的时候，我们还一起去看过话剧；他喜欢音乐，特别喜欢《蓝色多瑙河》等交响乐，我们在国外的时候，他还买唱片来听；《洪湖水浪打浪》、《游击队歌》等歌曲他也很喜欢。至于什么桥牌、高尔夫之类的活动，陶先生是沾也没沾过。他是个很乐观的人，虽然长年住院，近来神智不清醒的时候也多了起来，但情绪好的时候，他还是会幽默地说："我向全世界庄严宣告，我还活着呢！"他坚强乐观的精神，连主治医生都很钦佩。

  风风雨雨九十二年多,迈过波澜曲折的人生道路,陶大镛始终保持着忧国忧民之心。他胸怀苍生,襟怀坦荡,仗义执言,为民谋利,从不计个人得失。他的道德风范与人格情怀,将永远在北京师范大学的精神版图上恒远绵延。

抚今追昔忆陶公

张梅颖①

2010 年 4 月 18 日,我国著名的马克思主义经济学人陶大镛先生溘然长逝。随着费(孝通)、陶(大镛)、钱(伟长)等一代宗师的相继谢世,当年轰动文教界的"六教授事件"的当事人至此凋零已尽。

历史画上了一个句号。那些亲眼见证了几个时代的变迁、与中国共产党共同经历了风雨蹉跎岁月的民盟先辈们相继离开了我们。今天民盟的成员绝大多数出生在新中国成立以后,她的中坚是在改革开放环境下成长起来的新一代盟员,因此,以传承民主党派光荣传统为核心的政治交接任务十分繁重。回忆起从仰慕到与陶公相识相交的一幕幕往事,抚今追昔,引起我对参政党使命、责任和前途不尽的思考。

有一件事情令我至今难忘。几年前我率全国政协视察团到湖北宜昌,视察被称为世纪工程的三峡大坝。走进接待大厅,迎候在这里的三峡建设委员会主要领导热情地拉着我的手说:"三峡大坝建设的成功,首先要感谢民盟和各民主党派在论证时的诸多质疑,因为这些质疑都是建立在科学的基础上。三峡大坝正是在反

---

① 作者系全国政协副主席、民盟中央第一副主席。

复的探索和实践中解决了一个个质疑,有的是在世界范围内招标破题的,可以说正是这些质疑成就了三峡工程的成功。"这位领导发自肺腑之言让我很受震动。三峡工程在激烈的争辩中上马,而陶大镛先生正是当年顶着压力带头提出质疑的人。在论证三峡工程的汇报会上,他大声疾呼:对于像三峡水库这样举世无双的超级工程,要全面考虑经济效益、社会效益和环保效益的统一,宁可把各种各样的困难估计得多一些,把问题看得严重一些,万万不可强迫命令,以免愧对子孙后代,甚至成为历史的罪人。陶公的一席话语惊四座,至今言犹在耳,掷地有声。

光阴荏苒,十几年过去了。晚年的陶公长年卧床不起,忍受着常人难以想象的病痛折磨,但他对三峡的关注却一直没有停止过。每当我去看望他,病榻上的他问我第一句话都是"三峡怎么样了?我们提的那些问题都解决了吗?"我耐心地、一句一句地告诉他,我几乎每年都要去三峡考察,水库建成后,基本实现了您提及的诸如防洪和溃决、发电、航运等方面的设计目标,但先生特别关注的移民、生态环境、地质灾难等问题仍在探索解决中,总体形势平稳,处在可控范围内。老人欣慰地笑了。

眼下,陶大镛先生纪念文集就要付梓了,陶公的夫人牛平青大姐让我写几句,陶公的事迹林林总总,我想,就从陶公那一代的知识分子、民盟的先贤的精神特质切入吧,因为这是民盟所以立盟的文化遗产。我以为,与陶公同时代的知识分子、民盟的前辈,其精神特质主要表现在以下三个方面。

一是把个人的命运系于国家命运,虽历经坎坷曲折,始终坚守着心中的理想与信念。从解放前的"三教授"到1957年的"六教授"事件,从"左派"到"右派",历史似乎与陶大镛开了一个无情的玩笑,但这一切都改变不了他对真理的追求。陶公曾多次讲过,他对马克思主义的追求不会因为人生际遇而动摇,因为这是他披沙沥金寻得的真理。在晚年,他曾感言道:作为教育岗位上的一名园丁,在耕耘之余,我曾为新文化启蒙运动呐喊过,也为知识分子呼吁过,为百年大计教育为本的国策而寄予希望,因为在文化教育的大花园里,我"经常看得见燃烧着的科学之火,也不时辐射出令人耀眼的真理之光"。这正是受"五四"运动熏陶的一代知识分子的心路历程,科学、民主精神深深地影响着陶大镛的人生轨迹,在追求真理的道路上,他有一种飞蛾扑火的献身精神,"亦余心之所善兮,虽九死其犹未悔",这在物欲横流的今天,多么令我们敬畏、仰止。正是这种坚贞不渝的信念,成为支持他一往无前探索真理的力量源泉。

二是光明磊落,敢于做犯颜直谏的诤友,具有独立思考和批判的精神。"苟利国家生死以,岂因祸福避趋之",这是几千年来中国士大夫的气度和襟怀,也是维系我们民族存续的文脉和国脉。因为不同的声音甚至反面的意见,更能够促进决策的科学化、民主化。这一点在陶公身上表现得尤为突出。不仅在三峡问题上慷慨陈词,在政治和学术上他也从不随波逐流,人云亦云。他总是实事求是,独立地对问题进行研究并做出自己的判断。在各种政治协商的场合,他能够与党肝胆相照,直抒己见,知无不言,尽到诤友的责任。作为一名教育家,陶大镛充分运用自己担任民盟中央副主席、全国政协常委、全国人大常委等职务和平台,为我国教育事业的健康发展奔走呼吁,殚精竭虑。他对教育产业化的批判;他提出要实现"科教兴国",必须首先"国兴科教";他提出发展教育关键在政府,国家对教育投入至少要达到 GDP 的 4%,等等……。这一切,都直指时弊,切中要害,表达了一个有政治远见的老盟员的赤诚之心和对国家教育事业的忧患意识。

三是关注民生疾苦,体现出人文知识分子的悲悯情怀。陶大镛出生在一个苦难的时代,满目疮痍的旧中国民不聊生的景象,深深地刺痛了他的心。他发愤研究经济学,正是基于强国富民的初衷。他经常向人提到他是一个工人的儿子,他对社会底层、弱势群体,有着天然的朴素感情,并为争取他们的尊严和权利,倾注了自己极大的热情和心血。他十分关心教师的待遇问题,曾和几位学者一同倡导设立了教师节。即使在病榻上,他还经常与别人谈及他所思考和关切的问题,如农村的义务教育问题,农民工在城市的待遇有没有改善……。他想办一份期刊,随时公开贫困化的指数,为解决贫富差距做一些基础性研究。有一次,在谈到亟待解决的"三农"问题时,陶公竟至老泪纵横,他借助着人工喉说:"我研究了一辈子经济,还没能让所有农民都过上富足日子,我心里惭愧啊!"

陶公那一代人是我政治上的引路人,正是在他们那一代民盟先辈人格、精神力量的感召和言传身教下,我走上了多党合作的政治道路。奔走国是,关注民生,是民盟的优良传统。这些年来,正是秉承了这一传统,我继续关注着三峡工程的后续问题、教育问题和"三农"等问题,多次深入三峡库区,呼吁政府解决了关乎社会稳定的移民家庭零就业问题,并把免费职业教育作为库区民众的福利;我们提交的关于加强农村基础教育教师队伍建设的建议,直接促成国家出台教师阳光工资的政策;我们对职业教育的长期追踪和不懈推动,使这一惠及广大弱势群体的富民教育得以长足发展;我们持续地开展"三农"问题的调研,为实现我国粮食生产连续七年的丰收、为促进农民增收和农业基础地位的巩固贡献了力量。

民主党派的换届工作即将展开,政治交接的历程任重而道远。毛主席曾经说过:"民主党派能否与共产党长期共存,不是单由共产党一方面愿望决定的,还要看各民主党派自己的表现"。我以为,参政党的地位不是一劳永逸的,共产党开展先进性教育,民主党派自身建设也要与时俱进。其中一个迫切而长期的战略课题，就是如何使民盟的文化传统能够薪火相传。毋庸讳言，当前官场上盛行的庸俗的、实用主义人生观和价值取向在盟内有所表现，个别地方还比较严重，这些作为玷污了民盟的品格，愧对我们的先贤。每念及此，无限的隐忧萦回心头。我想，今天我们纪念陶公，就是要学习他一生追随真理，与中国共产党肝胆相照的政治风骨，奔走国是，关注民生，才能不辜负党和人民对我们的期待，为实现中华民族的伟大复兴做出我们新的贡献。

陶公在我心中永生

王维城①

陶公驾鹤已西去，
精神遗产留人间，
经济巨著誉中外，
教书育人桃李满。
廿二年蒙冤不悔，
信马列立场不移，
三峡论证顶风雨，
办《群言》为民争利。
爱国爱党爱人民，
追求真理见风骨，
肝胆相照党盟亲，
参政议政尽忠心。
师大红楼多次问，
音容笑貌留在心，
陶公教诲铭心志，
恩师楷模励后人。

---

① 作者系原全国人大常委、北京市人大委员会副主任、民盟中央副主席、民盟市委主委，现任北京市节能环保促进会会长。

大师已去　风范永存

——深切怀念陶大镛先生

高拴平①

2010 年 4 月 18 日,92 岁的陶大镛先生悄然逝去。泰山其颓,哲人其萎。送别季羡林、送别任继愈、送别陶大镛……这几年,我们不断和这样一些世纪老人做着最后的挥别。他们给我们留下的除了那些让后人景仰的成就和辉煌,还有着无尽的哀思和激励。

从高山仰止到薪火相传

陶大镛先生是我国著名的经济学家、教育家和社会活动家,是我国最早提出并从事世界经济学的创始人之一,也是民盟中央的老一辈领导人之一,很多民盟的同志都亲切地称呼他"陶公"。我上大学时,正值拨乱反正,恢复普及、宣传马克思主义经济理论的时期,当时民盟的著名经济学家陶大镛、千家驹、关梦觉的经济学思想和理论,尤其是陶先生的《战后资本主义经济研究》等著作对我影响颇深。1994 年中华外国经济学说研究会第六届年会上,几位前辈对包括通货膨胀问题在内的市场经济理论和实践问题的讨

---

① 作者系民盟中央委员会秘书长。

论、总结与反思,使我至今印象深刻,获益良多。"高山仰止"的感佩默存于心,直到我来民盟中央机关工作,才有幸与陶公初次见面。

难忘那一天在北京师范大学著名的小红楼里,在陶公简朴的书房兼会客厅,这位谦和、真诚的老人的谆谆教诲和他那虽已老迈但依然犀利的目光。当时陶公已经行动不便,但轮椅并没有影响他敏捷的思维。他对当时世界政治经济形势的精准分析和判断,对民盟未来发展所寄予的深情,以及多年参政议政工作的体悟和总结,都使我为之叹服。他平易、爽朗的性格拉近了我们的距离,也深深感染着我。临走前,陶公送给我他刚出版不久的《世界经济新格局研究》,这是先生主持的国家社会科学基金"九五"重点课题的研究成果,汇集了他对当代世界经济发展中出现的新变化和新趋势的深入思考和探索。如今睹物思人,崇敬、怀念之情再次撞击着我的心。

无论是从我所学的专业还是民盟的工作,我都是后生晚辈,有幸在陶公暮年亲聆教诲是我终生的荣幸。他对马列主义的笃实信仰,他那种虽历经坎坷但对中国共产党及党领导下的多党合作事业矢志不渝的炽热情怀,和他对走中国特色社会主义道路的坚定信念,都深深影响了我,也令我备感自己所肩负的使命之光荣、责任之重大。薪火相传,任重而道远。我当尽己所能,不辜负前辈的期许。

办好知识分子的"群言堂"

陶公不仅是有口皆碑的经济学家,而且早已是报刊业知名人士。从他学生时代创办的进步杂志《新流》到香港《文汇报》经济周刊、《光明日报》经济周刊,再到新中国成立后的第一个综合性学术期刊《新建设》，都倾注了他"一介书生未敢忘国忧"的赤子情怀。

1985年，年近70岁的陶公以民盟中央副主席的身份负责筹办"文化大革命"后民主党派的第一份刊物《群言》杂志，并担任了第一任编委会主任。我虽无缘与陶公共事，但他对《群言》的满腔热忱从杂志社同志们的描述中可以窥见一斑：暮年光阴十余载，事无巨细，他都亲力亲为。从策划选题、约稿组稿，到安排编委会议，甚至连招待出席座谈会人士用膳的菜单，他都会仔细过目。陶公没有从《群言》得到过任何报酬，却几乎为这本杂志付出了全部的脑力和心力。他极高的政策水平、丰富的政治经验、宽阔深远的视野，他对重大、敏感问题准确、大胆而又审慎的处理能力，为《群言》奠定了基础，联系并稳固了一批高水平的作者。可以说，陶公是《群言》当之无愧的功臣。在他心里，已经把办好《群言》，把通过办好这个"知识分子的'群言堂'"来宣传和共同推进中国共产党领导的多党合作事业，看做是自己的一份责任，一份珍爱的事业。

"说真话、实话，不说假话、大话、空话"是陶公和胡愈（之）老、费老等民盟前辈为《群言》确立的风格，而它同样也是我们参政议政工作应恪守的原则。只有发诤言、讲实话，建睿智之言、献务实之策，才是真正与党同心同德、和衷共济，也才能真正体现一个高素质参政党应该发挥的作用。这是民盟先辈们为我们奠定的立盟之本，他们用实际行动诠释了"责任"的意义，我们必须坚持并根据新的时代需要予以发扬。对于他们留下来的这份事业，我们不敢有丝毫懈怠。

心系国事，瞩望新纪元

陶公曾有这样一段自述："我长期生活在文化教育的大花园

里,这里五彩缤纷,生机盎然,经常看得见燃烧着的科学之火,也不时辐射出令人耀目的真理之光。作为教育岗位上的一名'园丁',我在耕耘之余,曾为新文化启蒙运动呐喊过,也为知识分子呼吁过;我为'百年大计,教育为本'的国策而寄予希望,也为维护世界和平,促进人类进步的前景而喜忧参半……"这正是中国知识分子"风声、雨声、读书声,声声入耳;家事、国事、天下事,事事关心"的真实写照。

陶公一直关心人才问题,并致力于知识分子待遇的改善。1987年,张广厚、钟家庆、董泽清三位著名数学家英年早逝,在痛悼之余,先生秉笔直书,发出了抢救中年知识分子的紧急呼吁:"绝不能再让'峥嵘岁月空蹉跎'、'春蚕到死丝未尽'的现象继续存在下去了。"没有调查就没有发言权。接下来的两年中,他与费孝通、钱伟长、高天等民盟中央领导一同,相继在全国组织开展了关于知识分子情况和教师职称评审工作等调研,并向中央提交了相关的建议。这些建议引起了知识界的共鸣,为党和政府进一步做好知识分子工作提供了科学依据,受到中共中央和国家有关部门的重视和采纳。

同时,陶公也通过其他各种渠道呼吁人才和知识分子问题,我粗粗统计了一下,仅在《群言》创刊首年发表的200篇文章中,便有30余篇内容均与此相关。先生始终保持了中国知识分子"先天下之忧而忧"的传统,为履行参政议政、民主监督职能贡献着智慧,尽心尽力做着党的诤友和挚友。

长期工作在教育第一线的陶公对教育事业有着深厚的感情,对我国教育的现状、问题和症结也了然于胸。他深知教育改革尤其是基础教育改革对于整个民族、整个国家的重要性。从1980年民盟中央关于我国教育体制和教育改革问题的座谈会(青岛),到后来的民盟28省市普通教育改革研讨会……,十几年间,民盟就教育问题召开的研讨会陶公几乎次次出席,常常能在会上听到他对教育问题的真知灼见。他始终坚信"要真正实现'科教兴国',就必须先做到'国兴科教'"。

前些年,虽然身处病榻,但陶公仍念念不忘钟爱的教育事业。每次我们去看望他,他都要提到我国的教育问题,询问当前的教育改革有什么进展。记得 2007 年他 90 华诞时,我们去医院为他祝寿。当听说"农村孩子的九年制教育将真正实现'义务制',不但学费全免,书费也免了,路远的孩子住校也将得到国家的补助"时,老人的脸上洋溢出孩子般的笑容。他说,我多年来一直在呼吁教育问题,现在基础教育的问题解决了,我还要继续关注高等教育的问题。或许,在此时陶公的心里,这个消息是最好的生日礼物。

2009 年,我陪蒋树声主席去医院看望陶公,陶公已不像以前那样健谈。但当他得知"民盟已经有近 20 万盟员"时,谁想片刻之后,他突然问蒋主席"质量怎么样?"在场的人都愣住了,大家谁也没想到此时的陶公心中牵挂的依然是民盟的事业发展。

为国家图富强,为人民谋福祉,为社会求进步,我想,这正是众多像陶公一样的民盟前辈们矢志不渝的信念和追求。他们用自己的一生,实践着中国传统知识分子的"立德、立功、立言"。他们脚踏实地的科学态度、胸怀全局的政治智慧和爱国爱民的高尚情操像宝藏一样源源不断地为我们提供着精神食粮,永远值得我们学习和发扬。

斯人已去,风范长存。我耳畔仿佛再次响起了陶公在病榻上说的那句话:"要冷静地研究、分析、观察、判断,开创一个新纪元。"字里行间充盈着他对民盟事业的期盼和嘱托,它将激励着我以加倍的努力更好地参政为民、服务社会,不断前进、永不懈怠。

一代师表　仰之弥高

——深切怀念陶大镛老师

高　山①

抗日战争胜利后不久,应英国伦敦大学和曼彻斯特大学之邀,陶先生以访问教授身份,远涉重洋赴英伦从事学术研究工作。他虽身居海外,而心系祖国,时刻关注国内的形势发展。随着解放战争的迅速进展,我军取得节节胜利的消息,不断鼓舞着这位满腔热血的爱国青年学者。1949 年年初,他毅然携眷乘轮东归,愿为新中国的建国大业奉献一切聪明与才智。

甫抵香江,陶老师即被达德学院延聘为商业经济系教授。达德学院是由中共南方局与各民主党派以及在香港、广东的爱国民主人士李济深、蔡廷锴、李章达、丘哲等商议合作,在周恩来、董必武等中央领导同志的关注下,在党的领导下,由民主党派出面,报经港英当局立案注册建立的一所新型的正规大学,为培养建设新中国及当前完成解放事业所需的干部人才为目标。许多在内地追求进步反对国民党反动当局的独裁政治的知识分子,都遭迫害。众多知名教授、学者被迫流亡香港,其中多被校方网罗任教。商经系主任由著名经济学家沈志远担任,千家驹、莫乃群等教授都在此

---

① 作者系原民盟中央联络委员会主任。

系任教。陶老师的加盟，自然更加充实、壮大了商经系的学术地位。还有邓初民、黄药眠教授，分任政治系、中文系主任。

我在达德学院就读于商经系。陶老师进校时，我已于半年前即1948年夏，毕业离校返回内地参加革命工作，无缘与之谋面而心向往之。直至1950年，我奉调晋京学习，后留民盟中央（当时称"民盟总部"）机关工作。某日开会偶遇陶老师，经沈老引见，久仰盛名今日得见庐山，备感高兴。随后，又因工作需要，多次趋访，每每聆听教诲，获益匪浅，终生受用。先生之道德文章堪称师表，令人景仰。

1994年，陶老师被推选为香港达德学院北京校友会第3届会长，2004年复被连选连任校友会第4届会长。在任期间，陶老师在教学科研之同时，还参加许多社会活动，兼职全国和北京市人大常委会要职以及民盟中央和北京市领导职务，虽在百忙中，仍时时关心校友会工作，经常垂询会务情况，我们都一一向之汇报。

1993年，在陶老师主持民盟北京市委会期间，民盟市委与校友会合作创办"北京达德大学"，并共同着手筹备。旋经北京市成人教育局以"京成教社字〔1993〕第013号文件"批准，陶老师出任董事长，关世雄为校长。董事会成立时，陶老师亲自邀请了民盟中央丁石孙主席莅临参加。大学成立后，陶老师几乎是全副精力投入筹建工作。他和关世雄校长亲自率领学校负责人，不辞辛劳冒着炎夏酷暑，北至昌平的马池口、西沙河，南至河北省的涿州等地寻觅合作者，勘察地点，筹建校舍，亦因资金之故而无果。陶老师还在全国人大常委开会时，欲邀约香港人士霍英东先生，因霍先生港方事务繁忙，未能如约叙谈。另一原因，囿于当时国家教育方针政策规定，对于此类民办学校无颁发学历证书的授权，学生修毕各科课程毕业，只能发给"写实结业证明"到社会求职，增添许多难度，所以生源受到很大影响。但陶老师为"北京达德大学"所花费的心血当不可或忘。

陶老师的一生是完美的一生,他孜孜不倦的学习、研究学问的态度,他的敬业精神,对人对事和蔼、认真、严肃、宽容,都堪为吾辈后生的光辉榜样。哲人其萎,乘鹤西往,而他却为人世间留下无限的哀思。陶老师呀,我们将永远怀念您!

敬爱的陶大镛老师,安息吧!

深切怀念恩师陶大镛先生

杨国昌[1]

2010年4月18日,深孚众望的教育家、学者和社会活动家陶大镛老师走完92年的人生旅程,一颗智慧之星陨落了。惊悉陶老师逝世的消息,我感到十分震惊和悲痛!

1955年,我在华南师范大学本科毕业后,有幸考取了研究生,在陶先生的带领下研读马克思的《资本论》。遗憾的是,不到一年时间陶老师因操劳过度,眼底出血,不能看书写字,就把我们五位研究生送往中国人民大学代培,后来又由中国人民大学把我送回北师大图书馆工作。1979年,陶老师的右派错案改正后,被任命为新组建的政治经济学系主任,我的右派错案改正后,人事部门把我也调入经济系。这样,我又有幸在陶老师身边工作了三十多年,向老师学习做人、做事和做学问。同时,我也为陶老师写过几篇学术传记,例如,1985年山西人民出版社出版的《中国现代社会科学家传略》,1987年辽宁人民出版社出版的《中国当代经济学家传略(二)》,1987年四川人民出版社出版的《中国当代著名经济学家》

① 作者系北京师范大学原副校长、经济与工商管理学院教授、博士生导师,其中部分内容刊载于《北京师范大学校报》2010年4月23日陶大镛先生纪念专刊。

（第二集），1992年陕西人民出版社出版的《师范群英光耀中国》（第二卷）等。在跟随陶老师学习、工作和撰写陶老师传记的过程中，我深受教诲，并为陶老师的高尚品德所感动。作为人师，陶老师的弟子桃李满天下；作为学者，陶老师留下沉甸甸的著作和精髓的思想；作为社会活动家，陶老师积极建言献策，为国家经济建设和教育改革贡献出宝贵的智慧。

陶老师一生最热爱的职业是教师。陶老师年轻时期曾立下志向"当一名新闻记者"，但后来改为当教师，这个转变主要是受了著名经济学家王亚南先生的点拨。1942年，陶老师从香港回到广东后，经人介绍认识了王亚南，由于两人对马克思的《资本论》有共同信仰，在王南亚的推荐和热心帮助下，陶老师被聘为中山大学讲师，从此走上了教师这个职业。陶老师终生从事高等学校的教育工作，他认为当好一名大学老师，不仅要讲好课，还要会做研究工作。他常常对我们讲，搞研究需要志趣，有了志趣就能自觉；有了自觉性才能做到持之以恒；只要能坚持，终究会做出成绩的。这些经验之谈，正是他自己多年从事学术活动的写照。几十年如一日，他从不间断学术研究工作，即使在火车、轮船上也不放松。每次参加较长时间的会议，他总要带点资料和稿件，常常是白天开会，晚上继续学习研究，这种分秒必争、持之以恒的作风，也正是他几十年来在学术上取得成就的重要原因之一。

回顾陶老师在北师大工作的56年，从担任政治经济学教研室主任开始，到组建经济系并担任第一届系主任，后来又发展成为经济学院，担任名誉院长，使北师大的经济学科从无到有，如今的经济与工商管理学院已成为我国经济学人才培养的重要基地，整个发展过程都饱含着陶老师的一份心血和汗水。正如前任校长陆善镇教授在"陶大镛教授从事学术活动六十周年座谈会"上所说：几十年来，他培养了一大批德才兼备的教学、科研人才，为我国的教育事业做出了重要贡献,也对我校的建设和发展产生了很大的影响。根据他对北师大的贡献,1956年陶老师被评为北京市劳动模范,在他晚年的时候又被评为北师大的终身荣誉教授。

在陶老师七十多年的学术生涯中,硕果累累,建树很多。从中国古代经济史到新民主主义经济问题,从中国经济思想史到西方经济学说,从现代资本主义经济到社会主义经济问题,从社会主义思想史到科学文化教育等诸多方面都不乏精辟的见解,其中最突出的是世界经济。据陶老师自己所说:"回顾我60年来的全部学术生涯,大概有相当多的时光,曾用于对世界经济问题,特别是对现代资本主义的理论探索上。"

1950年,三联书店出版了陶老师的《世界经济讲话》一书。据陶老师回忆,由于当时在国内很难找到相关的参考书,所以这部书稿的资料是在英国访学期间搜集的,那时从英国坐船到香港约需一个月,他利用在轮船上的时间,写了全书的1/3,其余部分是滞留在香港期间完成的。据我们调查,这部书是中国人发表的第一部关于世界经济的专著,该书系统地阐述了世界经济的研究对象、方法以及这门学科的基本问题和发展趋势。进入20世纪80年代尤其90年代以来,世界经济发生了巨大的变化。陶老师那时已年届高龄,但他依然以饱满的热情和高度的责任感主持承担了"八五"国家哲学社会科学规划重点项目"现代资本主义经济研究"和"九五"国家哲学社会科学规划重点项目"世界经济新格局研究",参加前一项目研究的有在京中央研究机构和高等学校共十余个单位,29名专家教授历时三年多,最终成果是八十余万字的《现代资本主义论》,由江苏人民出版社1996年出版;参加后一项目研究的有专家教授16人,历时足有4年,数易写作提纲和文稿,2001年以同名由北京师范大学出版社出版。两本著作出版后,引起了很大的社会反响,并先后获得教育部人文社会科学研究成果二等奖和北京市哲学社会科学优秀成果一等奖。

1998年,北京师范大学出版社出版了《陶大镛文集》(世界经济卷),经济学院和出版社联合主办了陶大镛从事学术活动60周年暨《陶大镛文集》(世界经济卷)出版学术座谈会。除了本校师生300余人外,还有来自北京大学、清华大学、中国人民大学、中央党校及中国社会科学院等单位的专家、教授六十余人。与会专家学者争相发言,对《陶大镛文集》(世界经济卷)给予了高度评价。这部文集的出版,不仅是陶老师一生从事世界经济研究成果的总结,也为今后我国世界经济研究的进一步发展提供了基础。

经济学家的学术观点和他的政治信念是分不开的。陶老师立志终身从事马克思主义经济学的研究,正是与他信仰马克思主义联系在一起。他发表的十几部著作和百余篇论文,无论是在新中国成立前写的,还是新中国成立后写的,是在顺利的岁月里写的,还是在挨批受压的逆境中写的,都表明他对马克思主义的信仰是坚定的。而坚贞不渝的信念正是他一生坚持马克思主义经济学研究的力量源泉。但是他的信仰又不是把《资本论》中的一字一句,都奉为万世不变的信条。多年来,陶老师对待学术问题也绝不随波逐流,也不迎合什么"风向",不管人们说他右也罢,"左"也罢,他总是坚信马克思主义,并根据自己长期的研究,诚实地提出自己的看法,这也显示出他在治学上善于思考,勇于坚持真理的刚正性格。

如今,陶老师已不幸离开我们了,但陶老师的精神却永远地留在了我们的心里,他的教诲也将通过师生相传而一代一代流传下去。

陶先生　您一路走好！

程树礼[1]

"陶先生走了！"听到电话里这个声音,我像被雷电击了一下。陶大镛先生因病住院已有六年。对于92岁老人的离去,虽然有一定的思想准备,但是当知道他真的已经离去时,仍然感到难以接受。回忆五十多年的相处,许多场面,历历在目。

新中国成立之初,我当时是北师大的学生。那时常常请人来校做报告,算是政治课的一种形式。我记得在1950年或1951年,我听过陶先生两次报告,一次是讲新民主主义经济五种经济成分;另一次是讲资本家怎样剥削工人。陶先生把党的方针政策和马克思的剥削价值理论讲得头头是道,而且深入浅出,生动活泼。我们都很钦佩这位年仅30岁的年轻教授的水平和才华。这两个报告给我留下了深刻的印象。

1952年我毕业留校任教。1953年北师大建立政治教育系,我被任命为系秘书。我所在的政治经济学小组改建为政治经济学教研室。系主任张刚同志是陶先生在中央大学的同学。她通过各种渠道,终于把陶先生聘到北师大任教授,并任政治经济学教研室主

---

① 作者系北京师范大学经济与工商管理学院教授、原经济系系主任,原文刊载于《北京师范大学校报》2010年4月23日陶大镛先生纪念专刊。

任。陶先生从此成为北师大教师队伍的一员,北师大又多了一位名教授。陶先生给政教系第一届本科生讲政治经济学,教学效果很好,受到普遍欢迎。不少同学由此对政治经济学产生浓厚兴趣,后来成为这方面的专家。

但是,好景不长。1957年,他被列为莫名其妙的"六教授"之一,打成右派。那时他才39岁呀!以他的水平、才华和苦干精神,正应当是事业蒸蒸日上,大有发展的时候,却遭到灭顶之灾,人们徒唤奈何!但即使在这种境遇中,他的爱国之心、社会主义理想和对马克思主义的信仰也从未动摇过,仍然笔耕不辍。1961—1962年在《北京师范大学学报》上,又发表了他的长篇学术论文。

党的十一届三中全会使中国广大知识分子如沐春风,陶先生兴高采烈。1977年教育部批准北师大建立政治经济学系,陶先生是筹备组组长(应当说,如果没有陶先生,教育部不会批准在北师大建立这个系),建系后任第一任系主任。我被任命为副系主任之一,主管教学和科研工作,成了陶先生的助手。从建系的筹备工作到建系后的教学科研管理工作,我一直是在他的领导下工作的,直到任满换届,长达5年。在这个过程中,办学目标的确认,教学计划的制定和执行,师资培养和安排,工作制度的建立、执行和检查,以及促进科研工作的开展等等,都是在他的领导下,有条不紊地进行着。在这5年里,我发现陶先生不仅是一位学者,一位诲人不倦的老师,而且在组织管理方面,很有水平,很有才能,很有方法。他考虑问题细致、全面,善于统筹安排,顾全大局,使我受益匪浅。他除了督促加强基础课教学外,为了鼓励教师多做科研,经批准,他自任主编,出版《经济学集刊》,发动大家写稿,有力地推动了全系教师的科研工作,提高了大家的科研能力和水平。他自己更是身先士卒,在繁忙的社会活动、社会工作的同时,他的著作和主编的书,一部接一部,不断问世。在他的领导下,教学质量稳步提高,科研成果不断丰富,全系形成了浓厚的学术空气。1984 年以后,陶先生不再担任系的领导工作,但在重要问题上,大家仍然愿意倾听他的意见。

1987 年至 1992 年的 5 年间,我担任经济系(1985 年原政治经济学系改为经济系)系主任。由于能力和经验不足,更是经常向陶先生请教。特别是遇到重要问题,更想多听他的意见。他总是能提出宝贵意见,又不会多管具体事务,不会束缚我们的手脚,可以说是恰到好处,对我的工作帮助很大给我留下深刻印象。直到他患病住院,每当我们去看他,只要他精神好,总是大谈国内外大事,教学科研,著书立说,还是"三句话不离本行",仍使我们大有收获。

1954 年以来,我们同在师大,同在政教系、经济系,长达半个多世纪。他家住的小红楼,他那小小的书房,都是我们商谈工作,谈论学术的地方,师母牛先生常给我们送茶来,这些都给我留下温馨的难忘的印象。

噩耗突然袭来,使我顿时哑口无言,只剩下一句:"陶先生,您一路走好!"也许还可以加一句:"我们还会见面的!"

关爱之情　终生难忘

王同勋[①]

　　陶大镛先生在与病魔抗争 6 年之后,不幸离我们而去了。他的谢世,不仅是我国经济学界的一大损失,也使我失去了一位亲密的至交和良师益友,心中感到万分悲痛。

　　我与陶先生相识已经 56 年了,在这半个多世纪的交往中,他不仅以渊博的经济学知识和严谨的治学精神感染着我,还以崇高的事业心和一丝不苟的工作态度为我树立了学习的榜样,而他那种忍辱负重,在逆境中奋进的品德更令人深为敬佩。

　　1954 年,在北师大政治教育系刚刚创建亟须学科带头人的时候,陶先生应他大学同学张刚系主任之邀,来师大担任政治经济学教研室主任。他一到校,就担当起政教系第一届本科生繁重的政治经济学教学任务。当时,系里安排我做陶先生的辅导教师兼该年级班主任,从此,我就成为陶先生的助手,与他结下了亦师亦友的关系。陶先生以他深厚的知识和理论上的造诣,系统地为学生传授马克思主义政治经济学原理,得到同学们的尊敬与好评。在与他共事的过程中我也受益匪浅,如对一些重要的理论问题,他都

---

　　①　作者系北京师范大学经济与工商管理学院教授、原党总支书记,原文刊载于《北京师范大学校报》2010 年 4 月 23 日陶大镛先生纪念专刊。

认真地给我讲解,并指定有关的经典著作让我阅读,使我提高了理论水平和分析问题的能力,较好地完成了教学辅导任务,并在教学实践中逐渐成长起来。

1957年及在"十年动乱"中,陶先生遭到了不公正的待遇,但是,在逆境中,他仍然坚守社会主义、共产主义必胜的信念,保持学者专心钻研学问的精神,默默无闻地从事研究和著述。在极其困难的情况下,1962年,他还在《北京师范大学学报》上发表了《十九世纪末二十世纪初庸俗经济学在方法论上的破产》及《十九世纪末二十世纪初庸俗经济学在价值论上的破产》两篇学术论文。在"文化大革命"期间,他又遭到了进一步的迫害,被迫从工一楼家属宿舍搬出来,全家四口人挤住在一间狭小的斗室里,每天还要到锅炉房参加繁重的体力劳动。在这样极其恶劣的环境里,陶先生仍未放下业务,他以顽强的毅力,对社会发展规律及当前资本主义经济问题进行着不间断的研究,取得了不少这方面的研究成果,写出了《人类社会的发展历程》、《战后资本主义发展的不平衡与帝国主义矛盾的尖锐化》、《资本主义世界的金融货币危机》等论文,虽然当时不能公开发表,却为后来从事这方面的著述积累了宝贵的资料。

粉碎"四人帮"以后,陶先生的错案得以昭雪,政治上的自由,使他重新焕发出青春般的活力,这时他虽然已年近花甲,却依然精神矍铄地投入到教学和社会活动之中。

1979年,我国进入了社会主义现代化建设的新时期,根据改革开放新形势的要求,陶先生受命组建北师大经济系。这是我国在高等师范院校建立的第一个财经类专业系,作为第一任系主任,他在组建专业、制定计划、安排课程、调配师资、开展科研等方面与其他系领导一起,费心劳神,精心筹划,使这一新建的系得以顺利运作,健康发展。

陶先生不仅对提高教学质量倍加关注，还对提高教师的科研水平十分重视。他认为，教学和科研是相辅相成的，教师只有在科研上做出成绩，才能使教学质量得到不断的提高。为此，他在经济系建立之初，就申报教育部，创办了经济理论刊物《经济学集刊》，刊物在筹办过程中，陶先生让我担任责任编委，协助他进行创刊的各种事宜。如出版工作，他用自己在学术界的地位和影响，联系多家出版单位，最后优选出中国社会科学出版社负责出版，增加了刊物的知名度。同时，该刊物的出版也得到了全系教师及国内知名学者的响应和支持，积极撰文投稿，使所刊登的论文具有较高的水平，受到同行学者的关注和好评。通过集刊的出版工作，也使我在陶先生的指导下，对如何搞好学术论文的编辑工作有了新的体会和提高。

除创办《经济学集刊》外，陶先生还通过其他途径，来提高教师的科研水平。当时，系里还编辑出版了《〈资本论〉研究论丛》系列丛书、《美国经济问题研究》等刊物，为教师提供科研成果发表的平台。1983年，为纪念马克思逝世一百周年，更好地学习和宣传马克思的光辉思想，陶先生又动员全系教师撰稿，主编出版了《马克思经济理论探索——纪念马克思逝世一百周年学术论文集》，选登了经济系17位教师所写的理论文章。对我所写的《〈资本论〉中的王茂荫及其货币理论》一文，陶先生认为这是马克思在《资本论》中研究的唯一的一位中国经济学家，王茂荫的货币思想值得很好地进行挖掘和整理。因此，对这篇文章，他亲自认真地进行了修改，使论文的质量得到提高。

经济系建立之初，规模扩大了，专业和课程设置也增多了，有许多新课需要有教师进行讲授，像中国经济思想史这门课，过去政教系从未开设过，其他高校经济系科开设这门课的也不多。陶先生根据我既学过中文，又教过政治经济学的实际情况，认为我有从事这门课程教学的基础，因此建议我开设这门课程，在他的鼓励下，年届五旬的我，愉快地承担起这门课的教学任务。正是由于陶先生的建议，才使我在这一新的学术领域里不断探索，从无到有，日积月累，逐步取得一定的研究成果，并在经济系建立起学位授权点。

1982年，中国经济思想史学会召开第一届年会，陶先生专门跟筹办大会的胡寄窗老先生联系，推荐我出席会议。会议结束时，我被选为学会理事。1986年，中国经济思想史学会第三届年会在北京举行，我作为大会副秘书长，负责年会各项筹备事宜，为了支持学会的工作，陶先生和许涤新、陈岱荪、胡代光、彭清源等许多经济学界老专家出席大会，并在会上致辞祝贺，使大会开得圆满成功。

陶先生对我的关怀是多方面的。他不仅关注我在教学业务水平上的提高和科研能力的增强，还关心我的职称评定和晋升。在我1980年评定副教授和1985年评定教授的过程中，他都认真帮我挑选供评审用的、能代表我学术水平的论著，还亲自请学术界老专家给我写评审推荐书，这种提掖后学的精神，使我十分感动，终生难忘。

回首往事，在与陶先生数十年的交往中，他不仅关心我，爱护我，而且与我结下了亲密的友谊。陶先生一直把我作为老朋友看待，我则把陶先生尊为严师诤友。如今陶先生已然驾鹤西去，但与先生间建起的深情厚谊，将永远深深地埋藏在我的记忆里，铭刻在我的心中。悲痛之中，敬挽于下：

不唯左，不唯右，宣传马列，坚持真理，为理论战线发展奋斗终身，宏论享誉海内外！

是吾师，是吾友，共襄教泽，情深谊厚，为经济学科建设操劳半生，顿失故交恸地天！

缅怀恩师

詹君仲[1]

陶大镛老师离开我们了。缅怀恩师,他的亲切教诲,他一生勤奋、忘我工作的精神,为人方正、治学严谨的品格,永远铭记在我的心中。

1953 年,我考入北京师范大学政教系。这时政教系正处初创阶段,系主任从人民大学、清华大学请了多位很有名望的老师给我们授课。1954 年,学术界享有盛誉的陶大镛教授,应张刚系主任的邀请,从出版总署来到师大政教系,担任政治经济学教研室主任,给我们讲授政治经济学。每周六个课时,将近三个学期的时间,我聚精会神聆听老师清晰透彻的讲课,在接受马克思主义经济学的启蒙中,激发了我很高的学习热情和求知欲望,对老师的敬仰之情也油然而生。在课外,老师要求我们认真阅读《资本论》原著,还抽出时间指导学生的课外科研小组,提出具体的要求。我们到图书馆查资料,阅读书刊,期末前每人写出一篇作业。陶老师选出蔡德麟和我的两篇作业,向全系师生汇报,还亲自做了点评。是老师引导我走上经济学教学研究的道路。

---

① 作者系北京师范大学经济与工商管理学院教授、原经济系系主任,原文刊载于《北京师范大学校报》2010 年 4 月 23 日陶大镛先生纪念专刊。

1956 年，我大学毕业。我们是政教系第一届毕业生，有 20 位同学留校任教。在分配到各个教研室以前，要求每人填报两个意向。我仰慕陶大镛老师，只报了一个教研室。随后我如愿分配到政治经济学教研室任助教，后又兼做教研室秘书工作。当时全国知识界处在向科学进军的热潮中。陶老师由于教学科研成绩突出，1956 年被评为北京市劳动模范。

1957 年 6 月，风云突变，一场政治风暴席卷全国。陶老师因在一次座谈会上提出在党委领导下实行民主办校的建议，而被划为右派，蒙受了极大的冤屈，在"十年浩劫"中，遭受更严重的冲击，身心备受折磨煎熬。在极端困难的条件下，师母牛平青老师和陶老师患难与共，坚强地挺了过来。疾风知劲草，身处逆境，陶老师对祖国、对人民始终怀着赤子之心，矢志不渝坚信马克思主义，更显学者本色。他默默地到北京图书馆借阅书刊，收集资料，潜心研究，写了百万字书稿。粉碎"四人帮"以后，1979 年，陶老师的错案得到彻底平反。他说过："有两件事自己做梦都没想到：1957 年祸从天降，1979 年喜从天降。"

随着改革开放，陶老师也从被禁锢的状态中解放出来。为适应培养建设人才的形势需求，学校决定在原政教系的基础上，分别建立经济系、哲学系和马列研究所。1979 年，老师受命筹建了全国高等师范院校的第一个经济系，并任系主任，随后更身兼多个重要社会职务。虽然年过花甲，仍以极大的热情，超常地工作，教书育人，撰文著述，笔耕不辍；参加各种会议，坦诚陈词，参政议政，建言献策，毕生不遗余力，为我国社会经济建设、经济科学和文化教育事业的发展，奉献了全部精力和才华，做出了重要的贡献。

老师工作虽忙，我在老师身边，随时得到他的指导点拨，他对学生既亲切又严格。他语重心长地说："搞教学一定要搞科研，两者不能偏废。"他强调科学研究必须掌握第一手材料，要持之以恒。他总是不断地提出新的科研任务,给我们压力。他要我从政治经济学教学向外国经济思想史延伸,把史和论结合起来,开阔视野,拓展研究领域。在多年教学实践的基础上,我写了一本外国经济思想史的教材,老师为我审阅书稿,提出宝贵的修改意见。1983年以前,我参加了老师主编的《社会发展史》等书的写作。从1984—2000年,老师先后承担了《中国大百科全书·经济学》卷政治经济学一个分支的主编、《外国经济思想史新编》主编、主持"八五"(1991—1995年)和"九五"(1996—2000年)两项国家社科基金重点课题,完成了两部著作:《现代资本主义论》、《世界经济新格局研究》(以上三部著作均获市部级奖)。老师主编的著作,从写作主旨到框架结构、篇章设置,都和大家一起反复研讨,集思广益。除了自己撰稿,对全部书稿审定,清样的校阅,都极其认真。改稿时,有的地方反复推敲,字斟句酌,看清样时,细致到书中脚注的些数错漏都检了出来,漏排一个英文字母也圈了出来。在这期间,我协助老师做一些具体的组织工作,参与部分编写、编辑工作,亲身感受老师严谨的治学精神,一丝不苟的工作态度,耳濡目染,深得教益。

我有幸追随老师五十余载,老师耳提面命,谆谆教诲,鼓励和鞭策着我。老师一生勤奋,敬业端方,心系祖国,倾力奉献,他的精神和品格感染了我。对我一生影响最大、我最崇敬的是陶老师。恩师故去,我心悲痛,谆谆教诲,铭记心中。

缅怀陶大镛老师

黄范章①

陶大镛老师是知名的民主人士。在解放初,他就是闻名全国的北京大学民主教授,我那时读中学就常爱读他在《观察》等进步报刊上发表的文章,给了我许多新知识的启迪。我1950年考进北大经济系后,陶老师虽不在经济系,我却常爱听陶先生讲演,受益匪浅。院系调整后,我在北大上学,陶老师去了北京师范大学,其后几十年很少联系,迨至1979年,我在陈岱孙、巫宝三等诸位老师领导下成立中华外国经济学说研究会,陶老师后被推选为学会副会长及北京分会负责人,从此我跟陶老师的接触愈来愈频繁。20世纪90年代陶老师主编《现代资本主义论》及《外国经济思想史新编》,我均有幸应邀参加编写,常聆听陶老师的宏论。陶老师的治学和学识,多为后辈所敬仰,但他一生中最为人们称道的是他对共产党及党所领导的社会主义事业的挚诚与执着。他作为全国知名的民主人士,新中国成立后几经冲击与磨难,但他对党及党所领导的社会主义事业始终无怨无悔,不离不弃,紧紧相随,感人至深。

记得还在1950年战火烧到鸭绿江边时,北大学生群情激昂,聚集在民主广场要求政府出兵。同学们邀请他们素来敬仰的陶老

---

①　作者系国家发展和改革委员会宏观经济研究院研究员、博士生导师。

师给大家讲话。我当时是刚入学的一年级学生,在人群中听到陶老师以亲切、至诚的声调对大家讲了一段话,大意是:我一向支持学生的爱国行动,解放前每次学生上街游行我都和他们并肩站在一起。过去政府是反人民的,现在情况不同了,现在是共产党领导的人民政府,是人民自己的政府,我们应相信政府会为国家和人民做出正确决策,一旦政府做出决策,我们应竭诚拥护,全力支持,同学们爱国热情是可贵的,但不要以游行向政府施压,我们应相信和等待政府的决策。结果,有几名学生会干部上台表示反对意见。我当时很幼稚,认为陶老师的话不仅很有道理,而且完全出于他对党的无比信任与爱戴,作为一位民主人士,委实难能可贵。可是当时出现的情景,完全出乎意料,完全茫然。几十年过去了,1979年陶老师应许涤新所长邀请,常到社科院经济研究所参与编撰《政治经济学辞典》,我常有机会见到陶老师,我有次与陶老师谈话时,问到1950年他在北大民主广场讲演的事,陶老师告诉我,他当时政治上很幼稚,才讲了那些话,事后他问了问学生会干部,据说游行是上面布置的,陶老师对他讲,既是上面的意思,你们应先给我打招呼,免得我"帮倒忙",这位学生会干部请陶老师原谅,别介意。陶老师谈这事时只是淡淡一笑,这是"好心帮倒忙,这点委屈算不了什么,不过是场'误会'"。

没想到几年之后,一场更大的"冤屈"竟然从天而降。陶老师和费孝通、钱伟长等六大教授被定为"大右派",直到"四人帮"垮台和改革开放给中国带来新生,陶老师才得到平反。有次我问他如何看待当右派几十年,他坦诚地告诉我,初始那些年甚感冤屈,因当时相信党是诚心诚意邀请民主人士帮党整风,而且一再鼓励我们给党提意见,我个人以诚相待,结果一"反右",有如晴天霹雳,感到十分委屈,甚至冤屈。后来"文化大革命"来了,看到刘少奇、彭德怀、贺龙等老革命的遭遇,我觉得自己的"冤屈"也算不了什么。跟这些老革命相比,无论就对革命的贡献还是他们所受的折磨来讲,我都无法跟他们相比,我当了几十年"右派"只算是历史的小插曲。陶老师如此坦荡的胸怀,使我很感动,很受教育。陶老师对党的改革开放、拨乱反正、解放思想等政策是竭诚拥护的。陶老师曾多次表示他个人当"右派"损失了风华正茂的二十多年,只有靠以后加倍工作来弥补。

陶大镛老师作为高层民主人士,虽命运多舛,但对共产党却不离不弃,之所以如此,原因之一,在于他衷心拥护党坚持的社会主义事业,对自己所选择的事业与道路始终无怨无悔。

陶大镛老师在党的改革开放政策的感召下,立足中国的实际去重新认识世界,探索建设社会主义的新路。记得我于1982年应邀去瑞典考察"福利国家"三个月,得到斯德哥尔摩大学世界经济研究所所长,世界知名经济学家阿萨·林德伯克(时任诺贝尔经济学奖委员会主席)等人的帮助,对瑞典的社会福利设施做了较系统、全面的了解,特别对瑞典社会民主党的"职工投资基金"计划及林德伯克提出的"公民基金"计划有深刻印象,认为其间有"公有制"因素。回来后,我向陶老师做了简略汇报,陶老师十分高兴,专门组织并亲自主持一个小型研讨会,让我报告瑞典之行的观感,会后还鼓励我写本专著。我后来写出《瑞典"福利国家"的实践与理论》(上海人民出版社1987年版),陶老师还热情地为我的书写了"序"。序言中写到"实践是检验真理的唯一标准,有些新情况、新现象,尚有待进一步调查研究和深入分析。过去,我们长期在'左'的路线和思想影响下,理论界一提到社会改良主义以及社会民主党或工党的政策主张,都被不分青红皂白的'一棍子打死',以示立场'坚定'。对西方世界的各种社会福利设施,也不做具体分析,全盘予以否定,仅仅归结为'羊毛出在羊身上'这一句话"。虽然,20年过去了,但陶老师这几句话至今依然铿锵有声。他在序言中最后表示，愿"同广大理论工作者一起，面向世界，胸怀祖国，为社会主义物质文明和精神文明的建设略尽绵薄"。陶老师忠诚地履行了这一诺言。

陶老师竭诚拥护党提出以公有制为主体、多种所有制同时发展的社会主义市场经济所开辟的社会主义新路。他坚决反对走全盘私有化的资本主义市场经济道路，也坚决反对走计划经济的回头路。我在20世纪90年代参与陶老师主编的两部新书《现代资本主义论》和《外国经济思想史新编》（我分别撰写了其中的两章，即"西方发达国家的社会保障制度"和"凯恩斯主义"），这两部著作都贯彻一个"新"字，即用与时俱进的新观点，"面向世界、胸怀祖国"，摒弃过去"左"的东西，对外既不一味排斥，也不一味盲从，而是立足本国，借鉴、吸收国外一切有用的东西为我所用。纪念陶大镛老师，就应该学习他那与时俱进的求"新"精神。我想，这也是陶老师对后辈们寄予的期待。

敬悼陶大镛教授

陈可焜①

四月二十一日下午,北京师范大学经济与工商管理学院的一个女声电话告诉我,陶大镛教授已于四月十八日去世,将于四月二十四日在北京八宝山公墓举行悼念仪式。

陶兄已是 92 岁高龄的长者,一生坚持经济科学的教学与研究,教了许多学生,培养了许多博士,写过许多文章,出版过许多专著,在担任全国人大、北京人大、全国政协、北京政协、民盟中央等高层职务时,参政议政,为国家的发展和复兴,做了许多贡献,已无愧于自己长长的一生了。

听了噩耗,我无限悲伤和难过,因病我无法赶赴北京参加悼念仪式,我立即电话慰唁陶夫人牛平青大姐。我悼念陶大镛教授,中国的一位著名经济学家,人们公认的一位正人君子。

一时间许多情绪涌上心头。

---

①　作者系厦门大学教授,曾任《香港经济导报》总编辑,原文刊载于《中国经济问题》2010 年第 5 期。

结识于从化

应该说,我与陶兄的结识很迟,那是在"四人帮"覆灭之后的 1978 年,不过 31 年多。解放初期,王亚南任厦门大学校长,我曾从亚南师那里听到他说起陶,他说陶进步有学问,在英国留学,回国经香港,还在香港达德学院任教,回国后在北师大任教授,是年青教授。亚南师素来爱惜人才,因此我想结识陶兄,但不久因"五七风云","六教授案"使陶兄身陷逆境,待他情况有所改变时,我又因冤案,走不出厦门。因此,我们两人始终没有得到相识的机会。

只是到了"四人帮"覆灭、拨乱反正之后,在时任中国社会科学院副院长许涤新主持的编写《政治经济学辞典》的 1978 年桂林会议上初识陶大镛其人,年底,我奉调到广东从事参加政治经济学辞典资本主义部分条目的编写和审稿工作,这个小组的负责人便是陶大镛教授。因此,这是我们两人正式结识的开始。由于小组成员朝夕相处,工作无间,而且思想上很谈得来,大家成了好朋友,我和陶兄亦然。以后我们还转到太湖边的无锡市编审资本主义金融条目,原定春节过后的 1979 年春天要到沈阳市进行政治经济学辞典资本主义条目的第三次也是最后一次的编审工作,可我不能参加了,因为我已获准移居香港。我于 1979 年 5 月 31 日来到香港,从此与陶兄天南地北,人各一方。但当我有机会到北京时,就一定拜访他。根据香港自由社会的特点,询他们的要求,我时常介绍国外社会动态,我们的联系因此从未间断。

两点突出印象

在和陶兄三十多年的交往中,我有两点突出的感受和印象:

一是他的勤奋与干劲。他常为"五七风云"所失去的岁月而感到痛惜,在落实政策之后,尤其进入改革开放新时期,他积极勤奋,努力工作,夜以继日,缺睡少休,要把蹉跎的岁月夺回来,不许浪费时间,他的这种精神和态度,令人感动。

对本职如此,不用说了。作为北师大政治经济学教授,他为创建北师大的经济学系进而为创建和扩建北师大的经济与管理学院做出了重大贡献。他带硕士、博士研究生,精心培养,严格要求,又多又好。陶兄在做好教学的同时,从来不放松科学研究,反而抓得更紧。

他爱国爱民爱世界,也忧国忧民忧世界,所以研究中国经济也研究世界经济。他不仅自己年年有新书或研究专著出版,还推动校院系室尤其年青教师的研究工作。由于他还担任一些学会的负责人,因而还忙于推动社会方面的研究工作。

在北师大之外,陶兄还有许多重要的社会工作,如在民盟、全国人大、北京人大、全国政协、北京市政协等,陶兄都积极参政议政,出谋划策,不遗余力,他的勤勉从公,是尽人皆知有口碑的,他成了著名的社会活动家和全国的知名人士。

二是他待人以诚。在知识分子圈子里,他是一个著名的正人君子。他敬重长辈,如王亚南、许涤新;他关爱友辈,如古念良、袁镇岳;他培养和奖掖后辈,诸如中青年教师、研究生、博士生等。

以我为例,我比陶兄小十岁,既是好友,又是后辈,蒙其厚爱,参加了政治经济学辞典资本主义部分条目的编审工作。我到香港经济导报后,他予以支诗。我每到北京,例必相会畅谈,在他的帮助下,赠我杂志,约我写稿,邀我给北师大经济系师生讲香港回归,他介绍我参加一次北京的庆祝国庆活动;在一次宴会上,陶兄请来了费孝通、钱伟长、丁石孙、高天、吴修平、俞泽猷、高山等民盟诸公,席间高谈阔论,谈笑风生,家国情怀,使我深受教益。

无愧的一生

2004年6月底,我因脑梗阻中风,说话、写字和行走是三大障碍,我没去北京等外地,从此没有看到陶兄等人了,也没写信。事实上,陶兄自2003年10月起因帕金森病发住进医院之后,我还时常挂念他,弟弟陈可冀院士夫妇几次访港时均向他们询问陶兄病况。看到今年第4期《新华文摘》转载去年11月20日《光明日报》刊登的向小园文章《陶大镛:勤力端方写人生》,让人感奋,尤其他重病在身,犹念念不忘国际金融危机的最新情况,犹念念不忘中国经济的发展态势,实在使人感动。我立即航信给他,尽管这封3月17日的航信迟至4月7日牛嫂才收到,她于次日念给陶兄听,尽管我写的字不成样子,尽管陶兄已因心衰不说话了,但总算得到我的敬意和信息。但当我收到牛嫂复信告知上述情况时,陶兄已经不在了,实在令人伤心。

在牛嫂的复信中有这么几句话:"我真没想到,他的晚年人生,竟是如此书写?"但当我5月12日读了也已年近九旬的牛嫂寄来的北京方面有关悼念陶兄的材料后,我的感受是:陶兄享年92岁,坚持工作和学术生涯七十多年,这是很多人做不到的。

人们给陶兄三个称号:著名经济学家、教育家和社会活动家,实至名归。

陶大镛先生治丧委员会讣告说:陶大镛先生的一生,是追求真理的一生,是开拓奋进的一生,是令人敬仰的一生,他热爱祖国,热爱人民,热爱中国共产党,热爱社会主义事业。在长达七十多年的学术生涯里,他始终不渝地坚持马克思主义信念,笔耕不辍,著书立说,为我国的经济科学研究事业无私地奉献了自己的一生和才华;陶大镛先生终生热爱教育事业,教书育人,直抒己见,为我国的教育事业做出了突出的贡献;陶大镛先生虽历经坎坷,但他襟怀坦荡,光明磊落,心系祖国,竭力维护祖国统一,衷心拥护党的领导,积极参政议政,为国家的政治和经济发展建言献策,是中国共产党的亲密朋友。这是多么公正而全面的评价呀!有多少人能获得这样崇高的评价呢?也许他的学术观点并非人人认同,但他坚定的马克思主义信念和作为马克思主义经济学家,他的三个称号和成就则是人们所公认和口服心服的。

陶大镛教授的一生是无愧的一生!

我们敬悼陶大镛教授!

陶大镛教授的精神品质和音容笑貌将永远活在我们心中!

回忆大镛在中大的几件事

石　山①

　　大镛和我在国立中央大学是同班同学,我们那届 1936 年夏入学,1940 年夏毕业,我在 1940 年春天去了延安,我们在中大相处近 4 年。

　　入学第一年,学校还在南京,学校安排宿舍很有意思,好像是按报到顺序,不分院系,3 人一个小房间,住得很分散,而学生刚入大学也多是找同乡、找原来的高中同学,各有小天地、小圈子。那时北方左派学生活动是公开的,他们叫做中华民族解放先锋队(民先),而在南方却是秘密的,叫学生联合会,一般人不知道。那时我和大镛来往还不多。

　　七七卢沟桥事变,接着抗战全面爆发,1937 年年底中央大学迁到了重庆,这一点真要佩服当时校长罗家伦的远见,一步到位,不仅图书、仪器、资料损失少,由于当时重庆的条件,校舍建设也较快,质量也不错,学生到后,很快就开课了。从大环境讲,全国抗战情绪高涨,当时国民政府还在武汉,重庆环境宽松;从小环境讲,学校迁到重庆,建在一个小山头上,我们称之为松林坡,住宿条件一

　　①　作者系中国科学院副秘书长兼农业现代化研究委员会主任,原国务院农村发展研究中心顾问,原重庆中央大学经济系地下党支部书记。

下变了,成了大通仓,双人上下铺,一条小过道,两床相对,8人一组,几百人住在一起,十分集中,学习环境也变了,在这种环境气氛下,学生运动马上就起来了,左派学生活动十分活跃。

那时的中大有8个学院,一共一千多学生,理、工、农、医是大学院,学生多;文学院、法学院、教育学院、艺术学院学生少,像中文系、心理学系都是只有几名学生。法学院下设有政治系、经济系、法律系,经济系学生算是较多的,大镛和我这一届有十几名学生,左派就有8个,占了一半。

记得那时郭大力、王亚南的《资本论》译本刚刚出来,我们8个人人手一本,共同讨论、争辩,大镛读英文版,我们几个人中他的英文最好。

在南京时,学校有"中日问题研究会",是左派学生掌握的。迁到重庆后,我们一商量,成立了一个"中苏问题研究会",定期举办讨论会,每期事先拟定议题,专人准备主要发言,引发大家讨论,学校其他学院的左派师生都跑来参加。大镛是主讲人之一。这个"中苏问题研究会"成了介绍马列主义的阵地,我们利用这个名义放开手脚,大干了一番。

那时,大家对苏联都感兴趣,我们商量搞一个苏联图片展,从哪里能搞到足够的图片呢?大镛自告奋勇:"我去苏联使馆要!"果然不负众望,大镛要到了足够的图片,我们把全校的广告牌统统集中起来,贴好图片,布置好展览,来看的人很多,学校所在地是一个学校集中地区,有大学、学院、中学,许多校外师生也跑来看,场面十分壮观。

在当时青年学生心目中,张西曼先生是个传奇人物,他不仅是著名的国民党左翼人士、社会活动家、投身抗日的民族英雄,他还是最早在中国传播马克思主义的人,他到过彼得堡、莫斯科,翻译过《俄国共产党党纲》。由于张先生也是秃顶,大家都称他是"中国的列宁"。

"我们请张西曼先生来学校做个苏联问题讲演吧",提议一出,大镛毫不犹豫道:"我去请。"我们都不知道大镛用什么神通请来张西曼先生,那次讲演非常成功,我们这个"中苏问题研究会"也分量日重,大镛自然而然负起对外联系的责任。

大镛干得最精彩的一次,也是我们这个研究会干的最轰动的一次,就是请周恩来到学校讲演。那时已是1939年,总理当时任国防委员会政治部副主任,称为周恩来将军。去办事处请总理的自然是大镛,他回来告诉我,办事处的人问他,你们有多少人,敢请周恩来将军,大镛也不含糊:我们左派多。那时我们真是初生牛犊,真不知道"怕"是什么。我们在校内和校外发了海报,周围学校的人都来了,大食堂里里外外挤得满满的。有意思的是,教务长童冠贤是总理留日时的同学,此时也到校门口迎接,一口一个"恩来兄、恩来兄",主持起总理的讲演。总理这次讲演非常轰动。据说事后蒋介石批评罗家伦太放纵左派学生。

1939年5月4日,日军轰炸重庆,即五四大轰炸,大批难民要疏散,由政府发给路费,沿嘉陵江走的还要送上船,政府人手少,我们就去帮忙,任务是给难民发路费(签名、按手印,领钱),一连数日,饿了就啃点烧饼,喝口路边供应难民的茶水。疏散工作结束时,政府工作人员问我们是不是三青团员,我们说是救亡工作团团员。他们说:你们是好样的,是国家的希望,我们说:背后就该骂我们左倾分子了,一有什么事就要抓我们。他们听罢大笑,我们也大笑。

这次疏散工作我和不少人都参加了,大镛是否去了,记不起来了,当时有许多救亡活动,大家都在分头忙碌。

大镛非常聪明,学习好,教授经济史课的是教务长童冠贤,大镛的经济史论文是第一名,童先生非常器重他。

大镛思想活跃,敢闯敢做,不以政见画地为牢。那时我们8个人分工合作,"中苏问题研究会"办得有声有色,而大镛的对外联络才能、胆识也得以充分展现。除了向使馆要照片、邀请张西曼、周恩来来校讲演,大镛告诉我,他还访问了陈独秀、李石岑等多位社会名流。

不知道大镛是否留了采访笔记,如果有并保存下来,就实在珍贵了。

回忆当年,同学少年,如今还能记起我们这8个人的名字:陶大镛、陈能蘭、叶福超、赵通深、于纯德、曾联松、刘天怡和我。1940年年初分手,我和大家再见已是新中国成立之后了。令我高兴的是当时的8人中,四个人在大学教书:陶大镛、刘天怡、丁纯德、陈能蘭;三个人在党政部门工作:叶福超、曾联松和我,联松是国旗的设计者,在他的老家浙江瑞安有一个以他的名字命名的曾联松广场,立着他的铜像。赵通深家庭与四川一个地方军阀是亲戚,在那个乱世,他做过县长。解放后,经过政审,仍然留用。即是说,当时的八名左派学生解放后全都活着,并全都为新中国工作,实在不易,可以说是一段佳话了。

应平青同志之邀写此小文,似8位挚友再次神聚,遥指那早已溶入历史大流中点点浪花,内心十分快慰,我们都努力了,无愧于时代,无愧于当年的豪情。大镛干得尤为出色,学术、社会活动两不误、双丰收。

先生为学广深兼备

吴易风[①]

我在大学本科一年级时,开始在课余时间读陶先生的文章。后来,在不断阅读先生的论文和著作的过程中,对先生有了逐步深入的了解。

大镛先生在大学时代就发表了不少论文,这在我国著名学者中并不多见。他令我们学生敬佩,成为我们学习的榜样。"榜样的力量是无穷的",我们有几个同学在他的精神激励下,壮起胆子,也尝试着在学习课程的同时开始研究问题,练习写文章,勇敢地向学术刊物投稿。当习作有幸发表时,同学们都从心底里感谢大镛先生榜样力量的鼓舞。

大镛先生做学问的一个重要特点是广深兼备。他的研究领域涉及多门学科,包括《资本论》研究、社会主义经济和改革开放研究、社会主义思想史研究、经济学说史研究、世界经济研究等,而且在每个领域都取得了丰富的、颇有深度的学术成果,这在我国著名学者中也不多见。我大学毕业后,在中国人民大学经济系经济学说史教研室任助教,参加编写经济学说史教材。当时领导分配我

---

① 作者系中国人民大学经济学院教授、博士生导师,原文刊载于《北京师范大学校报》2010 年 4 月 23 日陶大镛先生纪念专刊。

的任务是研究空想社会主义。在研究过程中,我发现空想社会主义者们的思想涉及哲学、经济学、政治学以及其他学科的问题,而我自己的知识领域狭窄,因而有畏难情绪。大镛先生对社会主义思想史很有研究,我登门求教。先生鼓励我认真研究这个题目,向我介绍他研究社会主义思想史的经验,要我不要浅尝辄止,不仅要写论文,而且要力争写成一部专著。正是在先生的教导和鼓励下,我写出了35万字的《空想社会主义》。书稿完成后,陈岱孙先生、陶大镛先生两位老前辈,还有从事哲学、经济学、政治学、社会主义思想史、世界史等学科的几位专家,为我审阅了全部或部分手稿或清样,提出了许多宝贵意见,对本书的修改和定稿起了十分有益的作用。每思及此,我都十分感谢陈岱老、陶老和各位专家。

在中国人民大学停办的几年内,我被分配到北京师范大学经济系工作。此后,我与大镛先生的接触多了,向他请教的机会多了,受益当然也就更多了。中国人民大学复校后,我不能像在北师大时常见陶老,但我每年都要登门看望陶老。在陶老住院的这几年中,我和几位朋友一起多次到医院探望陶老。

陶老与我们永别了,陶老会永远活在我的心中。

巨星陨落风范存

丁　冰①

我最崇敬的老师陶大镛教授不幸于 4 月 18 日 16 时 38 分与我们永别了！噩耗传来，不胜悲痛。今年一月下旬我和吴易风、程恩富同志去医院看望时，他还和我亲切握手，不料那就是我最后一次同陶老师握手了。

陶先生是我国著名的经济学家、教育家和社会活动家。他一生追求真理，爱党、爱国、爱社会主义，是我国优秀知识分子的杰出代表、坚定的马克思主义者。早在抗战胜利后不久，他就受聘于四川大学任经济系教授，并积极参加反对独裁政府的民主斗争而闻名遐迩。我于 20 世纪 50 年代进川大经济系读书时，就耳闻曾有陶先生这样的名师、志士任教于此而颇感荣幸。1946 年盛夏，他离开川大作为访问学者赴英国潜心研究经济，在短短的一两年之间就出版了他的第一部著作《战后东欧的经济改造》，热烈赞扬东欧各国社会主义事业的伟大进展和成就，实际上成了为迎接新中国诞生，而向祖国奉献的一份厚礼。新中国成立后，特别在改革开放以后，更是他大展宏图并获得重大成就的辉煌时期。在八九十

① 作者系首都经济贸易大学经济学院教授，原文刊载于《北京师范大学校报》2010 年 4 月 23 日陶大镛先生纪念专刊。

年代,他作为经济学家,仅我参加的就有主编《外国经济思想史新编》(上、下卷)和《现代资本主义论》两部巨著,共约 150 万字,并都获国家重奖;他时刻关注世界经济政治形势变化,2001 年年底,他生病在家,我和胡代光、吴易风等同志去看望他时,他仍思维敏捷,最先明确地判断说:"9·11 事件是美帝由盛而衰的转折点。"他作为教育家,充分运用自己担任民盟中央副主席、全国政协常委、全国人大常委等职务和平台,为重视发展中国的教育事业大声疾呼、献计献策,为促成中央做出"科教兴国、教育为先"的战略决策,并确定每年 9 月 10 日为教师节做出了重要贡献;在北师大,他亲手创办经济系并任系主任和亲自授课,同时也给了我一个讲课和学习的机会,使我十分感激。

陶先生的崇高品格和学术造诣为我素所景仰。我第一次见到陶先生是在 1980 年秋天的一个下午去北大经济系参加由胡代光教授主持的一个会议。会后我同陶先生一起到中关村公交车站的路上边走边聊,他纵论当时农村开始推行土地承包、分田到户问题,我深为他的见解精辟而折服;特别感到我们初次见面就有如此坦诚交谈,他平易近人的风范着实令我激动不已。同年年底,他被推举为北京外国经济学说研究会会长,我作为他的助手,一直到 2001 年先后任干事、秘书长、副会长都在他的亲切领导和关怀下工作,在频繁的交往中使我深深感到他一身正气,刚直不阿;无私奉献,高风亮节;学识渊博,智慧过人;谦虚谨慎,平等待人;循循善诱,诲人不倦;扶持后生,满腔热情等等崇高品格,而不能不令人敬服。陶先生现在虽已离开了我们,但他的这些崇高品格却永远留在我们心中。

巨星陨落,风范永存!

敬爱的陶老师,安息吧!

"编外学生"怀念陶大镛教授

沈骥如①

　　1978 年 10 月,我"突然"结识了恩师陶大镛教授。事情是这样的:1978 年国家恢复招收研究生,我从河南郑州工学院考取了中国社会科学院研究生院世界经济系的研究生。在赴京前,我去上海向我母亲告别,她问我:研究生院在哪儿呀? 我说,是新成立的,还没地方,借北师大的校址上课。母亲说:"那太好了,你一定要去看望北师大的陶大镛教授。他是五七年被错划为'右派'的'六教授'之一,'文化大革命'期间又受到错误批判,吃了很多苦。他在'文化大革命'后期被宣布'解放'以后,来上海探亲,也来看望了我。你学习上有什么问题,可以请教他。他和你父亲是好朋友。你父亲离开香港达德学院回北京参加新政协后,陶大镛教授从英国回来接替了他在达德学院经济系的工作,后来在出版总署,又是同事。你见了陶教授夫妇,有人时就称呼陶教授、牛老师,没人时,就称呼陶叔叔、牛阿姨。"就这样,我"突然"结识了陶教授夫妇。

　　我第一次去探望陶教授夫妇,就受到了非常热情的款待,陶教授非常谦虚、开朗,他对我说:"我和你父亲(沈志远——笔者注)

_____

　　① 作者系中国社会科学院世界经济与政治研究所研究员。

的关系,就像现在你和我的关系。我是他的学生。抗战时在重庆,我搞学生运动,常请你父亲给大学生做形势报告。抗战胜利后我去英国留学,路过香港,曾去你家向你父亲辞行,听说他在午睡,我就坐在门外等他。你到我家不必客气,学习上有什么困难,尽管来找我。"我在中国社会科学院研究生院学习期间,陶教授给研究生院的研究生做过关于《资本论》和当代资本主义的专题报告。当时,正好是国家结束了"十年动乱",百废待兴的时期,陶教授为了推动教育事业的拨乱反正,工作非常忙,为了少打扰他,我一般一个月去他家一次。但是他对我们晚辈,总是很热情,不光是对我。在他家我时常能遇到经济系的年轻教师、陶教授过去的学生、新华社、外交部驻外工作人员,陶教授总是带着极大的兴趣,倾听这些晚辈介绍全国各地改革开放的新消息、世界各国的经济、社会新发展,不时提出一些问题。其实,陶教授英文很好,他通过阅读外国的文献资料,对世界经济的新进展是很了解的,但是,他非常重视从第一线回来的同志的感受。他往往眼睛一眨不眨地盯住说话人,仔细地倾听,一点也没有大学者、人大常委、民盟中央副主席的"架子"。在和陶教授的交往中我感到,陶教授对马克思主义的信仰是执着的、发自内心的。尽管他拥护党的改革开放政策,对西方经济学有很深的了解,但是他对西方的经济学绝不盲从,绝不照搬,而是主张要用马克思主义的立场、观点方法,根据中国的国情,借鉴和吸取西方的经济学中有益的内容和西方国家经济管理中有益的实践经验。对马克思主义的坚定信仰支持了陶教授坦然应对了生活中的种种曲折和冤屈,支持了陶教授以经济学家、教育家和社会活动家三重身份为我国的改革开放事业培养了千万桃李,提出了许多积极的政策建议。

严格地说,我是陶先生的"编外学生"。但陶先生对我的教诲,使我终生受益——他的言传身教使我牢记:做学问要以德为先。这是做中国人、中国公民的必备品格,这里的"德"包括道德品格,包括热爱祖国、热爱社会主义,包括顾全大局。

陶教授在一件事上对我的开导,使我受益终生。取得硕士学位后,中国社会科学院研究生院送我去荷兰阿姆斯特丹大学欧洲学院学习欧洲共同体经济一体化的国际课程,1984年回国后,我去看望陶教授,向他汇报学习心得。我向陶教授汇报的大意是:过去我们认为帝国主义国家间的矛盾不可调和。可是,欧洲经济一体化涉及许多主权约束和主权转让的合作,没有高度的政治互信和平等互助的精神,是难以实现的。欧洲国家为了不受美国和苏联的控制,至少在可以预见的未来,是可以协调相互之间的利益关系,通过经济一体化合作的形式,实现联合自强的。他们之间当然有矛盾,但是,他们是"吵架不离婚",为了共同的最大利益(联合自强),他们可以把彼此的矛盾放到次要地位,甚至相互提供制度化的帮助和照顾。我认为,欧洲一体化给我们的启示是:美国对社会主义国家的战略是和平演变、分而治之。中国和苏联与美国、欧共体、日本相比,是相对的弱者。作为弱者,我们应该通过类似欧洲共同体那样的合作,加强我们的实力。为此,应该尽快实现中苏关系正常化。苏联是犯了重大错误的国家。苏联搞霸权主义我们应当反对,但不能认为苏联就不是社会主义国家了。中苏长期分裂,只会有利于美国各个击破社会主义国家的战略。所以,尽快承认苏联是社会主义国家,恢复中苏两党、两国的正常关系,开展经济一体化合作,有利于帮助苏联结束霸权主义的错误外交路线,有利于加强中苏两国应对和平演变的能力。我打算写一篇文章论述这个问题,但我是一个学生,人微言轻。您是人大、政协知名人士、民盟领导人之一,您作为著名社会活动家如果能建议中央加快实现中苏关系正常化,一定会比我写文章的效果好。陶教授沉默了一会儿,对我说:你的想法,我能理解。但是,这样大的问题,党中央一定有周全的考虑。党中央了解的情况,肯定比你我都多。所以,我不主张你发表公开的文章谈这样大的事。公开谈论中苏问题,容易造成不必要的争论,给国家的外交帮倒忙。你真要写,可以写内部研究报告。你还年轻,年轻容易气盛,容易考虑不周。我相信党中央在中苏关系问题上是有周全的考虑的,不用我们去提醒。听了陶教授的这番话,我感到很吃惊。因为不久前,我也把我在欧洲学习的心得向我的博士生导师宦乡先生汇报,也向宦老提出了同样的请求。得到的答复,竟然和陶教授的回答几乎完全一样。事后,我沉思良久,认识到两位老师在相互未经通气的情况下,给了我相同的答案这一事实表明,他们有多年的政治经验和社会阅历,我应该尊重他们对我的谆谆教导,因此我放弃了写文章的打算。苏联解体以后披露的材料表明,苏共的问题已经积重难返,即使早几年实现中苏关系正常化,恐怕也救不了苏联了。恩师陶教授和恩师宦乡对我的教诲,使我终生受益:在国际问题领域,任何学术研究和政策建议的发表,都要有利于国家和人民的利益。国际问题的科研成果和政策建议是否与党中央保持一致,其衡量的标准就是:是否有利于国家和人民的利益。后来在我的工作中,对一些敏感问题,我都是通过内部研究报告的形式,向中央递交我的看法和政策建议。例如,关于加入世贸组织的宣传策略的政策建议,关于提高我国外汇储备中欧元比重的政策建议等,都得到了当时国务院总理的批示,并转交有关部门办理。在实践中我体会到,通过内部研究报告向中央提交政策建议的渠道是畅通的,这是我国学术民主和言论自由的一个创造。在一个十三亿多人口的大国,一条传言就可以创造北京一天抢购了3万辆汽车(等于正常年份一个月的销量)的记录。而内部报告这种形式,不会造成社会的混乱和不必要的争论,同时又使言路畅通,是非常好的一种形式。是陶教授帮助我认识了这种表达意见的方式。

　　陶教授对我的另一次重大的教诲，是教导我如何选择工作。我取得博士学位后，面临工作选择的问题。当时，宦乡老师的国务院国际问题研究中心和李琮任所长的中国社会科学院世界经济与政治研究所都欢迎我去工作。但都没有住处，甚至连两个人、三个人一间的集体宿舍都没有。这时，我的导师宦老因癌症住在上海华东医院。我去找他请教。他说，一时没有住处，你还是先回你爱人所在的上海市委党校工作一段时间，等国务院国际问题中心有房子了，或世界经济与政治研究所有房子了，再把你调回来。你把我的意见告诉李琮所长，他如果同意，就这么办。我回到北京，把宦老的意见告诉了李琮所长，他也同意了。正在这时，我的一位硕士朋友告诉我，一家有过硬官方背景的国营大型进出口公司（还兼营零件制造）的党委书记得知我是宦乡的学生，想请我去担任总经理。国家给这家公司的初创资本是 2 亿元人民币。这位朋友说，这家大公司能给你住的地方。说实话，我当时很舍不得北京的国际问题研究环境，不想去上海。能留北京，当然高兴。但是留在北京不能搞国际问题研究而要去当一个大国营公司的总经理，我从来没想过，不知该不该去。于是，我去请教陶教授。他听完我的介绍后，对我说：你喜欢北京的国际问题研究学术环境，但是你朋友介绍你去的地方不是搞国际问题研究的，是从事国际贸易还兼营零件制造的，规模又这么大，你有没有把握经营好？你没有受过经营外贸企业的训练，也没有这方面的工作经验，也不是搞机械制造出身，一下子担负这么重大的经济责任，有点超常规，是有很大风险的。你个人的居住问题虽然是留在北京工作的必要条件，但毕竟是一个小问题，如果你把国家的 2 亿元资金损失了，那可是一个大问题，有时甚至要负法律责任。现在国家正在进行经济体制改革，很多法律、制度不完善，一些问题要靠行政干预或人际关系，这就不是学问，也不是一般的经营问题，而是涉及了"关系网"的问题了,你一个书生,恐怕是处理不好的。我看还是照你老师宦老的意见办,先回上海,以后有机会了,再回北京。恩师陶教授在选择工作问题上对我的教诲,是对我的爱护,更是教导我在考虑自己的工作去向时,要把国家的利益、人民的利益放在第一位。经他一席话,我打消了去这家大国营公司的念头,去了上海。1993 年,世界经济与政治研究所有了两间地下室宿舍,问我是否愿意回来。我说当然愿意了,于是,我举家迁回北京,在社科院从事国际问题的研究,直到 2007 年退休。很巧,当年,我从报纸上看到,那家要我去当总经理的国营大公司倒闭了,我不知其倒闭的具体原因,但我非常感激恩师陶教授对我择业的教诲。做学问,要以德为先。

恩师陶大镛教授离开了我们,但我和他所有的学生一样,都永远地怀念他。

春风化雨润无声

——陶大镛先生二三事

陈　沙①

　　1980—1997 年,陶先生曾经担任中国世界经济学会第一届副会长,第二—五届顾问。我 1988 年进入学会日常工作班子,担任副秘书长,与陶先生有过一些工作上的接触。让我特别感动的是,近日收拾文件,发现了陶先生早年写给我的一封信,内容如下:

陈沙同志:

承赐《苏联和主要资本主义国家经济历史统计集》,不胜欣感。翻阅之下,觉得资料翔实,联系实际,得益匪浅,略致数语,聊表谢意。

访日归来,生活初定,恕我草略。

便中,乞代向王诵芬同志致意。

专此即祝

暑安。

陶大镛

1990/8/8

---

　　① 作者系中国社会科学院世界经济与政治研究所研究员,原中国世界经济学会秘书长。

《苏联和主要资本主义国家经济历史统计集》，由中国社科院世界经济与政治研究所综合统计研究室历经数年编辑而成。前任室主任王诵芬同志组织全室同志参加，当时我作为副主任，除参加日本的部分历史统计外，还负责此书的市场营销工作，包括向学界前辈赠送。我将陶先生的复信转告给了王老师，陶先生的表彰对我们是很大的鼓舞。

除了此书是世界经济研究的重要基础资料的原因之外，陶先生为何会在百忙之中给我这个微不足道的综合统计研究室代主任回信呢？

实际上，我1982年起就麻烦过陶先生了。因我的岳父和陶先生有工作关系，所以在那年的11月份我不揣冒昧，把硕士毕业论文《日本人口增长和经济发展的关系》寄给陶先生请教，此后又在1983年将修改后的硕士学位论文《日本经济发展和人口增长的关系》呈送给陶先生，当时陶先生正好去了内蒙古，半个月左右他回来后给了我很多教诲，虽然有些教诲我现在已经记不清了，但对我当时走上学术研究之路却起到了很大的激励作用。

陶先生作为经济学大家，桃李满天下，我虽然算不上陶先生亲自长期指导的学生，但是他广布德泽，恩及草木虫鱼。在不经意间，给过我许多指点和鼓励，犹如春风化雨润无声，让我永记心间。

恩师引导我走上学术研究之路

沈　越①

先生是我的博士生导师，我虽然无缘在本科、硕士两个阶段直接跟随先生学习与工作。但是，自我上大学起，先生便开始对我的学习与后来研究工作产生重大影响。他的不幸仙逝，不仅使中国经济学界又走了一位德高望重的经济学家，而且使我们不再有亲耳聆听先生教诲机会。这里谨记述我在本科阶段与先生的初识、硕士期间的结识、再到博士阶段的亲聆教诲，以寄托我的哀思。

一、初识恩师

先生对我的影响可以追溯到 30 年前。作为"文化大革命"后高考制度改革的第一批受惠者，我就读于成都电子科技大学的政治经济学专业。学校虽然是名校，但却是工科院校，社会科学方面的师资、图书资料都极为匮乏。当时学校的条件，显然不能满足我们这些刚刚经历过十年文化灾难，嗷嗷待哺学子对知识的需求。正是在这一当口，先生一行来到了四川。

① 作者系北京师范大学经济与工商管理学院分党委书记、教授、博士生导师，原文刊载于《北京师范大学校报》2010 年 4 月 23 日陶大镛先生纪念专刊。

　　记得是在 1980 年,中华外国经济学说研究会第二届年会在成都召开,在这个以西方经济学和经济学说史为宗旨的学术团体中,所有中国经济学者耳熟能详的老一辈的著名经济学家陈岱孙、张培刚、谭崇台、高鸿业、胡代光……,当时少壮的经济学家厉以宁、吴易风……齐聚蓉城,我的恩师陶大镛作为学会副会长自然也在其列。会议组织者利用这一机会,为我们举办了"当代西方经济学系列讲座",一时间"洛阳纸贵",大家不分学校,不分年级,齐聚到四川大学的大礼堂来分享这一知识的盛宴。在现代经济学知识已经普及,信息传递便捷的今天,这种盛况早已见不到了。即使是诺贝尔经济学奖获奖者来华的演讲,情形也难以比拟。

　　时间已经过去了 30 年,至今我仍清晰地记得先生音容笑貌以及讲授的主要内容,他演讲的题目是"西方经济学与世界经济学科理论体系的建立"。这次讲座使我意识到自己知识结构的缺陷,即使是从事马克思主义经济学理论的学习和研究,也必须熟悉西方经济学。自此以后,我便循着先生指引的路径,开始自学现代西方经济学,逐步弥补起知识结构的缺陷。也许先生本人也没有想到,他的这次讲座,会影响我的后半生。今天我仍能站在大学的讲台上,给同学们讲授西方经济学方面的课程,仍然能受到同学们的好评,这与我 30 年前接受先生的启蒙有密切关系。

　　现在本科的同学可能难以想象,一次普及性经济学知识的讲座会对我的一生有如此巨大的影响。今天当学子们跨入经济学专业的大门时,系统地接受现代西方经济学知识的训练,那是再自然不过的事情了。然而在改革开放初期,西方经济学对我们来说,却是一种奢侈品。就我们当时学校的条件,不仅开设不出微观经济学与宏观经济学课程;在当时工科院校的图书馆中,甚至找不到西方经济学的教科书。我们的老师都很优秀,但他们都成长在红旗下,虽然有深厚的马克思主义经济学功底,但却无缘学习西方经济学知识。正如有同学戏言的那样,"言必称马克思、斯大林,却不知道凯恩斯、萨缪尔森"。他们的这种知识结构,自然无法告知我们西方经济学对于经济学专业学生的重要性。与之不同,像先生这样老一辈经济学家不仅熟谙马克思主义经济学,而且有深厚的西方经济学功底。他们的经济学知识都始于西方经济学学习,然后才逐步转向马克思主义经济学。

遗憾的是,这次我没有能与先生相识。由于讲座参加者多达数百人,讲座后学生们将讲台团团围住,像我们这样外校来的旁听生无法靠近。

二、结识恩师

受先生那次讲学的感召,我后来报考北师大经济系的硕士研究生,因先生不招收硕士生,故无缘求学于先生门下,而选择了先生所在的经济系的"《资本论》研究"专业。先生的学术工作很忙,社会兼职又多,平时我们都很难在校园里见到他。担心打扰他的工作与休息,又不便去拜访,所以入学后一直无缘与他相识。我们的结识竟缘于一次偶然的机会。

1985年,中国《资本论》研究会在郑州召开年会,在小组讨论会上,我介绍了我的硕士论文准备工作,没有想到的是,小组竟推荐一位在校硕士研究生做大会发言。更没有想到的是,这次发言成为我与恩师相识的契机。在返回北京的火车上,我被唤入他的包厢,就我在会上的发言,我们长谈了一夜。

我当时研究的课题是马克思在《哥达纲领批判》中关于按劳分配的性质的翻译问题,按照中译本,按劳分配被理解为"资产阶级权利",而我认为应该译为"市民权利"。这看起来是德文文献中"buergerlich"这一多义词的翻译问题,却涉及一个多世纪以来如何正确理解马克思本意的问题。在马克思看来,按劳分配奉行的是与商品交换的"同一原则",体现的是一种平等权利。这与资本家剥削雇佣工人的资产阶级权利有天壤之别。为什么中译者会这样处理呢?

我与先生就马克思关于资本主义与一般商品经济的区别聊起,讨论了一个多世纪来社会主义在理论与实践上如何对待商品经济的问题,个中涉及这一德文文献的英文、法文译本,以及直接导致中译本误译的俄文译本,我们甚至还讨论了"文化大革命"后期姚文元在两报一刊上发表的那篇曾一度干扰了中国历史进程的文章,因为这篇题为《批判资产阶级法权》文章是为"四人帮"发起"批邓反击右倾翻案风"运动而作,这场运动直接导致了邓小平第三次下台。然而这篇文章的理论依据,直接来自于后来的马克思主义者在一百多年中对马克思本意的曲解。

由于这一课题涉及的问题太多、太大,我到北京念书后曾请教过许多老一辈的专家学者。尽管他们给了我许多帮助与支持,但心中的疑惑始终无法尽释:熟谙马克思主义思想精髓的,对德文却不甚了解;精通德文的,其马克思主义理论功底却嫌不足。我没有想到的是,先生二者皆精通。一夜之谈,全释了我多年来的困惑。在先生的鼓励和教导下,我完成这项工作,不仅通过了论文答辩,还在《经济研究》《哲学研究》等刊物上发表了系列文章,并获得北京市哲学社会科学第二届优秀成果奖,是恩师引导我走上了学术研究之路。

三、亲聆教诲

先生是中国世界经济学科创始人之一。博士期间我跟随先生开始进入这一研究领域。从我的博士论文选题到研究工作的程序,再到论文的写作,无疑不浸润着他的心血。记得我一入学,先生就提出,希望我能发挥掌握德文的优势,赴德国用第一手资料研究其社会市场经济体制,考察德国及欧洲社会主义思潮对这一体制的影响。因为按照当时国内学术界对这一体制的解释,它的理论基础来自经济自由主义的弗莱堡学派,而这种解释显然与这种体制所表现出来的种种社会特征不相一致。

带着这一任务我来到德国汉堡世界经济研究所。临行前,先生一再叮嘱,留学访问时间很短,应切忌浮躁。研究一个问题,首先要做到穷尽相关文献,这虽然很困难,但要力争做到。期间不仅不要急于发文章出成果,甚至不要急于消化所有文献,关键是要把它们检索出来,带回国来再细细研读。秉承先生的教诲,我在德国多个图书馆中泡了整整一年。与现在信息时代不同,检索资料完全靠手工查阅卡片,文献也无法计算机拷贝,只能靠复印。最后我带回国一百多公斤文献资料,这为我后来完成博士论文奠定了基础。

回国后我向先生汇报了工作情况,师生共同制定出博士论文的研究主题与详细纲要。我的工作印证了先生事前的判断,民主社会主义的理论与实践对德国社会市场经济体制的形成与发展有重大影响,这也是德国及欧盟社会市场经济模式与盎格鲁—撒克逊自由市场经济模式区别的关键所在,因为在英国尤其是美国没有像欧洲大陆国家那样的"社会主义传统",社会主义对美国的影响顶多是欧洲大陆的舶来品。

这时先生已年过八旬,身心已日渐衰老。但是,他仍然坚持逐句逐字地批改我的论文。毫不夸张地说,德高望重的先生工作起来,就像中小学老师批改作业那样。更让我不得不动容的是,从初稿到定稿,这样的程序他一共走了三遍。先生的语言提炼能力极强,文字表达精准到位,他三轮的悉心批阅使我受益终生。

后来这一研究成果使我再度获得北京市哲学社会科学优秀成果奖,并被同行称为中国使用原始一手资料研究德国市场经济理论的两篇重要文献之一,左大培先生的《弗莱堡学派研究》弄清了这一体制的经济自由主义来源;我的《德国社会市场经济探源》搞清了其民主社会主义来源。这篇博士论文还获得全国优秀博士论文提名。这些荣誉归了我,但不太为人所知的却是,先生为我的论文付出的心血。

恩师不幸离我们而去,但他给我们留下宝贵的财富。这不仅仅是经济学方面的专业文献,他的高风亮节、治学态度、渊博学识、坚持学术原则与学术理念的风格将永远鞭策和激励着我们。这篇小文无法承载先生一生,只是记载了我与老师 30 年来的神往片断,愿恩师一路走好!

先生的精神风范永远激励我们前行

赖德胜[1]

陶先生走了,我感到非常悲痛和难过。先生是北京师范大学经济与工商管理学院的奠基人,他的逝世,是学院的重大损失。

先生于 1979 年受命成立政治经济学系,这是国内师范院校第一个经济系。他为经济系的发展做了最初的谋划和布局,并一直把学科建设、人才培养、科学研究和教师队伍建设看成是经济系发展的重中之重。后来先生不再担任系主任,但一直心系学院的改革和发展,心系学院学生和教师的成长,并长期担任着学院的名誉院长。学院在发展的关键时刻,或有什么重要事情,也都会咨询先生的意见,并总能得到他高屋建瓴的指点。

我在读本科时,与先生交往的机会并不多,对他也不是特别了解,只知道他是我们系的老主任,是著名经济学家、民盟中央领导、全国人大常委,每年"两会"回来后,他都会在五百座(即现在的敬文讲堂)给全校师生做专场报告,及时传递会议信息,解读有关政策和理论动态。从他的报告中我深切地感受到了他的学问之精深、性情之幽默、对共产主义信念之执着。后来我留校任教,与先

---

① 作者系北京师范大学经济与工商管理学院院长、教授、博士生导师,原文刊载于《北京师范大学校报》2010 年 4 月 23 日陶大镛先生纪念专刊。

生的交往逐渐多了起来,有几年,每次春节期间,他都会约我去他家里,聊他成长中的故事,聊他对现实中很多问题的看法,聊他对青年人的希望。这对我是非常难得的学习机会,也是非常难得的了解先生的机会。每次从他家里出来,我都会为先生的人格魅力和事业成就所感染,并有春笋成长般的感觉。有一件事我至今仍记忆犹新。20 世纪 90 年代中后期,知识经济逐渐在西方发达国家兴起,有关报道也常见诸报端。有一次,先生打电话给我,跟我探讨知识经济的含义及其英文表述。后来在他 80 大寿庆典上,他专门以知识经济作为新生事物为例,讲了如何活到老学到老,以及如何与我探讨的事情。先生是大学问家,能这样平易近人地与我这样的青年教师讨论问题,说明他虚怀若谷,也说明他对晚辈后学的无私提携。

从 2003 年开始,先生因病一直住在医院,卧床不起。他所受的折磨常人无法想象,但他一直秉持乐观豁达的态度,积极配合医院的治疗,对国家经济发展、农村发展、教育发展和学院发展等的关注一直没有停止过。每次有人来探望,他都要与其深入探讨,表达他的关切,提出他的主张。记得有一次,我去看望先生,他躺在病床上跟我谈了一个多小时,内容涉及国际关系、农村发展、教师工资、弱势群体、世界经济学科建设等,而对自己的病情和痛苦却只字不提,尽管当时他说话要借助人工喉,很费力,说不了几句话就要停下来歇一会儿。我知道,这是先生这一代知识分子的高尚品质,对自己的事情可以置之度外,但对国家、民族、民众的命运和前途却常系于心。

先生离我们远去了,但先生的精神风范将永远激励着我们前行,先生的为人及成就将为经管学院师生代代追慕与传扬。

祝先生一路走好!

实现先生的遗愿

李　翀[①]

　　陶先生离开我们了。尽管他曾对我说过称呼老师会比较亲切,我还是一直按照老一代学人的习惯称呼他为先生。当我从外地得到这个噩耗,匆匆赶回北京并从机场驱车到安贞医院与陶先生告别的时候,总觉得这一切好像不是真的,陶先生的音容笑貌依然是那样清晰地在我的脑海里。

　　我是陶先生指导的第一个毕业的博士研究生,他在思想上、品德上、学术上都对我产生了很大的影响。虽然我在陶先生的指导下攻读博士学位已经是 25 年前的事情了,但一件件事情似乎就发生在昨天,历历在目。

　　我清楚地记得,在我进入专业课学习阶段以后,陶先生将他的国家图书馆借书证交给我,然后要求我分别以粗读和精读的方式阅读一系列经济学英文专著。对于一般的经济学专著,采用粗读的方式;对于经典的经济学专著,则采用精读的方式。正是在陶先生的悉心指导下,我研读了大量的经济学原著,奠定了坚实的经济学理论基础。

---

　　①　作者系北京师范大学经济与工商管理学院原院长、教授、博士生导师,原文刊载于《北京师范大学校报》2010 年 4 月 23 日陶大镛先生纪念专刊。

　　我清楚地记得,在我进入博士论文写作阶段以后,我在陶先生的鼓励下选择了一个难度很大的论文题目。经过艰辛的研究和探索,我终于完成了 20 万字的博士论文。陶先生戴着老花眼镜,一字一句地批改我的博士论文。我的博士论文三易其稿,陶先生就是这样一丝不苟地批改了总数达到 60 万字的博士论文!当我的博士论文以专著的形式出版的时候,我在扉页上恭恭敬敬地写上:"献给我的导师陶大镛教授"。

　　我清楚地记得,当我获得博士学位返回中山大学任教的时候,陶先生叮嘱我要好自为之,注重学术,做一个真正的学者。当我每年到北京看望陶先生的时候,无论他多忙,他都那样热情地接见我,那样真诚地关心我的成长。他身边的一个学生曾经对我说,陶先生每次见到你是从内心感到高兴。我一阵阵感动,这就是恩师呀!陶先生多次希望我能再返回北京师范大学任教。导师的召唤,正是我在博士研究生毕业 12 年以后再度返回北京师范大学任教的原因之一。

　　作为陶先生的学生,25 年来我深深体会到他坚定的信念、高尚的情操、正直的品德、渊博的学识。

　　陶先生是一个具有坚定信念的人。陶先生多次跟我谈到,他是如何从列昂节夫的《政治经济学基础教程》中得到启蒙,如何如饥似渴地攻读马克思的《资本论》,又如何在严酷的现实和苦苦的追索中成为马克思主义经济学家的。在陶先生的整个学术生涯里,无论学术界的思潮如何变化,陶先生都始终如一地以马克思主义经济学为指导来研究各种经济问题。他的信念如此坚定确实令人感叹!

　　陶先生是一个具有高尚情操的人。早在青年时代,陶先生就立志为工农的解放和民族的崛起而奋斗。陶先生从 1938 年开始参加了中国共产党领导的学生救亡运动,他还常常激动地回忆起他怎样作为学生代表在重庆邀请周恩来同志到中央大学做报告。陶先生经常想的是国家和人民,甚至在病重的时候还在忧国忧民。在陶先生晚年卧床不起的时候,我经常去看望陶先生,他在神志不是很清醒的状态下讲的居然还是国家大事。他的情操如此高尚怎能不令人动容?

陶先生是一个具有正直品德的人。陶先生为人正直,襟怀坦白,在政治上和学术上从不随波逐流。他总是独立地对问题进行研究并做出自己判断,从不唯上或跟风。一位知名学者曾经这样说过:"你可以不同意他的观点,但你不能不敬佩他的为人。"在社会上普遍存在两副面孔和追逐潮流的情况下,陶先生的品德显得是何等的高贵。

陶先生是一位很有才华的经济学家。人们可以冠以陶先生很多"家"的称呼,但我认为陶先生首先是一个经济学家,一位很有才华的经济学家。陶先生在学生时代就展现了他的聪明才智,很早开始了经济学的著述活动。他是我国较早研究新民主主义经济的学者之一,是我国较早研究世界经济的学者之一,他在政治经济学、世界经济、经济思想史等经济学领域都有重要的贡献。陶先生成名很早,在新中国成立初期就为经济学界所熟悉。一位知名学者曾经这样说:"从年龄辈分说我的年纪与陶先生相近,但在学术辈分上陶先生是我的前辈。"如果不是在多次政治运动中遭受冲击,陶先生肯定能够做出更大的学术贡献。

陶先生真的永远地离开我们了。在安贞医院向陶先生的遗体告别时,我握着陶先生的手轻轻地对陶先生说:"我知道您留下了很多很多的心愿:您希望您担任过第一任主任的经济与工商管理学院能够成为一流的学院,您希望农村的孩子能够得到良好的教育,您希望我们国家的经济能够迅速发展,您希望我们的民族能够重新崛起,……。陶先生您安息吧,后来的人会努力的。"

追忆大师陶大镛先生

白暴力①

4月18日，当代著名经济学家和教育家，我国世界经济学科的主要开拓者陶大镛先生驾鹤西去，令人痛彻心扉。从此，经济学人少了一位诲人不倦、德高望重的导师，中国经济学界少了一位治学严谨、造诣精深的泰斗。

初识陶先生，是在1984年。那年我还在西北工业大学任教，来北京师范大学听陶先生主讲的世界经济讲座。在讲演中，先生明确指出了世界经济的研究对象和方法，深刻分析了世界经济的研究内容，详细阐述了该如何发展世界经济学科，并对学科建设提出了许多切实可行的学术规划。

陶先生讲演结束后，我向先生请教垄断资本主义阶段商品垄断价格的相关问题，先生地位虽高，却平易近人，他耐心、深入、细致的回答，使我受益良多。那一次讲座，我不仅被陶先生渊博的学识、深刻的思想和儒雅的风度深深感动，先生的内外兼修，更给我留下了难忘的印象。

再次见到陶先生，大概是1984年10月，在郑州举办的"全国

---

① 作者系北京师范大学经济与工商管理学院原副院长、教授、博士生导师，原文刊载于《群言》2010年第6期。

《资本论》学术研讨会"上,这是当时我国经济学界规模最大的学术会议,陶先生时任副会长。我在大会中做了关于价值转型问题的发言,万万没想到的是,那时已是经济学界泰斗的陶先生,在大会总结时专门表扬了我的发言:"这个会议我很高兴,最主要的是听到年轻同志的发言,特别是白暴力同志。"陶先生的话使我深受鼓舞,然而,接下来先生的一句话,更是让当时还是一位年轻教师的我诚惶诚恐,"要不了多长时间,白暴力就会超过我。"当这句话从先生口中说出、传入我耳时,我心中所受的震动无以言表,是感动,更是佩服!陶先生这样一位地位如此高的前辈,居然在大会上毫不遮掩地表扬一位晚学后生,如此的胸襟气度,让我深深折服。

会议闭幕时举行了一个隆重的宴会。期间,陶先生端着酒杯,特意来到我身边说:"白暴力,你这个名字非常好!我要和你碰一杯!"此时我所感受到的,又何止是感动。除非亲临其境,否则真无法体会那时的心情。也许在陶先生看来,他只是在大会上表扬了一位年轻同志,但是于我,却意义深刻。这不仅为我今后在经济学界奠定了一个良好的基础,更重要的是先生的这席话令我终生难忘,并时时鞭策我,在学术研究上不敢有半分懈怠,不敢辜负先生厚望。

此后,我便与陶先生常常通信,对学术问题进行了许多细致深入的讨论。信中,先生还常常不忘鼓励我,1988年2月,先生来信中写道:"近年来,你对劳动价值理论的研究,颇多建树,向你祝贺";1990年春节,先生来信道:"近年来,您好学深思,发表不少论著,颇具卓见,进入马年,祝您在马克思主义经济科学领域里一马当先,继续为四化建设做积极贡献"。我得益于先生的不仅是对学术的严谨态度,还有对学生的积极鼓励。先生永远都是指引我的榜样楷模。

1994年,陶先生住进天坛医院例行体检,我去看望,先生问我是否愿意调到北京师范大学工作,我答愿意。于是,先生便积极帮我着手办理调动手续,这一调动,因为一些原因,一直拖到1997年,当我再次看望陶先生时,先生问现在是否依然愿意调过来,我说仍然愿意,陶先生便力主并亲自过问各个环节。这一次,由于陶先生的尽心尽力,调动一事终于尘埃落定。

1998年,我来到北京,与陶先生见面次数就非常频繁了。早几年间,先生住在北师大小红楼,我时常去看望老人家,与先生讨论一些学术问题;后来先生入院,我也至少每周去看望一次,话题还是离不开学术。先生意志力非常强,在与疾病和痛苦做斗争的时候,仍然坚持学习,坚持思考。那一阶段,陶先生还谈了许多问题:谈到改革开放的健康发展,谈到世界经济进入了太平洋时代,谈到想要办一个《太平洋经济导报》,谈到"9·11"事件对世界政治和经济格局的深远影响,谈到教育不公问题,现在很多穷人家的孩子上不起学……能这样常常与先生面谈,我深感荣幸,更受益匪浅。

陶先生是当之无愧的大师,不仅因为先生对年轻同志无私的鼓舞和支持,更因为先生的视野开阔,知识渊博,学贯中西,融会古今;治学严谨,造诣精深。先生的研究涉及经济学领域的各个方面,提出了许多深湛而精辟的理论思想和观点,著述丰富,硕果累累。

陶先生的学术研究一直走在理论界的前沿,不但对有争论的问题提出一己之见,而且填补了我国学术界的多项空白。

中国远古时期有没有石器时代存在,曾经是史学界长期争论的问题。一些西方学者认为这是一个不可解的"谜"。陶先生在1939年发表的论文中认为:中国和世界一样,都经历过石器时代,其中包括:始石器时代、旧石器时代和新石器时代三个阶段。

20世纪40年代,陶先生深入研究了新民主主义经济,先后出版了《战后东欧的经济改造》和《新民主国家论》，分别论述了东欧各人民民主国家的经济概况、农业和工业的改造、对外贸易、经济生活和经济计划等。这些理论，为新中国的经济改造和经济建设提供了可资借鉴的经验。尤其是《战后东欧的经济改造》一书的出版，对于增强当时中国人民建设新中国的信心，起到了很大作用。新中国成立后，他在《人民经济论纲》这部著作中对《共同纲领》所规定的人民经济各项重大政策从理论上做了阐述，并对人民经济的商品价值，货币与资本，剩余价值与工资，利润、利息与地租等基本经济范畴进行了论述。

陶先生是我国研究世界经济的先行者，早年在伦敦期间，1946—1948 年，他就著有《世界经济与独占资本主义》和《世界经济讲话》两部著作，书中系统阐述了世界经济的研究对象、方法以及世界经济的基本问题和历史趋势。这些著作是当时研究世界经济问题不可多得的读物。

陶先生的学术自成体系，研究深刻，对经济学知识有深刻的思考和认识。在《现代资本主义经济研究》一书中，对经济理论进行了深入的研究，在价值理论、货币理论、剩余价值理论、地租理论、经济危机理论等方面推进了经济理论的发展。陶先生认为，关于纸币同黄金的关系问题，到目前为止，还不能说纸币已经完全"独立化"了。黄金依然是国际支付的最后手段，起着世界货币的作用。任何国家都不可能根本否定黄金的货币作用，所以马克思所阐明的货币流通规律（当然也包括纸币流通规律）并没有"过时"，而是继续闪耀着真理的光辉！

陶先生认为，对于西方经济思想和经济理论，既不能盲目地全盘否定，也不能盲目地全盘接受，应该在马克思主义指导下，"取其精华、去其糟粕"，吸收前人经济思想中一切进步的、推进社会前进的东西，并给以批判地综合和创新，"洋为中用"。

陶先生一直坚持对经济学热点问题的研究,并与时俱进,积极探索经济理论在当代经济现象中的应用。陶先生在《世界经济新格局研究》一书中,对当代世界经济进行了深入的研究,在经济全球化与一体化问题、世界经济活动重心的转移、现代资本主义的发展趋势及中国在今后世界经济格局中的可能地位等问题上提出了创新性的观点。

陶先生认为,一方面,全球化是资本主义经济也是世界经济发展中的一种进程,但全球化与其说是资本主义的胜利,不如说是整个世界相互联系、相互依存程度的日益加深;全球化可能是各国经济融进了世界经济的大循环,促进了具有竞争力国家的繁荣和发展,但也带来了许多消极的后果,使富国与穷国之间的差距越来越大。只有实现了统一的社会主义经济体系,才能真正出现世界经济的一体化。

陶先生认为,世纪之交,两极格局宣告结束,各种力量重新调整和组合,世界经济正朝着多极化方向发展。在新旧格局交替的历史性转折时期,世界经济活动的重心再次发生转移,这是世界经济新格局的重要特点之一。从历史上看,经济活动从太平洋沿岸转移到地中海,又从地中海转移到大西洋,现在又来到太平洋,这是历史性的大转移。

陶先生认为,如果中国能够获得相对宽松安全的国际空间,能够保持稳定有序的国内环境,国民经济得到持续、快速、健康的发展,人口年增长率控制在1%以内,国民生产总值增长率保持在7%左右,那么,中国的综合国力将不断提升,有可能逐步缩小与发达国家的差距,中国在世界经济格局中将处于举足轻重的位置,并对世界经济的稳定和发展发挥重要的作用。

陶先生在《现代资本主义论》一书中,对现代资本主义经济进行了深入的研究,在生产和资本的集中与垄断、金融资本、资本输出、国际垄断同盟、帝国主义殖民体系、现代资本主义的经济增长及其腐朽性等方面提出了创新性的观点。陶先生认为，在现代资本主义条件下，经济的增长趋势与停滞腐朽的趋势是同时并存的。看似矛盾，其实这恰好是当代帝国主义经济和技术发展的历史辩证法。停滞不是绝对的停滞，也并没有完全排除局部的、暂时的发展，尽管这仅仅是一种低速增长而已。

陶大镛先生思维敏锐、深邃，善于发现和洞察经济现象和社会经济中的深层次问题，其经济理论和成果具有前瞻性、时代性和科学性，许多真知灼见对我国的改革开放和社会主义现代化建设具有理论意义和现实指导意义。

陶先生虽已千古，但先生为当代经济学的发展做出的卓著贡献将永不磨灭，他的经济理论和经济思想也将永远是经济学宝库的珍贵财富。

师恩难忘　恩师难寻

赵春明[①]

2010 年 4 月 18 日下午刚上完课,打开手机得知我敬爱的导师陶大镛先生病危抢救的消息,当我心急如焚赶到医院的时候,先生不幸已经离世。在这个悲痛的时刻,千言万语,万语千言,都很难概括我当时的心情。

我是 1990 年师从先生在职攻读博士学位的。但是在这之前,我就有幸先期得到了先生的指导。记得第一次见先生时,先生就语重心长地把学界前辈王亚南先生曾经教导先生的话转赠给了我,这段话就是:"搞学术,绝不能三心二意,一定要持之以恒。不要急于求成,不要赶时髦。大器晚成,要一辈子这样努力下去,肯定会学有所成。"先生的这段话时时响在我的耳边,成为我坚守教学和研究岗位的一个重要力量源泉。在这期间,外界的种种诱惑或干扰并非没有对我产生影响,尤其是在求学治学异常艰辛的时候,自己内心偶尔也会产生一些动摇,但是每每想到先生的教导,这种念头便马上会被自责和惭愧所取代,从而又迫使自己静下心

---

　　①　作者系北京师范大学经济与工商管理学院副院长、教授、博士生导师,原文的部分内容刊载于《北京师范大学校报》2010 年 4 月 23 日陶大镛先生纪念专刊,全文刊载于《群言》2010 年第 6 期。

来,专心于教学和研究工作。所以,如果说自己这些年在教学和研究方面取得了一些成绩的话,那么这也是与先生的教导密不可分的。

考上先生的博士研究生以后,我接受先生的指导就更多了。在整个求学期间,我都得到了先生对我无微不至的关怀和深深教诲。在我的博士论文写作过程中,先生对我的悉心指导至今仍历历在目。可以说,从论文题目的推敲到大纲的拟定,从初稿的形成到全文的修改,处处都渗透着先生的沥沥心血,时时都闪烁着先生的真知灼见。我还清楚地记得,就为论文题目的叫法问题,我和先生就推敲、讨论了多日,前后反复了三次。我尤其不能忘怀的是,先生是在极其繁忙而又身体欠佳的情况下来通阅我的论文全稿的。看到原稿上的圈圈点点,尤其是其中的抄写错误也被先生一一划出并认真地改过,使我在深感羞愧的同时也充满了对先生的敬佩之情。论文出版后,引起了较大的社会反响,获得了第十届中国图书奖,我想这首先应该归功于先生的悉心指导。

先生治学素以勤奋和严谨著称。这里仅举一例。1949年年初,历尽艰辛的先生与学界前辈王亚南先生相聚香港,两家同住一房的上下楼,朝夕相处,亲如一家。当时,先生和王亚南先生都没有固定的工作岗位,只能靠写稿度日。先生习惯于开夜车,而王先生则一向在黎明前奋笔。因此,每当先生刚刚躺下,楼上王先生家的灯便亮了,而在黑夜来临,王先生家的灯刚刚熄灭时,先生又在书桌前挥笔疾书了。真理的种子便在这两家灯火的交相辉映中得到了播撒。

先生这种严谨勤奋的治学态度也让我受益良多。记得有一次,我给先生送去一部分博士论文的初稿,其中有几处注解出现了"转引自某某文献"的字样,先生见了,问我:"你为什么不直接引用第一手材料呢?"我说这些材料国内恐怕很难见到原文。先生又问:"那你查过没有?"我只好如实相告说没有查过,先生马上露出不悦的神色,严厉地说:"你没有查,怎么就能断定没有呢? 不行,这部分我先不看,查好了以后再交给我!"后来经过数日的奔波和多处努力,我终于查到了这些材料的原文,先生这才高兴起来,并谆谆教导我做学问一定要踏实,切忌浮躁和想当然。从此以后,每当遇到这样的问题,哪怕是一个小小的数据,我都要尽最大努力来找到原始的出处,以使自己的推论和分析臻于严谨和准确。

先生坚定的马克思主义信念在学术界是有口皆碑的。北京师范大学出版社曾出版了一本《北师大轶事》的书,当时约我写了有关先生的几则小故事,在收集先生的有关材料和写作过程中,让我深受感动。著名经济学家关梦觉教授与先生是至朋好友。1941年年初,当他得知先生曾从香港邮购到《资本论》的三卷英译本时,就向先生索阅,并再三保证一定原璧归还。临走时,他借去了第一卷,并约定短期内送还。不料不久便爆发了"皖南事变",先生与关教授失去了联系。虽经多方打听,但仍无踪影,先生为痛失《资本论》第一卷而闷闷不乐。解放后,1949 年 11 月在北京召开民盟四中全会时,先生又与关教授见面了,一见面,先生便急切地问起那部《资本论》。原来,"皖南事变"发生后,关教授不得不仓促离开渝城,后来又从西安奔赴东北解放区,生活一直处于颠沛流离的状态。但不管走到哪里,关教授都把这部《资本论》带在身边。在黑龙江工作期间,关教授又把《资本论》转借给一位老干部,并嘱他妥为保藏。叙述完这段经历之后,关教授向先生深表歉意并答应一定努力找回原书。两年后,关教授从吉林给先生捎来了一份"礼物",打开一看,里面正是先生朝思暮念的这部巨著。此书一丢十余载,转手几万里,最后终于又回到原藏者手中。先生后来回忆说:"那时的喜悦和激动,实在无法用笔墨来形容。这本《资本论》的传奇式的遭遇,在某种程度上似乎反映了中国马克思主义所走过的艰难的历程。在过去的岁月里,每次一提到这一段学术上的'佳话',总会给我们带来不少美好的回忆"。至今,这卷充满传奇色彩的《资本论》还珍藏在先生的书斋里。从这个鲜活的例子中我们不难体味到先生对马克思主义的坚定信念和深厚感情。

先生不仅信仰马克思主义,而且非常注重运用马克思主义理论来研究当代现实问题。比如早在 1989 年,先生就根据自己的研究提出了现代资本主义"向社会主义过渡"是一个"自然历史过程"的命题。这一观点后来在先生主持的国家"八五"社会科学基金重点项目成果《现代资本主义论》一书中得到了进一步的贯彻和发挥。为此,该书在理论上、历史发展上进行探索的同时,又进一步从现代资本主义发展的实践上,考察了资本主义向社会主义过渡的物质条件和方式。先生认为,随着社会生产力的发展,生产社会化程度的提高,在现代资本主义社会内部,逐渐孕育着某些社会主义因素,生产和管理的社会化,为社会主义准备着日益完备的物质基础;资本的社会化、股份化,垄断组织的大量出现,为将来由整个社会即全体人民来实行"剥夺"做好了准备;现代资本主义国家职能的某些变化,对社会经济进行宏观调控和微观调控职能的加强,为社会主义消除社会生产的无政府状态做了必要的准备;现代发达国家经济计划的推行和逐步加强,有助于高度发展的社会生产力逐步冲破私有制生产关系对它的束缚,从而最终实现向社会主义的过渡;现代资本主义社会保障制度的高度发展,为未来社会主义社会的社会保障体系提供了现成的借鉴;"三大差别"的缩小,也是资本主义向社会主义过渡准备物质条件的重要表现形式。论著通过对现代资本主义的具体发展形态的考察和探索后得出结论,在发达资本主义国家的经济结构内部,已经孕育着某些社会主义因素的萌芽了,国家垄断资本主义是社会主义的最完备的物质准备,是社会主义的入口。对现代资本主义发展趋势的这一探索,既是先生不拘成说的学术结晶,也是先生矢志不渝的理想和信念的真实表达。《现代资本主义论》一书后来获得了教育部普通高等学校第二届人文社会科学研究成果经济学二等奖,全国哲学社会科学规划办公室的报道也认为,该成果"把我国对现代资本主义的研究向前推进了一大步"。

先生的这种信仰和精神也深深地影响了我。目前在我国社会经济转型过程中也出现了一些问题,但我却对未来充满了信心。因为且不说我们的改革将会取得最终的成功(虽然中间坎坷很多,但阳光总在风雨后),就是从世界范围内来看,西方国家也正在不断地向马克思所设想的未来社会转变。因为随着社会生产力的发展,西方国家的生产关系也出现了一系列的演变,即从最早的个人私有制演变为股份制和私人垄断,再到第二次世界大战后的国家垄断和现如今的国际垄断。从这种历史变迁中不难看出,西方国家生产关系的每一次转变都是对个人私有制的一种"积极的扬弃"(马克思语),从而最终将过渡到马克思所设想的社会占有状态。虽然我们自己可能看不到那一天了,但是"青山遮不住,毕竟东流去"。一想到这一点,我的心态也就平和了许多,因为我深知:世界的明天会更好!我们的明天更会好!

先生对我们学生除了严格要求、关怀备至以外,也非常注意对我们的爱护和提携,为我们积极地创造走上学术之路的条件。

1991年,我在学习之余翻译了比利时著名经济学家欧内斯特·曼德尔的名著《资本主义发展的长波——一个马克思主义的解释》,先生知道后,马上给北京出版社的有关领导写了推荐信,对我的翻译工作做了肯定,并希望北京出版社能出版此书。当得知北京出版社由于多种原因没有安排此书的出版时,先生又写信向北师大出版社力荐。在先生的努力下,北师大出版社出版了此书,并得到原作者曼德尔教授的首肯和帮助。此事使我非常感动,这充分体现了先生作为一位学界先辈对我等后学之人的关心和提携,我至今还珍藏着先生的这封推荐信。

总之,无论是在求学期间,还是在日常的教学和研究工作中,我都从先生那里得到了许多非常宝贵的教诲,这些教诲既有马克思主义信念方面的,也有专业学术研究方面的,还有为人处事方面的,它们将使我终生受益。

师恩难忘,恩师难寻,我对先生的感激之情是无法能够用言语表达清楚的。如今先生离我们远去了,我想以后自己只有更加努力,在工作岗位上取得更多、更大和更好的成绩,才是对先生殷殷培育之恩的最好报答,也才能告慰于先生的在天之灵。

哲人虽逝　清风长存

赵春明①

　　我的导师陶大镛先生离开我们已经好几个月了,但是悲痛之情仍时常从心底涌起,对先生的怀念也如林间小溪,从没有因时间的流逝而中断过。

　　我于1981年考入北京师范大学经济系,当时,陶先生是我们的系主任,先生虽然公务繁忙,但仍坚持每学期给我们本科同学做讲座。陶先生的讲座通常是旁征博引,妙趣横生,给我留下了极为深刻的印象。

　　1988年,我留校任教,在那年的元旦联欢晚会上,陶先生让系里最年轻的老师坐到他身边,我有幸得到了这个机会,这是我第一次近距离地面对先生。当时的我非常紧张,但陶先生家常式的问话很快就让我消除了紧张感,并且感受到了他的随和。不久后,陶先生想从系里的年轻老师中挑选一位成为他的博士生,便在家里约见了我。席间,先生拿出一本书,问我看过没,并让我谈谈对那本书的看法,他还从书架上取出一本外文著作,让我讲解大意。由于紧张,并且毫无准备,我的回答并不理想。从先生家离开以后,

―――――――――――

　　① 作者系北京师范大学经济与工商管理学院副院长、教授、博士生导师,原文刊载于《中国社会科学报》2010年10月28日第16版。

我很沮丧,难过得流下了眼泪。但没想到的是,几天以后系里通知我参加博士生考试,这使我在对陶先生的敬仰之情外又多了一份深深的感激。

1990年,我如愿成为了陶先生的学生。无论是在求学期间,还是在日常的教学和研究工作中,我都从先生那里得到了许多非常宝贵的教诲,既有专业学术研究方面的,也有马克思主义信念方面的,还有为人处事方面的,使我终生受益。

先生一生著述丰硕,可谓学贯中西,博大精深,其研究涉及世界经济、政治经济学、《资本论》研究、新民主主义经济、社会主义经济建设与改革开放、社会主义思想史、外国经济思想史等多个领域。比如在世界经济研究方面,先生早在学生时代就开始了对西方发达国家经济的研究,并在20世纪50年代初出版了《世界经济讲话》和《世界经济与独占资本主义》,从而成为我国世界经济学科的奠基人之一。1981年建立学位制度以后,先生又成为我国首批世界经济方向的博士生导师。

陶先生治学素以勤奋和严谨著称,为此,他也常常教导我们学生做学问一定要踏实,切忌浮躁和想当然。在先生的教导和影响下,每当我遇到一些学术上的问题,哪怕是一个小小的数据,我都要尽最大努力来做精密论证,以使自己的推论和分析臻于严谨和准确。

陶先生虽然是民主党派人士,但贯彻他一生思想的是坚定的马克思主义信念。在上大学期间,陶先生曾在一次偶然的机会,从朋友那里借到了一本列昂节夫的《政治经济学基础教程》,他怀着激动的心情读完了这本马克思主义理论的普及著作,由此得到了启蒙。为了进一步学习和研究马克思主义的经济理论,陶先生省吃俭用,凑了一点钱,托人从香港买了三大卷《资本论》英译本,利用学校放暑假的机会,一口气读完了这本巨著,而且马上用"卡奇"的笔名,在重庆出版的《读书月报》上发表了《我是怎样读〈资本论〉的?》一文,介绍他读《资本论》的一些体会。笔名"卡奇"取意卡尔·马克思和伊里奇·列宁,从中我们不难看出先生对马列主义的追求和信念,而且正是这种坚贞不渝的信念,成为了先生日后虽历经坎坷曲折但仍努力探索真理的力量源泉。关于这方面,我也有过切身的体会。记得我在跟随先生攻读博士学位期间,曾就剩余价值和劳动力商品在现时代的表现与特征等问题发表过一些文章,谈了一些自己的看法,有一学者由于误解了我的意思而撰文批评了我的观点,陶先生知道后非常生气,可以说是大发雷霆,尽管当时我心里觉得有些委屈,但陶先生这种坚定捍卫马克思主义的精神却让我深为震撼和感动。

陶先生信仰马克思主义并非只是停留于马克思主义的理论本身,而是注重运用马克思主义的理论和方法来研究现实问题。比如他认为,在生产高度自动化的条件下,创造价值不仅仅是主要从事体力劳动的生产工人,还包括日益增多的主要从事脑力劳动的生产工人,他们都是总体工人的组成部分。因此,劳动创造价值就不仅是体力劳动创造价值,科技、管理劳动等因素同样也创造价值。在此基础上,先生认为,凡在生产领域中受雇于资本家的科技和管理人员,只要他们的劳动能使资本自行增值,同样也就参与了剩余价值的生产。此外随着现代化科技成果在生产上的广泛应用,垄断资本剥削的新形式也层出不穷。因此,在估算资本的剥削率时,还必须考虑到战后出现的一些新情况,比如战后时期,有大批外籍工人背井离乡,涌向各个发达资本主义国家从事各种繁重的劳动;另外,战后跨国公司的迅猛发展和扩张,也对整个世界经济格局和国际资本的发展产生了巨大的影响。又如,1989年先生在一篇论文中提出了现代资本主义"向社会主义过渡"是一个"自然历史过程"的命题,后来这一观点在先生主持的国家哲学社会科学基金重点项目成果《现代资本主义论》一书中得到了进一步的贯彻和发挥,这本书从现代资本主义发展的实践方面详细考察了资本主义向社会主义过渡的物质条件和方式,引起了广泛的社会反响。

陶先生一生可谓历经艰辛和坎坷。学生时代,由于他积极参与爱国进步活动,曾受到学校当局和国民党特务的忌恨和监视。抗日战争胜利后,他在四川大学任教时积极支持学生运动,声援昆明"一二·一"惨案,营救被捕的学生,因而遭到国民党特务的迫害,引发了当时著名的"三教授事件"。解放后不久,在席卷全国的政治运动中,时年39岁的陶先生又被错划为"右派分子",成为轰动文教界的民盟中央"六教授"之一。尽管遭遇了很多人生上的困境,但陶先生始终保持着忧国忧民的本性,光明磊落,不计个人得失。陶先生的这种高风亮节和厚德载道的品格令人感动,也让我们深为敬佩!在陶先生晚年,我曾一直想找机会让他口述,记录下他所经历的波澜壮阔的人生旅程,使更多的人能从中得到教育和启迪,但由于工作繁忙,加之陶先生又住院六年之久,不便多说话,终使这个愿望和计划没能实现,这是我至今抱憾的一件事情!

哲人虽逝,清风长存。陶先生的精神风貌将永远激励着我们后来的研究者一路前行,先生也将永远活在我们的心中!

先生一去　大树飘零

胡松明[1]

2010 年 4 月 18 日下午,当我接到电话匆匆赶到医院,先生终因抢救无效,驾鹤西去。在历经多年与病魔顽强的抗争之后,先生就这样静静地离开了我们。望着病床前先生的遗物,想起每次去医院看望先生时他那有力紧握我的手,我不仅潸然泪下。

先生是我国著名的经济学家、教育家和社会活动家。先生于我则是恩师与慈父,他的通达让我亲近,他的严厉让我敬畏,他的广博学养和高尚的人品,让我敬仰。

我是 1998 年考入先生门下攻读世界经济博士学位的,那时,先生已经 80 高龄,作为我国世界经济学科创始人之一,我能够得到先生的教诲,备感荣幸,同时也内心惴惴。其实,我早在北京师范大学上本科的时候,就聆听过先生的讲座。在 1988 年的时候,引进外资成为我国改革开放的策略之一,当时先生就提出,在有利于引进国外资金、先进的技术和管理经验的同时,外资的引进要切忌盲目,要把那些真正有利于提高我国综合国力和提升我国产业技术水平和产业结构水平的引资作为重点。先生的见解切中时

---

① 作者系北京师范大学经济与工商管理学院副教授,原文刊载于《北京师范大学校报》2010 年 4 月 23 日陶大镛先生纪念专刊。

弊,深谋远虑,高瞻远瞩。

入得先生门下,先生对我的学习要求很严格。当时先生已经没有单独给博士生讲授课程了,对于我这个学生,先生安排的第一门"课"就是:熟读经典原著!从亚当·斯密到凯恩斯,从《政治经济学原理》到《资本论》,不仅要读,而且要写读书笔记。每两周必须向先生汇报读书心得,向先生请教疑难问题。记得我在读大卫·李嘉图的《政治经济学与赋税原理》这部著作时,原版英文晦涩难懂,于是我就想偷懒,到图书馆找到一本中译本,看中译本来写读书笔记。原以为先生不会发现,可当我向先生汇报时就露了马脚。因为先生知道李嘉图的英文原著很难读,可我却没有提出问题,这只能说明我没有读原著,这次先生严厉地批评了我。"老老实实做人,踏踏实实做学问"是我一生都要践行的恩师教诲。由于苦啃原著,不仅使我的理论修养得到了提高,而且大大提高了我专业英语的水平,为后来先生要求我追踪国外学术前沿问题,学习国外最新理论,熟悉国外理论文献,奠定了坚实基础,使我受益无穷!

入得先生门下,先生对我生活上的关爱如同慈父。记得在我博士论文的写作期间,我的父亲生病住院在四川,而我在北京。三个多月里,我不停地在四川和北京来回折腾,身体消耗极大,备感身心疲惫,加上论文写作的压力,我常常出现焦虑和失眠。先生知道后,把我叫到家里,首先告诉我先歇下来,静养身体,绝不能把身体拖垮了。先生还以他亲身的经历,告诉我他是如何克服失眠的,为我想方设法排解压力并帮助我解决困难。每次到先生家里,与先生促膝谈心,都让我感受到家的温暖,当我离开的时候,都有一种像家的依恋。我的儿子每每提到要去陶爷爷家时,都会迫不及待、兴奋不已,因为在陶爷爷家里,他会得到很多很多意想不到的吃食和小礼物,还有那份浓浓的疼爱。

入得先生门下,感受先生的勤勉治学,学贯中西,同时更感受到先生的谦逊和求真务实的大师风范。从先生 19 岁发表处女作《中央储备银行的职责》,到 80 岁高龄主持国家社会科学基金"九五"重点项目《世界经济新格局研究》,先生可谓著作等身。由于先生卓越的学术成就,使得他承担了大量的社会工作,如参与制定《1956—1967 年哲学社会科学规划纲要》;制定《1980—1985 年经济科学发展规划》;担任国务院学位委员会第一、二届经济学科评议组成员;担任第七届全国人大财经委员会副主任等。但先生从来不提及过去的荣耀,总是告诫我说,世界经济发展很快,经济理论发展迅猛,要不断地学习新的理论和新的方法,才能跟上时代发展的需要,学海无涯,学无止境。

如今,先生走了,先生的音容笑貌犹在眼前,先生的谆谆教诲犹在耳边! 我等唯有加倍的努力,才是对先生最好的纪念。

先生一路走好!

花开花落处　春泥更护花

李　由①

在这个春寒料峭的时节,主导政治经济学系、经济与工商管理学院 30 年发展、投身北京师范大学 60 年教育事业的陶先生,离开了我们!

初次见到陶先生,已是近 30 年前的事。1983 年 9 月,我从江苏考入北京师范大学政治经济学系。在开学典礼上,年过六旬、神采爽朗的陶先生做了热忱深刻的讲话。那时,政治经济学系建立不久,陶先生是系主任,博士生导师,工作繁忙,但学生的入学、毕业,系里的各项活动,先生都积极参加。

毕业前,我和一位同学忐忑不安地到红楼向陶先生告别。先生热情地接待了我俩,并挥笔赠言:"学然后知不足,自强不息。勇于探索,开拓前进。为马克思主义经济科学的发展而努力。"

两年后,从南京重返母校,读研究生,随后留校工作。这样,有了更多的机会,近距离承教于陶先生。

1991 年年初,学校即将迎来 90 年校庆,准备给陶先生等一批资深教授拍摄专题片,系里把收集资料、拟写初稿的任务交给了还

---

① 作者系北京师范大学经济与工商管理学院副教授,原文刊载于《北京师范大学校报》2010 年 4 月 23 日陶大镛先生纪念专刊。

在读书的我。于是,我数次拜访陶先生,并到图书馆、资料室等单位查阅资料。在交流和回忆中,在图书馆发黄甚至留有"文化大革命"遗迹的图书资料上,对陶先生的人生经历有了比较全面、深入的了解。无论是解放前的艰难岁月,还是解放后的"祸从天降"、"喜从天降",先生都坚忍不拔、矢志不渝地追求真理,献身事业。

后来,有幸参加了陶先生主持的"七五"时期教育部第三批博士点基金项目"世界经济格局的变迁和我国对外开放"、"八五"时期国家社会科学规划重点项目"现代资本主义经济研究"研究的工作。在陶先生的热情鼓励和扶持下,我在教学、研究中取得了一些成绩。

这个冬春寒冷,多难。当玉兰、迎春、樱花开放了,却传来陶先生去世的噩耗。也许,花开花落,本是生命的自然规律。先生走了,但春泥护花,春风依然。

悼陶公

张汝范[1]

我与陶公共事多年，有幸在他领导下做了一些力所能及的工作。陶公的忘我工作精神和严以律己的作风以及对党的忠诚，对人民疾苦的关心，都成为我学习的榜样。陶公住院期间我曾三次探望，他尽管重病在身却依然关心国家大事及民盟事务，我深受感动。

陶公与世长辞，对民盟、教育界、经济学界都是一个重大损失。我失去这样一位德高望重的领导、师长，感到无比悲痛。特写此诗，以表悼念之情。

一身正气，两袖清风。

民盟领导，中共挚友。

肝胆相照，荣辱与共。

坦诚谏言，为民请命。

胸怀坦荡，言无不尽。

历经风雨，铁骨铮铮。

---

① 作者系中国民主同盟北京市委员会原秘书长，原文刊载于《北京师范大学校报》2010 年 4 月 23 日陶大镛先生纪念专刊。

海归教授,经济专家。
教书育人,桃李芬芳。
孜孜不倦,学习榜样。
任劳任怨,昼夜奔忙。
"教授文库",后人传承。
"陶公文集",智慧结晶。

严于律己,宽以待人。
厚古薄今,与时俱进。
艰苦奋斗,与世无争。
与人为善,和谐为本。
国事为重,自己为轻。
为国为民,一片赤诚。
雁过留声,人去留名。
往事在目,历史作证。
真理在手,后世永存。
虽经苦难,并无怨恨。
报效祖国,整整一生。
陶公西去,永世长存。

陶公与《群言》

刘士昀[①]

陶大镛同志是群言杂志社的老领导,我们亲切地称呼他"陶公"。他在民盟中央副主席任内曾分管《群言》十余年,他对《群言》感情很深,对我们这些下属和晚辈感情很深。他走了,我们都很怀念他。

像陶公这样的好领导,实在难得。

他担任《群言》编委会主任委员,属兼职,对《群言》可以多管,也可以少管。但陶公责任心很强,他把办好《群言》看做是自己的崇高使命,再忙再累也要挤出时间专心致志地投入到《群言》的工作中去。当时,他是北京师范大学的教授、博士生导师,同时在全国人大常委会、北京市人大常委会、民盟中央、民盟北京市委会担任要职,可谓日理万机,工作够繁重的了。他没有"三头六臂",却有"拼命三郎"的精神,硬是把《群言》的重担挑起来,和杂志社的同仁同心协力,把《群言》办得有声有色,受到广大读者的热烈欢迎。20年前,冰心老人在一篇文章中说:"我认为在我书桌上的几十种刊物杂志中,能使我不能释手地从头一篇一直看到末一篇的,

---

① 作者系《群言》杂志编辑部原副主任委员,原文刊载于《群言》2010年第6期。

只有《群言》!"《群言》以"知识分子的群言堂"的特色,在社会主义的百花园中发挥独特的作用,陶公是第一功臣。

陶公废寝忘食地为《群言》日夜操劳十多年,却没有从《群言》得到过一分一厘的报酬,他的廉洁是有名的,甚至忌讳在自己办的刊物上发表文章(《群言》创刊以来,他实在推托不掉才应约在《群言》上发表过有数的几篇文稿)。陶公对《群言》的无私奉献,一直为大家所称道、敬佩。他为《群言》所付出的心血,限于篇幅,这里只举几个例子:从确定每期刊物的主旨到具体的选题,从稿件的初审到三校定稿,陶公都亲自参与,还常常亲自约稿;他特别重视"专题座谈"这个"拳头产品",从讨论座谈题目到确定参加座谈的人选,他都亲自坐镇,只要他分得出身,都会争取出席座谈会,他还多次带着编辑跑到外地开座谈会……陶公脑子里装满了《群言》的事,连吃饭、睡觉时都想着《群言》。我就常常在午休时或深夜11点前后接到他的电话,或垂询《群言》的有关情况,或对《群言》工作做出具体指示。

陶公是我国著名经济学家和社会活动家,又是办刊物的行家里手,他有很深厚的学养,很丰富的政治经验和办刊经验。他是《群言》的主心骨,我在他手下协助他工作心里感到很踏实。《群言》自创刊起,顺应改革开放时代的要求,积极参与国是,反映群众心声,不跟风,不附势,不媚俗,在千万种刊物中树立了自己的独特风格,这和主政的陶公不唯书、不唯上、忧国忧民、富有正义感和使命感的品格,是分不开的。正是在陶公的精心组织和策划下,《群言》独家开展了三峡工程论证的讨论,引起有关部门和国内外的关注。还是陶公的主意,《群言》多次组织了有关"尊重知识、尊重人才"、"百年大计,教育为本"等专题讨论座谈,讨论关联到国家大本,既有深度又有广度,产生了深远的社会影响。

陶公的敬业精神、献身精神和办刊物精益求精的精神,都深深地感染着杂志社全体同仁。他平易近人、平等待人的作风,更拉近了我们和他的距离。加上他讲民主,搞群言堂,不搞一言堂,在商量工作时,大家能畅所欲言,毫不拘束。总之,陶公可敬而不可畏,和他共事十多年,无论是做人还是做事,我们从他身上都学到了许多许多。

陶公忙得不可开交,仍时常把我们这些下属挂在心上。他见同志们整天为杂志社忙忙碌碌,就想到让大家出去放松一下。他多次抽身和大家一起出去春游、秋游、北海、宋庆龄故居、恭王府……留下了他和我们合影的珍贵镜头。陶公对下属的关怀,我有切身感受。1986年春,我从外地调到《群言》杂志社,本该是我先去向他这位领导报到,没想到他先来看我,并慰藉说:"安居才能乐业。"没过几天,我的安居问题便得到了解决。1996年春,我的老伴得了癌症,陶公又亲自登门慰问。以陶公的地位、名望,对我这样一个普通编辑如此关心、爱护,令我和老伴都感动不已。

陶公接近耄耋之年时,仍在为《群言》尽职尽责。这时,他的精力已大不如前:步履蹒跚,不能久坐,仍强撑着勉力到杂志社召集座谈会和审阅稿件。80岁以后,他不再分管《群言》了,却仍然心系《群言》,我每次去看望他,他都要问起杂志社的人和事。陶公生命的最后岁月是在医院的病榻上度过的,他被疾病煎熬了整整6个春秋,他所经受的折磨和苦痛,是健康人所难以想象的。苍天怎么这样不长眼,让这么好的人遭受这种"生不如死"的苦难呢? 陶公不怕死,但他不想死,他还有未竟之业。他告诉我,他还要继续研究《资本论》,他还要描绘时代风云,写他经历的大时代的一百个小故事。他还有一个未了的心愿,就是盖"群言楼",等他病好后还要办"群言堂"。2005年,在《群言》创刊20周年的时候,陶公已卧床不起,气管被切开,插上呼吸机,他只能用人工发声喉吃力地口授了给《群言》的题词:"《群言》是中国知识分子进入新世纪、走向新时代发出的富有创造性和生命力的呐喊。"寄托了他对《群言》真挚的爱和热烈的期望。

陶公与病魔顽强地抗争到最后一息,离我们远行了,他脱离了苦海,升上了天堂,从此,我们只能仰望天空,寄托我们对这位可敬可爱的领导、师长、前辈无限的哀思。

一叶识陶公

叶稚珊[1]

今年春来得晚，已是人间四月，仍有阵阵寒凉。在青海玉树地震后的第四天，久卧病榻历尽苦痛的陶大镛先生以 92 岁高龄走了。他生命的最后 6 年过得格外辛苦，气管切开，要用呼吸机，要用人工喉，但是他一直没有垂危病人的昏迷失忆，只要来人探望，他就要打探经济形势，为作为一个经济学家没有能为改善农民生活尽力痛悔自责，畅谈筹办他的《太平洋导报》。

一年来，我经历了人生中难以承受的亲人的病痛离别，我视陶公为亲人，未曾平复的心绪中又增添了新的伤痛。春风化雨，遥忆陶公当年，点点滴滴，并不因为他的离去而变得肃杀遥远，依旧清新温润而绵长。

陶公，我们叫了近 30 年，从他不足 70 岁开始，正式的场合大家都叫他陶大镛同志。他是著名的经济学家，著名的马列主义经济学家，我们在陶公的麾下工作，正是经济转型、思想活跃的 20 世纪 80 年代中期，尤其在经济界各种观点的争辩、碰撞、尝试、探讨，风声正烈，大时代的转折关口，经济学家一定是在风口浪尖的，陶公正是在这样的时候受民盟中央的嘱托和新老盟员的信任，筹建

---

① 作者系《群言》杂志原副主编，原文刊载于《群言》2010 年第 6 期。

创办了《群言》杂志。他像一个青年人，带着激动、兴奋，倾注着满腔热忱，就在当时民盟中央所在地东厂胡同北巷古旧的平房院一间十几个平米的办公室里，带着几位从报刊退下来的老同志和几个初入"茅庐"的新手从无到有地"创业"了。初时，陶公每周来三次，每一次都是那样的兴高采烈，圆瞪着眼睛，高声说笑，无论听到什么，他都喜欢惊奇地"噢——"，什么问题、困难、矛盾都不在话下，举重若轻，迎刃而解。办刊时的种种困难、矛盾、问题都要归给陶公决断解决。以后编辑部搬到了办公楼里，杂志社的工作也逐渐有了条理和规范。陶公依旧每周来，每次楼道里响起长长的一声"噢——"，大家知道陶公来了，自动集中到会议室，年轻而淘气的往往会在例会上听到尖锐、新颖或独到的言论便学着陶公的语调接上一句"噢——"。几位老同志原来都是在最著名的报刊任职最主要岗位的资深业内人，见多识广，各有经验，也各有主见，彼此间都有过耳闻也打过交道，花甲古稀之年聚首小小的编辑部，治大国，烹小鲜，各怀抱负，也个性迥异。学术之争，理论之辩也有剑拔弩张的时候，一时间儒雅斯文的面孔涨红起来，点烟的手也颤抖了，随着真假陶公的这一声"噢——"大家轻声笑起来，干戈化玉帛，会场的气氛活跃，旧话重提，也还有争论，各抒己见，议论风生，但议而有决。最终总是成为了真正的君子之辩、理性之争。这是那些年编辑部会议的风格，也是《群言》杂志自创刊以来一贯所倡导的群言堂的风格，在陶公辐射出的强烈气场中，这种气氛形成传延着。

陶公有传统知识分子的厚朴专注，有中西兼修型学者的敏锐通达，更有新中国成立后一代新兴知识分子行政领导者的智慧、胸怀、眼界和气度。陶公的声望和社会影响，为我们的工作带来的不仅是便利，作者、读者、编者对他的服膺是杂志良好运转的基础。他豁达耿直而不失圆通的领导才能和技巧，不仅使编辑部新老同志即使意见相左,观点不尽相同,仍能和谐相处,通力合作;也使许多声名卓著、性格狷介、门派不同"固执己见"的作者能同时在杂志上平心静气地阐述一家之言,面对面地在座谈会上畅所欲言。这当然不光是工作技巧,更是源于他的人格魅力。

陶公对国是民情的巨大的责任感和真诚的悲悯情怀渗透在《群言》杂志每一次专题座谈会的选题及组稿中。遥忆陶公当年,顶风冒险不计个人得失坚持为三峡工程的论证鼓与呼,他倾力组织的三峡工程论证系列文章,作者的权威性,所论及问题的深刻程度,观点之鲜明,态度之坦诚,情之深,意之切,视角和专业领域不同的多家之言,据理力争,为工程的决策提供了极有价值的理论依据,开启了科学论证的先河。百年工程,千秋功业,任后世评说,也当有陶公涓滴之功。

陶公从不隐讳自己的观点,态度鲜明,敢于担当。对于"教育产业化",他持坚定的不同意见:"教育不是商品,不能推向市场。"提起"人才市场",他总会义愤地说:"为什么要叫市场?太不尊重人了!"后来改称为"人才交流中心",他宽慰了许多。

而从创刊号就开始的专题座谈《尊重知识 尊重人才》一谈再谈,对人才对知识的爱护尊重是陶公心中最放不下的牵挂。许多位现在声名显赫的学界中坚,当年海外归来小荷未露尖尖角,事业生活都还不稳定,是陶公慧眼独具,敏感地预见到改革开放的大业将需要大批承上启下的有识之才,一再组织邀请他们来参加座谈会,倾听他们的心声,反映他们的建议意见,用自己早年的亲身经历给他们以鼓励,为他们的困难尽一己之力。初来时,一些人还怯怯的,稚嫩青涩,二邀三请几次后,明显地感到了他们的成长成熟。十年二十年过去了,他们提起《群言》,念起陶公,仍满怀感情。

从国民党"左派三教授"到1957年著名的"右派六教授",陶公经历过的冤屈磨难摧残了他的身体,更无情地剥夺了他二十多年宝贵的时光。他因此格外懂得珍惜,从不花时间和精力去抱怨牢骚,学术观点中的不同意见他也只限于学术范围,凡事出以公心,从不斤斤计较于个人的恩怨得失。

在经济学界,陶公的学术思想是独树一帜的,也是坚定的,成就有目共睹。在教育界,他是知名的教授。在全国人大常委会,他身居要职。在民盟中央,他是主要领导人。《群言》只是他众多工作中的一项,是他众多职务中的一个,但他为这本民主党派的杂志所倾注的心力是毫无保留的。除了"噢——",他还经常会说"昨天我洗脚的时候想起……","刚刚我在厕所想到……"他的脑子永远在为工作转动。杂志社事无巨细,从编辑方针、选题策划、座谈会人选,到每一个人的工作分工,甚至宴客的菜单,甚至办公室的安排……他都掂量再三,不敷衍将就,连他的夫人牛平青大姐也因此而对我们每一个人都非常熟悉。那时我们常会用"厕所"和"洗脚"开陶公的玩笑,他每次兴奋地提到好选题好作者,就有人小声接下茬:"洗脚的时候想出来的。"陶公哈哈大笑,坦荡可爱而温暖。他的人事关系在北京师范大学,而他从《群言》的选题、定作者、审目录、看校样到宣传发行,面面俱到,期期如此,却从未拿过一分钱报酬。他的昂扬热情和青年人都未必有的阳光心态,感染着我们,他毫无低级趣味、廉洁自重的正人君子之风,影响了我们的爱憎和对人生价值的判断,影响着我们的工作态度,我们为他闪光真诚纯正的人性而感动。在他身边,工作着是美丽的。

每一年的春节,都能接到陶公的拜年电话,那时候是时兴领导给下属拜年道辛苦的,每次陶公都会用改良了的乡音说:"替我问候你的那位比你大六岁的。"这成了每个除夕我最期盼的祝福。陶公重病之后再听不到他的问候了,而无论在过去或今后的何时,一想到陶公,我都会发自内心地默念:"谢谢!"

我们没有能力概括评价陶公一生的成就,也没有资格为他的学术思想做门外的判断,一叶落而知秋,一叶发而知春,陶公精彩丰富的思想之树,我们只触碰到了一小片叶子;在他繁茂硕果累累的生命之树上,我们只陪伴见证了一叶的生发,一叶识陶公,这一叶也带给我们生命中一抹永远的绿色。

感谢陶公! 牛平青大姐保重!

德高望重　风范长存

李　岫①

没有想到,我能有机会在陶大镛先生领导下工作,聆听他的教诲,深切感受到这位著名经济学家、教育家、社会活动家的精神风范和人格魅力。

第一次去拜访陶先生大约在 1994 年,北京市第九届政协会议即将召开,而我在这一届被增补为政协委员,我想去请教陶先生作为民盟界别的委员应该怎样做。当我站在北师大小红楼陶先生家门口时,却发现门上贴着一张经济系办公室的告示,意思是陶先生身体不好,请勿打扰。犹豫再三,我还是敲了门。陶先生和牛老师热情地接待了我。因为我也出生在这样的知识分子家庭,对他们的生活方式、待人接物很熟悉,感到很亲切。

陶先生说,政协的工作很重要,要学会做调查研究,反映社情民意,帮助北京市政府排忧解难、科学决策。这种调研不同于教书上课,是一种有组织的行为,向政府部门反映问题要有针对性和科学性,要经得起论证,政府采纳后要能操作,要具有可行性,不是想提什么就提什么。他还给我举了很多例子。

---

① 作者系北京师范大学文学院教授、博士生导师,原民盟北京市委副主任委员,原文刊载于《群言》2010 年第 7 期。

我担任北京市政协委员和常委的 10 年间,是一个不断学习不断进步的过程,也和陶先生的信任、帮助分不开。政协是一个大舞台,也是一个大学校和大家庭,它使我学会了很多书本上没有的东西,开阔了视野,增长了见识,结交了各行各业的朋友。尤其是学会了调查研究,学会用提案的方式向政府部门反映问题。其间写的提案有环境、交通、救灾减灾等方面,更多的还是教育方面。有一次,陶先生希望我写一篇关于高校职业技术教育问题的文章,并提供了许多调研资料和数据。这就是后来我和马万昌老师合作的《对职业技术教育问题的思考》一文,先发表在《群言》,后作为提案上交。通过这个提案也使我认识到高校的职业技术教育是落实科教兴国举措之一,是提高劳动者素质的重要途径,也是实现经济增长方式从粗放型向集约型转变的重要措施。陶先生带领大家还完成一个提案:由于北师大东门外总发生交通事故,有几位师大老师出了事,建议修一座过街天桥,方便行人,有利安全。几经波折,过街天桥终于建成,桥下车水马龙,桥上行人从容,减少了堵塞,保障了安全。我每次到北师大,走在过街天桥上,想到这份提案为过往行人做了件好事,心里便充满了快乐。

陶先生曾担任《群言》主编十余年,他不辞辛苦,尽心尽力,重要稿件他亲自约稿、审稿,办刊作风民主,集思广益,群策群力,经常召开编辑部、作者、读者座谈会,把这份月刊办成具有鲜明特色、在海内外产生广泛影响的杂志。他不仅延续着《群言》不登广告的传统,始终保持封里封外干干净净,只登些版画、漫画、木刻和摄影作品;而且适时开辟新栏目,如"专题笔谈"、"文史漫笔"、"文化长廊"、"科技谈丛"、"世界之窗"、"群言堂"、"随感录"……常办常新,真正成为知识界的群言堂,有些栏目保留至今,成为了经典栏目。

1992 年我从日本讲学归来。陶先生问我,对日本的高等教育有什么看法? 我说,自己在京都生活两年多,感触和想法是有的,但可能很肤浅,并没有深入调查研究。他鼓励我写文章介绍日本的高等教育,后来我写了《日本高等教育一瞥》,请先生指正。文章中有这样两段话:"日本的高等教育十分重视开阔学生视野,扩大学生知识面,古今中外,皆为我用。他们强调,我们所处的时代是一个国际化的时代,教育作为国家建设的重要环节,和国家的整个对内对外政策是分不开的","在战后最初的日子里,日本国民普遍有一种失落感。那时作家久米正雄发表过一篇《日本美州论》,主张让日本成为美国的一个州,宣扬民族虚无主义,现在这种失落感已经没有了,不是西化论,而是以不可阻挡之势进军海内外,使日本成为世界强国。现在日本政治、经济、科学、文化各个领域里的中坚力量,是接受国际化观点成长起来的一代……国际化的时代观,决定了日本经济界、文化界、教育界对世界的看法,这里包含两层意思,一是自身对世界的贡献,二是吸收世界先进的东西为自身所用。"陶先生说这两段话意思很好,尤其对战后日本国民心理的分析,是符合实际的。后来,这篇文章就发表在《群言》上。国际化的时代观,今天已成为国人的共识,各高等院校和院、系、所都在讨论如何国际化,但在那时并没有普遍提上教育的议程。陶先生尖锐地抓住这个观点并给予支持。受到先生的鼓励,后来我又写了《又见广岛,又见广岛》《学位与学术精神》《教育的明天》等,在《群言》发表,以此在这个"群言堂"里和教育界的同行们切磋、交流。

作为中国世界经济学科的创始人,陶先生知识渊博、学贯中西,他勤奋治学,教书育人,桃李满天下,赢得经济学界的敬仰;作为社会活动家,他襟怀坦诚,平易近人,是民盟德高望重的领导,又是广大盟员的良师益友。在我的印象里,无论是平时还是病重期间,陶先生都非常关心国家大事,不愧为爱国、爱民、爱真理的优秀知识分子的代表。每年"两会"之后,陶先生都会及时向大家传达"两会"精神,讨论贯彻新一年的政府工作报告。三峡工程论证时,陶先生坦诚谏言,有理有据,病重期间不忘嘱咐牛老师保存好积累的资料,表现了中国知识分子忧国忧民、居安思危的崇高品质。他十分关心现实生活中出现的新问题,如灰色经济,他说有一本谈灰色经济的书一直没买到,我在家门口的五四书店偶然看到,买了给他送去,他很高兴,说留下慢慢看,并询问我们对这些问题的看法。1998年民盟请来著名美籍生物学家牛满江夫妇,后又请他们到师大参观,那时陶先生工作忙,未和牛满江见面,但他嘱咐经济系的同志参加,后来牛满江教授提出他任教的坦普尔大学和北师大共同培养研究生,此事也得到了陶先生的大力支持。也是1998年,为祝贺陶先生80寿辰,民盟北京市委举行座谈会,陶先生和牛老师应邀参加,他们二老在会上语重心长地和年轻人座谈,从自己的一生谈起,无论顺境还是逆境都要乐观向上、努力工作。他们的谈话深深地打动了我们。陶先生的一生总是和祖国的前途紧密相连,和民族的命运休戚与共、息息相关,无论是抗战时期、留英时期还是迎接新中国的建设,他总是用自己的笔参与现实斗争,宣传抗日、针砭时弊、鞭笞黑暗,讴歌光明,和那些无论何时何地故作清高、清谈,有钱又有闲的文人不同,他从不写那些无关痛痒的文字,真正是经国济民、胸怀苍生,关心人民疾苦,历经风雨矢志不渝,他把自己的一生都贡献给了国家,给了教育事业。陶先生的诞辰是3月12日,正值植树节,十年树木百年树人,陶先生一生培养了多少学生,大概是数不胜数,我想用当年祝寿会上送给陶先生的四句诗结束这篇短文:

八秩大树迎华诞,

满园桃李颂陶公。

一生为国为民族,

德高望重不老松!

陶先生今天虽然离开了我们,但他的精神风范将永存人间。

夜访陶大镛先生

殷　彪 [1]

　　身为他的徒孙,自从来了北京以后却一直未曾谋面,不免有些遗憾,这次终于有机会拜访陶先生了,我多少有些企盼和紧张。按照规定,我应该晚上 10 点才到,但是由于我提前交卷、路上又比较顺利,我 8 点多就到了陶先生那里。

　　"您好,我是……"做了简短的自我介绍以后,陶先生的护工热情地让我进入特殊护理病房。第一眼看见的并不是陶先生,而是病床旁边的两台检测仪器和一大堆粗细不均的管子,那些管子一头连着两旁的机器,一头连着本文的主角——陶大镛先生。

　　我鞠了一躬:"陶老师您好!"

　　陶先生用充满陌生的目光打量我,并没有做任何回答,只有重重的,通过机器发出来的呼吸声作为回应。"陶先生还没有戴上人工喉",护工在一旁解释道,"一会他戴上人工喉,声音可洪亮了!"

　　"陶先生一直用呼吸机,不装上人工喉是说不了话的。"看我满脸疑惑,护工向我解释道,"但是总戴着人工喉也不好,一方面

---

　　① 　作者系北京师范大学经济与工商管理学院 2006 级博士生,原文曾获北京师范大学 2007 年"良师益友"征文大赛一等奖,收录本书时略有删节。

经常说话陶先生容易劳累,另外也容易感染。"

"你可以去洗手、换口罩了。"护工指引我走向水房,我洗完手,戴上口罩,来到陶先生的床边。

陶先生用浑浊但仍闪亮的双眼再次打量我,我向他问好,并说明了我的身份和来意。听说我是赵春明老师的博士生,学院派来陪他的,陶先生的脸上绽放出了笑容。

不一会儿,陶先生的儿子来了,也是长辈级的人物,我依旧称呼他为"陶老师"。

陶先生的儿子再一次向他介绍了我,陶先生睁开眼睛又一次打量我。等护工给他装上人工喉以后,我生平第一次听到陶先生洪亮的声音。

"欢迎,欢迎!"陶先生声如洪钟,"不要拘束,就像在家里一样,咱们随便聊。聊世界上发生的各种事情,说自己独特的观点,我最喜欢听独特的见解了"。

这是陶先生给我上的第一堂课:"今天……我……陶大镛,在这里……给大家讲三个问题……"陶先生拿出上课的架势来,仿佛坐在他身边的人都是他的学生。

陶先生给我们讲他晚上思考的世界经济中心问题,从他去曼彻斯特以 Visiting Professor 的身份研究开始讲起。陶先生的英文一级棒,让我们这些做学生的都自叹不如。他有时候像留学归国的"海归"一样,言语中还夹杂着发音标准的英文。陶先生讲啊讲啊,中间休息了一会,他一身大汗,有可能因为我是世界经济专业的博士生,他觉得特别高兴,气喘吁吁地讲了快两个小时。他把晚上思考的很多问题都说给我们听,比如他认为世界经济中心的转移,他构想的集旅游、观光、战略多功能于一体的海滨花园城市,他构想的《太平洋导报》的创刊,他对教育产业化的猛烈批判,他对农村义务教育的关心。这一切的一切,让我感受到一个老人、一位老师，虽然躺在特殊护理的病床上，依旧忧国忧民，真是"家事、国事、天下事，事事关心"。而且，陶先生还不是普通意义上的关心，他有独特的构想，他有精准的见解，他说的这些都是既有理论又有实践的问题。躺在病床上的他，还不忘记思考学术，陶先生的这种精神深深地刻在了我的心里。

说了快两个小时以后，我们劝他休息，陶先生才摘下发声喉，静静地躺下了。

那时已经10点多，陶先生好像很累了，跟我对视了一会之后，就闭上眼睛睡了。他稀疏银白的头发，南方人特有的气质写在他的脸庞上，让我感到很亲切。想起了远在家乡的姥爷，是不是上了年纪的人都是那么的慈祥呢。

见状，我就拿起书包跟陶先生暂时告别："陶老师，您先休息吧，我一会再来陪您。我先去隔壁水房休息了……"

还没等我说完，护工就打断了我："千万不要说你去休息了！"

她扭过头去对陶先生说："他不是去休息了，他是去学习了，您同意吗？让他后半夜再来陪您，好吗？"我好像看见陶先生原本有些生气的表情舒展了一些，挥了挥手，意思是同意让我去水房"学习"了，我像一个犯了大错被原谅以后如释重负的小孩一样，从陶先生的床边溜开了。

护工把我带到隔壁水房，对我滔滔不绝起来："陶先生最不喜欢听到博士生说休息了，你千万不能让他看到你在睡觉，所以一般来陪夜的学生都是在这里休息的。前半夜陶先生要休息，后半夜才醒来想事情。要是看到你在他旁边睡觉，他一定会气坏的。"

"大概他一直躺在床上，分不清白天黑夜了吧……"，我想。

"陶先生心里清楚得很，哪个博士生用功，哪个博士生偷懒。"护工的话证明我的想法是错误的，"上次一个博士生来，他前半夜不睡觉一直陪着陶先生，而陶先生睡着了没有跟他说话。等到后半夜,陶先生醒来想找人说话,敲敲手里的'指挥棒',却发现那个博士生睡着了,就非常生气,气得要让那个学生走。陶先生认为,博士生就应该不分白天黑夜地学习,跟他一样,呵呵……但是,我们都清楚你们学生白天上课,晚上还要来陪夜挺累的,所以让你们在这里休息。"

我们对视着笑笑,护工让我在水房的沙发上休息。

等到凌晨3点,我跑到陶先生的房间,这时护工已经给他擦洗完了,一切都收拾好了,就像所有人探望陶先生的时候看到的情景一样:陶先生安详地躺着,呼吸机和心电图监测仪有规律地发出声音。

我坐在陶先生的床边,静静地看着他。我仿佛从陶先生的脸上看出了南方人的智慧和精明,同时这种感觉又是非常的亲切,就像我坐在姥爷的病床边一样。

不一会儿,陶先生醒来了。护工连忙过来,对陶先生说:"陶先生,您看,您的博士生坐在这里陪着您呢,他在这里等着跟您说话呢。"

陶先生很高兴,他对护工喃喃了几句,意思是让我给他讲讲最近世界各地发生的事情。我就最近研究的一些问题和世界经济的形势,跟陶先生汇报了一下。陶先生听得津津有味,示意让我继续讲下去。我也讲啊讲啊,从加入WTO对我国经济的影响,《邮政法》改革,农村小额信贷,服务业,FDI,一直讲到我们家乡无锡。

尤其是我讲到对江南地区FDI的关注和研究的时候,陶先生的手开始颤抖,并且握住我的手,嘴里喃喃的。我跟他说无锡和苏州两个城市吸引外资和GDP增长的关系,发表我对这两个城市经济增长的见解,认为家乡无锡要根据资源禀赋和地理优势等大力发展服务业。陶先生的手就开始颤抖,并对着我举起大拇指,护工说,这是表示他认为我讲得好。然后,我又讲"三农"问题的一些解决途径,比如提高人力资本,完善农村义务教育体系,比如农村小额信贷,建设社会主义新农村。这时,陶先生要求装上人工喉跟我说话。

"你讲得好啊!"陶先生一开口就鼓励我,"你讲得很好,不要那么紧张,就跟自己家人讲话一样。我的祖籍也是无锡,原来咱们是老乡啊。"当时陶先生和我都热泪盈眶,我用棉球擦拭陶先生滑落脸颊的泪水,正可谓"老乡见老乡,两眼泪汪汪"。

"你很关注 WTO,这个很好啊!你的很多见解和意见,跟我的很一致。可以容纳到我的研究体系当中来啊!你放心,将来你们一定有事可做!"不知是陶先生太激动还是太劳累,他说话的时候很费力。

后来,为了让陶先生休息,我就让护工取下人工喉,我继续讲,陶先生闭着眼睛听就可以了。陶先生很喜欢听,听的过程中还不时冲我举起大拇指,我知道他是在夸奖我,就这样我一直从凌晨3点讲到6点。幸好我经常讲课,总算帮助陶先生排解了这段时光。

不一会,就到6点了,陶先生都已经第5遍问护工几点了,不知道他是在担心什么,是担心时间过得太快了,还是担心我要回去了?他再一次要求装上人工喉。

"到6点你就回去吧,你听我的,我叫你怎么样就怎么样。你放心,从6点到8点这段时间没有危险,我待在这里很安全。今天的课先到这里,下午6点钟,咱们再开始!好不好?"陶先生居然要听我给他"讲课",受宠若惊的我连忙起身,让他躺好,显得不知所措起来。

陶先生用"指挥棒"敲着床沿,要求我赶紧回学校,我只好匆匆与先生告别。

护工把我送出病房的时候,天还没有亮,凛冽的寒风非常刺骨。走在路上,陶先生的教导和鼓励一直在我脑海中回荡,我的心里充满着对陶先生的感激。在昏黄的路灯下,我踩着自己的影子,大步向学校走去⋯⋯

短暂的相聚 永久的回忆

李洪林①

　　我在北大读硕士时就经常听老师讲起,很多著名经济学家都非常高寿。大概是经济学的训练能够让人看透人世间的起伏荣辱。陶大镛先生也是这些高寿的经济学家之一。2007年我非常荣幸地考上了先生的博士研究生。对我而言,这确实是一次重大的改变。从一名大学青年教师,重新回到校园,每堂课给老师擦黑板,教室宿舍食堂图书馆,生活又一次回到了起点。我入学时,先生已经住在医院,牛先生每天都去医院看护。我向牛先生申请和她替换去医院看护,牛先生说我还是要以学业为重,只有非常需要的时候才会让我去。我隔些日子就给牛先生打次电话,问候先生的健康情况。牛先生说,要等先生的身体状态好一些时,就安排我们见面。终于有一天,牛先生说可以去医院了。

　　记得那时已经是入冬了,天气很冷。我怕感冒,还特意买了一个蓝色的棉帽戴着。一整天我都很紧张,毕竟是第一次去见先生。白老师说可以带一些世界经济方面的杂志或是报纸,先生如果想听就给他读上几段。到了医院,先生刚刚睡着。十一点多时,护工来叫我说先生醒了,叫我过去。进了屋,护工说这是您今年新招的

① 作者系北京师范大学经济与工商管理学院2007级博士生。

博士生,我说先生好。先生指着右手边的一个小凳子说你坐吧。先生的声音很洪亮,吐字清晰,一点也不像是一个老人。当时我还不知道先生是装上了人工喉。让我感到惊异的不是满病房的医疗设备,而是先生饱满的精神状态、敏锐的思维和清晰准确的言语。显然,病魔可以禁锢先生的躯体,但无法禁锢先生的精神。先生问我在大学教什么课,我说《世界经济地理》、《世界市场行情》、《外贸商品学》。先生对我的情况很了解。接着问到我现在都选修了哪些课程,读了哪些参考书?又问到世界经济的现状,有哪些大的问题?我和先生谈了美国的次贷风波、美国新世纪金融公司倒闭事件,先生很感兴趣。看见我手里拿了一本杂志,先生让我给他读了一篇我认为写得好的文章。后来,护工说时间太长了,先生该休息一下了,我这才恋恋不舍地离开了病房。

2010年新年不久,先生的病情出现了恶化,医院几次下发病危通知。院里组织我们几个学生轮流值班夜里去医院看护先生。先生的病房这时已经搬到了二楼。先生已经没有力气再同我们谈话了。具体的护理工作都是由专业的护工处理,我们只是坐在一边做一些简单的记录。非常偶然的,和我一起值班的同班同学低声问起论文进展情况,我悄悄告诉他我的论文没有写完,需要延期一年毕业。我突然发觉先生的呼吸变得急促,眼睛直直地看着我。我马上意识到自己不应该在病房里谈论这些事情。先生虽然病重,意识还是非常清醒,对自己的学生还是特别的关心。

寒假之后,先生的病情基本稳定,但也出现了一些新的情况。我到北大医院咨询了一位专家,他说导尿管应该三个月更换一次,否则会被结石堵塞,并建议服用一些药物。4月18日傍晚,师弟哭着打来电话说先生去世了。我非常伤心,也有些吃惊。先生的病情不是稳定了吗?我立刻下楼坐上出租车直奔医院。医院里空荡荡的,先生的孙子小光带我们进入病房。先生躺在床上,穿着整齐的中山装,面容非常的安详。我们一起给先生鞠躬、默哀。我强忍着悲痛和先生家人给先生整理好衣物。之后过了好长时间,我都仍然无法接受先生离开我们的现实。

先生早年丧父,家境贫寒,但矢志于学,刻苦勤奋,二十七岁就被聘为大学教授,先后在国内多所著名大学任教。后来虽然历经坎坷和磨难,但先生为国为民的秉性和初衷却始终不改,先生的这种伟大精神与风范是我们学生应该终生学习和恪守的榜样!

痛忆恩师

彭立强[1]

2010 年 4 月 18 日是一个灰色的日子。当接到白老师电话的时候，我顿时惊呆了，先生走了，永远地离开了我们。当我惊慌失措地赶到医院时，先生安详地躺在床上，仿佛熟睡了一样，我再也抑制不住心中的悲痛，大滴大滴的泪水滚落下来。

作为一个普通的学生，我在 2008 年非常有幸地成为了先生的学生。虽然没有得到先生更多的直接指导，但是在与先生的交流中，我深深地被先生崇高的品质所感染。2008 年 10 月 6 日是我第一次见到先生的日子，当牛老师把我带进病房的时候，我的心禁不住颤栗了，周围的医疗设备提醒着我先生正忍受着常人无法想象的痛苦。牛老师告诉我，先生会在下午五点的时候和我谈话。在等待与先生谈话的时间里，牛老师向我介绍了先生以前读书和工作的经历。先生一生坎坷并充满了传奇色彩。先生出身贫寒却勤奋学习，终于通过刻苦自学考上了中央大学，后来又考入了南开经济研究所；读大学时不仅刻苦读书，而且还不顾个人安危积极投身爱国进步运动；在英国留学时，虽然条件十分艰苦，但先生仍然每天都在大英图书馆里奋笔疾书；新中国成立后，为了建设新中

---

①　作者系北京师范大学经济与工商管理学院 2008 级博士生。

国,先生毅然带领全家返回了祖国;在"文化大革命"的逆流中,先生忍受了难以想象的痛苦,坚守本色,凭借着坚贞的信仰度过了那段艰难岁月;"文化大革命"过后,先生又在花甲之年开始了新的学术探索,并为中国的经济建设和社会发展做出了卓越贡献。听着牛老师的讲述,我对先生崇敬之情油然而生。到了五点钟,先生把我叫到了跟前,并亲切地握住了我的手。先生的手虽然没有多大力量,却宽厚而温暖,一下就拉近了我们之间的距离。当我正想跟先生汇报情况时,没想到先生却说"咱们用英语对话",然后就开始用纯正的英语让我进行自我介绍。我当时没有想到先生会考我的英语,有些心慌,汗珠顿时沿着脸颊流了下来。由于紧张,我脑子里一片空白,说出来的英语也是结结巴巴的,先生看出了我的窘迫,就亲切地和我聊起家常来。先生问我家里是哪里的,以前在哪个学校读书,都看过什么书等,我用英语向先生一一做了汇报。当得知我是从沂蒙革命老区出来的时候,先生非常高兴,说我是"山沟里的宝贝",并特意嘱咐牛老师要多关照我的生活。先生还详细询问了我家乡的情况,言谈中流露出对中国农村建设的深深关切。先生说自己在农村呆过很长时间,知道农民生活的艰辛,因此鼓励我一定要好好读书,将来为农村的建设出力。在考核完我的英语后,牛老师问先生对我的印象如何,先生说"英语发音还不错,脑子转得也挺快"。先生还对我的学习进行了叮嘱,先生嘱咐我说:"一定要看《资本论》,而且要看英文原版的,还要看马歇尔的《经济学原理》。"最后,先生语重心长地对我说,"搞学问绝不能三心二意,一定要持之以恒。不要急于求成,不要赶时髦。大器晚成,要一辈子这样努力下去,肯定学有所成"。在激动和忐忑之中,时间不知不觉就过去了半个小时。这半个小时对普通人可能没有什么,但对于饱受病痛折磨的先生来说却是一件艰难的事情。在护工阿姨的劝说下,先生才终止了和我的谈话。牛老师后来告诉我,先生已经很久没有说过这么长时间的话了。等到与先生握手告别时,我才发现自己已经是满头大汗,连衬衣都湿透了。

作为先生的学生,我一直为自己没有照顾好先生而自责。由于担心耽误我的学习,每次当我提出去看望先生时,牛老师总是以我缺乏护理知识为由委婉地拒绝了,牛老师说的最多的一句就是"你把时间用在科研上吧"。直到去年年末先生的身体状况急转直下时,牛老师才逐渐增加了我去医院陪护的次数。在那段陪护先生的时间里,为了防止意外事件的发生,我一周内数次彻夜守候在先生身边,眼睛也不敢眨一下。看到病榻中先生受到的莫大痛苦,我几次心疼地掉下泪来。

先生认为,世界经济正在经历一次新旧格局的更替过程,世界经济活动的重心正逐渐向环太平洋地区转移。在选择博士论文的选题时,我坚决贯彻了先生的这一著名论断,并紧密结合了先生在长期的治学中形成的为老百姓服务的思想,现在已经顺利完成了博士论文的开题工作。除此之外,为了贯彻先生重视农村建设的思想,我在寒假期间深入农家地头,对家乡的农业生产进行了一次比较扎实的实地调查,并完成了数千字的调研报告。通过这次调研,我不仅掌握了大量一手数据资料,而且大大加深了对农村发展现状的理解。虽然痛失恩师,但是在未来的科学研究中,在先生光辉思想的照耀下,我相信自己一定能够拨开迷雾,找到真理。

回忆先生,您的谆谆教诲仿佛又在耳畔响起,我不禁再次潸然落泪。先生,您太累了,您为中国的革命和建设事业贡献了自己的全部力量,直到在生命的最后时刻您还在不停思索。您休息吧,我们一定会牢记您的教诲,沿着您开拓的道路继续前进,请您放心!

怀念陶先生

耿来明①

1989 年年初,我给陶先生开专车。我来北师大工作十余年中,真正近距离并且长时间和陶先生在一起是从那时开始的。

陶先生是著名的教授、经济学家。为陶先生服务,起初我显得有些拘谨,是陶先生的健谈使我很快就放松下来。陶先生出生在一个普通的排字工人家庭,家境贫寒。因此,陶先生对工人阶级有着很深的感情。"文化大革命"中陶先生被下放到锅炉房劳动改造。锅炉房的工作又脏又累,陶先生和工人们一样装煤卸煤、钻暖气沟,维修管道。繁重的体力劳动使陶先生的腰椎出现了问题。陶先生告诉我说:那时候工人师傅特别照顾他,让他推着小推车在校园捡树枝、木棍烧洗澡水。在当时这是最轻松的活了。劳动中陶先生和工人师傅结下了深厚友谊。这些往事陶先生曾经多次和我说起,同时流露出真挚的感情。

有一件事令我终生难忘。北京市委统战部每年的春节前举办春节茶话会,慰问社会各界人士。茶话会的内容是:市领导慰问讲话,然后是文艺演出,程序和时间基本是固定的。有一次春节前,陶先生去参加春节茶话会。到了北京饭店以后,我因为有其他任

---

① 作者系北京师范大学车队司机。

务,和陶先生约好时间再去接他。结果,那天的活动比预定结束时间提前了大约一小时。那时候通讯没有现在这样发达,陶先生也没有办法联系我。一起参加活动的还有我校其他领导,他们邀陶先生一同回学校,陶先生谢绝了。陶先生告诉他们说:过一会小耿来接我,找不到我会着急的。这件事情是我的同事后来和我说起的。那一刻,我的心情无法用语言来表达,只有一腔热流在心中涌动。春节前是北京最寒冷的季节,回想起陶先生在寒风中站在北京饭店门前等候的情景,我心中久久不能平静。很多年过去了,这件事却始终记在我心头,无法忘怀。二十多年来,陶先生对我的关爱、呵护又何止这一件事啊!

1984 年,陶先生和我校几位教授联名倡议设立教师节。尊师重教,陶先生身体力行。陈岱孙是著名的经济学家、经济学界一代宗师,也是陶先生的前辈师长。陈先生在世时陶先生多次前往家中拜望。1997 年陈岱孙先生去世时,陶先生去北大燕南园陈先生家中吊唁,出来时先生脸上满是泪水。"老泪纵横",以前我只是在书里面读到过。陶先生病重住院以后,他的学生们也常来医院探望,有时还值班陪护,更有的学生自己拿出钱来奖励认真负责的护工。那种师生情令人感动,这就是一种传承吧。北师大校园里有一座校训牌,上面写着"学为人师,行为世范"。每当我从它前面走过,我都会想起陶先生,是陶先生使我对这八个字有了深刻的理解。

陶先生曾经身体很好。记得有一年,北京市人大常委会在怀柔的培训基地召开,会后去慕田峪长城游览。那天天气晴朗,陶先生兴致很高。来到景区内陶先生径自向上攀登,有的路段较陡,我过去搀扶,陶先生摆摆手说:不用,没关系。中间休息几次,也只是驻足片刻又继续向前,一直爬上最高的烽火台。七十多岁的老人,让我这个年轻人都自愧不如。陶先生承担着很多社会职务,各种各样的会议、活动常年不断。工作劳累加上"文化大革命"期间受迫害留下的腰椎病根,陶先生患上了腰椎间盘突出症。每次出去开会,车座要放上一块硬板,后背要垫上厚厚的靠垫,缓解一下痛苦,上下车、坐、立都很困难。即便如此,陶先生依然为国事忙碌着。

陶先生走了,永远地离开了我们。陶先生的音容笑貌时常浮现在眼前。我常常想,假如陶先生人生少一点坎坷,假如疲惫的身躯多一分休息,假如……,假如陶先生健在,一定还会不知疲倦地把大爱播洒人间。

悼念舅舅

徐復元[①]

4月18日夜十时半,电话铃声骤响。住在同济大学新村的大姐告知我,舅妈来电话:"舅舅于今日下午四时十八分去世。"

惊悉舅舅驾鹤西去,我十分震惊和悲痛。在大姐询问我办理后事的意见时,我立即表示三点意见:(1)听从舅妈的安排,遵照遗愿办事;(2)由于舅舅卧床多年,护理工作十分辛劳,舅妈和诸亲友平时负担很重,体力、精力有限,建议尽早赴京,分担北京亲友负担(上海习惯设灵堂,守灵等诸事颇多);(3)赴京亲友少则二人,多则不限。

到京后见到舅妈及诸亲友,参加了遗体告别仪式。当最后一次见到舅舅慈祥、和蔼、坚毅、沉稳、坚定的面容,自幼开始和舅舅的数次见面,舅舅的谆谆教导,一一浮现在脑海中。今回忆如下,以纪念舅舅。

(一)令人难忘的五四年暑假

1954年夏天,母亲带着刚满一周岁的弟弟和我,去北京探望

---

① 作者系陶大镛先生外甥。

舅舅一家和 1951 年从上海去北京定居的姨婆。

当我踏进东四北小街宝玉胡同一所四合院正房时,首先展现在我眼前的是大量的书籍、报刊、杂志。虽然当时我即将上小学四年级,平时也喜欢看书,但首次在自己的住房中能看到这么多的书,还是令我震惊。

当时新中国成立不久,第一个五年计划正在实施中,各项建设正在突飞猛进地进行着。舅舅那时因工作繁忙,用眼过度等原因,1953 年就患了眼病,眼睛经常红肿,视力受损。但是舅舅仍经常夜以继日地看文件,写文章。我母亲常提醒他要少用眼多休息。但是他总是以"我们要和时间赛跑"来解释。实在累了,就听广播,了解时事、形势,兼顾养养眼。

在北京有机会时,我们曾经去过几次北海公园。白天泛舟在海面上,夜晚在琼岛上欣赏清风中飘逸的荷花,一切是那么的美好、幸福。舅舅告诉我们北海过去是皇家花园,只有在今天,翻身的劳动人民才能进园游玩。一年后当"让我们荡起双桨"这首歌在少年儿童中热唱时,我每每想起北京的情景,历历在目。如今我也把这首歌教给儿孙们,教育他们热爱祖国。

在北京发生一些小事至今令人难忘。当时宝玉胡同口有个公交车站。车站的车牌就挂在路边的电线杆上。电线杆上有线路维护保养用,供人脚踩的铁梯。其中的一个铁梯位置正好在一米五左右的高度上。一次一个孩子从已停稳的车上下来,刚好和这个铁梯相擦,顿时鲜血直淌。舅舅闻知此事,立即给有关部门写信反映解决。没两天,当我们再次去时,公交车站已经移位十余米,这样就避免了类似事件的再次发生。后来将此事告知舅舅,他笑着说:"对人民有好处的事,就要做。"

当时四合院的东厢房,住着一个十来岁的患病少年,平时常被家人搬到院内晒太阳,吹吹风。舅舅对他们也很关心。有一天夜里,突然传来哭声,第二天起来知道少年夭折。临死前提出的要求是吃绿豆糕。舅舅感叹地说:"我们要尽快把祖国建设得富强起来,让少年儿童能幸福、愉快、健康地成长,培养成才。"

1954年的暑假是我一生中最值得回忆,最有意义的一个假期。临别之际,舅舅叮嘱我要努力学习,争取早日加入少先队。并要我把写好的短文、日记寄给他看,帮我修改。

回沪后我曾经把我写的小文章寄给舅舅,舅舅在百忙中真的批阅修改后寄回,令我感激不已。后来考虑舅舅的工作实在太忙,身体也不太好,不能再让他为我增加负担,因此渐渐地就不再寄了。不久,我在不到九周岁的情况下,提前加入了少先队。当我写信告知时,舅舅立即回信,向我表示祝贺。

(二)"时穷节乃现"的六六年

1966年9月在华东化工学院读书的我,随着全国大串联的热潮来到了北京。

当时的北京,大字报铺天盖地,批斗风之烈难以言表。在原团中央看了对"三胡二王"的批斗后,9月17日傍晚,我来到北师大原工一楼三楼舅舅家。当时舅舅舅妈刚好在家。

自1954年分别后,这次重逢是短暂而又意义非凡的。

北京的九月早晚凉,中午热,温差明显。由于康生等人的煽动,"文化大革命"开始,舅舅就受到了冲击。精神受到折磨,肉体受到摧残,被发配到校锅炉房劳动。

一进门就发现舅舅腰已经直不起来了,走起路来脚是跛的。他告诉我:"因为晚上天凉了,今天是回家拿棉被的。马上要回锅炉房。"我转达了上海亲友对他的关心。他询问了上海各亲友的情况,并郑重地对我说,自己能支撑住,不会被压倒,压垮,不会乱说,乱讲,不害人,不害己,并握住我的手使劲摇了摇。

短短的几分钟后,我推着自行车,驮着棉被,把舅舅送到了锅炉房门口。看着他推车进去。我在门口久久停留,思绪万千。

是啊,运动以来,有多少人由于撑不住而选择了自我消亡。就我亲眼所见,华东化工学院原教务长严沛林夫妇,生前受折磨,死后受侮辱,并影响到子女亲友;一个普通的清洁女工也由于受不住侮辱而自杀,死后却遭来更多的侮辱……

回沪后我向关心舅舅的亲友们一一转达了舅舅的境遇和他的言行,并表达了我的观点,坚信舅舅能挺过来。

在"十年动乱"中,我始终秉承"不害己,不害人"。尽力复课闹革命;坚决不参加武斗;促进对立的两派群众组织联合起来。没做过一件亏心事。这和舅舅胸怀浩然正气,挺立在人间的教诲是分不开的。

(三)坚定的共产主义信念

1973年春节前,我和夫人在沈阳汇合后途经北京,看望在京的亲友后返沪探亲(当时我在吉林市吉化公司电石厂工作,夫人在辽宁宽甸县工作,两地分居),便在舅舅居住的北师大12楼,小住两天。

届时,1971年"九·一三"事件发生不久,全国人民对当时发生的一系列事情发出种种疑问。趁着我和舅舅共睡一屋之机,向舅舅讨教了一些马克思主义的基本原理。对马克思主义的三个来源和三个组成部分;恩格斯的自然辩证法,人来源于动物,不可避免地带有人性和兽性;当时看了康柏内拉写的"太阳城",对空想社会主义和科学社会主义的差别……

舅舅虽然处于压抑之中,但谈话间始终饱含了对共产主义的坚定信念,对马克思、恩格斯的崇敬之心,坚信共产主义理想终将实现。

(四)艰苦奋斗,争取美好未来

1979 年春天舅舅到东北讲学,特意到吉林市我的住处来看望我。当时我住在吉化公司铁东住宅区,被称为"老九新村"的 28 栋中,条件比较艰苦,外面路面比屋内地面高出 30 公分,进屋要低头弯腰才行,墙上有冬天采棚遗留下来的铁丝、铁钉痕迹。因为冬天吉林很冷,气温低至零下 20℃—30℃。居室是平房,屋顶仅是一层预制板,保温性能差。而在吉林出生的孩子,当时才一岁多。因此每到冬天用废图纸,铁丝和铁钉在离屋顶 20—30 公分处糊了一层纸棚,以提高房间的保温性,天暖和后拆除。舅舅问到我的日常生活,知道我们已经习惯了东北的生活。自己会盘炕(东北平房睡火炕);砌炉子(家中有两个炉子,冬天可以一冬不熄火);自己托煤坯(夏天吉林三点钟,天就亮了,头天晚上泡水,和黄泥,一早起来把泥土、煤灰和焦炭粉和匀,托好上百块煤坯后上班,晚上下班后收回家中,一个夏天要托 2000—3000 块煤坯以满足一年之需)。当我介绍我们的生活情况以后,舅舅也告诉了我当年表妹晓春在北大荒农场的锻炼情况,勉励我们艰苦奋斗,适应环境,努力做好本职工作,争取更美好的未来。

(五)心中永远想的是人民

在我和舅舅的接触中,给我留下深刻印象的是,他时时刻刻想的是人民的事,人民的利益。无论是在"祸从天降",还是"喜从天降"的日子里;无论在饭桌旁,还是在病榻上,他都在关心人民,想着改善人民生活的方法。

例如,20 世纪 70 年代中期,吉林松花江流域三江口地区发现水俣病。我去北京看望舅舅时,他详细询问了水俣病的发生原因和治理方法。当我告诉他是由于工业废水中的汞(水银)化合物($HgSo_4$)被水草吸收,进入食物链,最终被人体吸收所致。根本的治理方法是截断污染源;清理被污染的河流、堤岸和河床;改变化工工业生产工艺路线。舅舅看到能防能治,才比较放心了。

1981 年以后,由于工作需要,出差经过北京的机会多了,每次到北京我都会找机会探望舅舅。

1985 年 5 月,由于上海石油化工事业发展的需要,我们举家迁回上海。在回沪途中,特意到北京看望舅舅和其他亲友。

回沪后由于工作需要,经常参加中石化系统的会议,每次到北京给我突出的印象是舅舅工作繁忙,时间对舅舅太宝贵了。但只要有休息时间,比如饭后的闲暇时间,舅舅总会主动跟我聊聊各地的各种情况。

例如,上海宝钢,一期二期工程在招标,引进技术问题;火车提速;尊师重教,建立教师节;20 世纪 90 年代初银川发生沙尘暴;学校破墙开店;教育不是商品的问题;长江三峡工程的问题;三北防沙林的问题;台独、疆独的问题;等等。有关民生、民主、人民利益、国家前途的各类问题,都是舅舅询问了解、研究的内容。他的心中想的就是人民。

2001 年的 10 月,在吉林返沪的途中,利用在北京换飞机的空隙时间,我去北师大红五楼看望躺在病榻上的舅舅。虽然仅仅见面十分钟,舅舅仍然关心着上海的建设,东北老企业的改造,上海 APEC 会议等情况。这是舅舅生前与我的最后一次见面。时隔多年,情景令人记忆犹新。

舅舅,已驾鹤西去。

其贫贱不移,威武不屈,富贵不淫的浩然正气将青史长存。

其爱国为民,百折不挠,奋发图强的精神将永远活在我们心中。

其一生追求的共产主义理想将由我们继续奋斗去实现。

安息吧,舅舅!

怀念舅舅

觖　迈①

2010 年 4 月 24 日晨在北京八宝山告别大厅,舅舅的遗体覆盖着庄严的五星红旗,安卧在鲜花丛中。党、政府各级领导和各界人士敬献的花圈,前来悼念的故有亲朋和师生人群映入眼帘……"沉痛悼念陶大镛同志"的巨幅挽联悬挂在大厅正中。我忍不住潜然泪下,舅舅的音容笑貌在朦朦胧胧中浮现在我的脑海……怀念舅舅之际,择往事一、二为念。

（一）亲朋传颂的舅舅

舅舅在他那一辈排行第四,他有三个姐姐,是家里的唯一男孩。在姐姐们的口中,弟弟从小就聪慧过人。13 岁志于学,博学强记,笔下生辉,14 岁投稿《文汇报》一试就中,从此竟能以稿费交纳学费和苦度生活。解放后,担当起赡养姨外婆(外婆的亲姊妹)直至寿终,孝心感人。

三位姐姐育有 13 个外甥、外甥女,我是其中最年幼的"小弟"。大我十几、二十岁的兄姐每每出行北京回沪叙谈舅舅时,我

---

① 作者系陶大镛先生外甥。

总是露出羡慕眼光的忠实听众,舅舅如何为公众事务仗言;如何为兄姐亲笔修改习作;如何为兄姐的学习慷慨解囊……我家人口多,生活一时拮据,舅舅义不容辞地把我三姐接到北京,担起了抚养教育的重任。舅舅是我们心目中慈祥的"大人物"。

舅舅少年的同窗蒋老说:"大镛当年学习外文,看三遍竟能脱口背诵出来,才华横溢啊!"舅舅上海中学的同学叶老说:"大镛灯下疾书,每小时五千字,出笔成章,真是个天才!"舅舅川大的学生陈老告诉我:"听陶教授讲座,引经据典,十分仰慕! 一打听陶教授,居然才27岁,让我们一代学生佩服得五体投地"。舅舅的故友,马来西亚共产党人叶老告诉我:"抗战逃难,濒临饿死,一听说我是'马共',就收留了我,还赞助我上了大学。"

在亲朋好友的口中,舅舅是智慧、正义、博爱的化身。

我与舅舅神交的第一件事:是舅舅少年的书桌。1966年年底,我已小学毕业,由于"文化大革命""失学",13岁的我成了一匹脱缰野马。凛冽寒风中,62岁刚退休的爸爸从亲戚处扛回家一张双屉硬木书桌;这是20世纪30年代初舅舅少年苦读时用过的书桌,30年代末,因抗战逃难寄放在亲戚处,一存28年,为了给我"做规矩",爸爸居然取回了它。

围坐在书桌旁,爸爸妈妈给我畅谈起当年舅舅读书的情景……介绍舅舅良好学习习惯起步"三步曲":准备、清扫、入神。一旦坐在书桌旁,第一步准备:钢笔吸墨、铅笔削尖、资料理齐、书放近侧、准备就绪。第二步清扫:洗净抹布、清洁桌面、一尘不染、再洗双手、万事俱备。

此时桌面有点湿,恰好进入第三步入神:屏气凝神、清理思路、速打腹稿、一蹴而就、笔下生辉。

这的确是高效写作和学习的起步"三步曲",遗憾的是我比较愚笨,从未达到时书千字的境界。但我把这良好学习和工作习惯的起步"三步曲"告知与我同事过的所有的同仁,以提高学习和工作的效率。当然,这张"传家宝书桌"现已传到了舅舅的第四代后人手中。

舅舅让我久久难忘的事:是在我的入党大会上。1972年6月22日,夕阳西下,在江淮农村一座简易的青砖房内召开我的入党大会。入党的一切程序顺利进行。在报告到社会关系一栏,我如实填写了舅舅的情况,外调的同志发言了,经历过57年运动的老党员发言了,一时间会场像炸了锅,这充分体现了党内民主,也呈现出入党大会的神圣,在会上我第一次感到了静坐也会汗流浃背的滋味……我的入党介绍人,一位从战争中走来的老同志最后发言:"我们种田需要老农带知青,我们打仗需要老兵带新兵,大学教授要多管大学的事,本意如何?红旗下生、红旗下长的优秀年轻一代,我们不培养他们成为无产阶级革命事业接班人,培养谁?扪心自问,我们亲友也有类似的情况,难道我们应该退党吗?"最后全体党员一致表决通过了我的入党申请。

夏风吹拂,繁星闪烁,我的心久久不能平静。一位亲朋好友中传颂的学识渊博、品德高尚、至善至美的舅舅怎么会成为我的"包袱"?我真的想见到舅舅,"眼见为实,耳听为虚"啊!

(二)初次见面的舅舅

1972年,刚"解放"的舅舅回沪"探亲",这是我有记忆的第一次看到舅舅。年过半百的舅舅远比相片更加神采奕奕,坎坷的人生丝毫未改变他爽朗的豪情……他满是厚茧的大手握着我的手,询问我:"你的组织问题解决了?"我说:"是!"他认真地对我说:"你现在是一个组织同志了,那我可以告诉你,你的舅舅也在你这般年纪,在老一辈革命家周恩来等同志的感召下,1939年在嘉陵江边宣誓入了党。"舅舅的亲口说辞,真让我惊喜万分。舅舅继续说:"组织上入党固然重要,关键是必须从思想上入党,只有从思想上入党了,才可能做到'贫贱不能移,威武不能屈,富贵不能淫',才能为人民大众的幸福、为共产主义理想奋斗终生!"舅舅还说到"解放前入党会有生死考验,解放后入党会有更多的人生考验。我是一个坚定的马克思主义者,我的坚定来自于对马克思主义的理解和研究……"一见面,舅舅就给我这位新党员上了一次难忘的党课。

接着舅舅详细询问了我马克思主义学习的情况,看我有些基础就对我说:"有余力时可以读一读《资本论》,这是一部关系人类命运的伟大著作,对于资本主义历史,对于社会主义建设均具有探求本质的功能,它会坚定你马克思主义的信念。"

当时我已是一位工科的工农兵学员,利用周日、假期空闲时在图书馆通读《资本论》。1977年1月面临毕业,我决意省吃俭用自购一套《资本论》。每月学员费17.50元,《资本论》一套10.90元,于是大哥好意赞助我10.00元。跑到新华书店,买了一套真是爱不释手。一摸口袋还有钱,我就倾囊而出买了第二套,作为同学告别礼物送给了我在大学的学生党支部书记,生于革命军人家庭的女同学。当时我仅想:送套《资本论》一是坚定我们马克思主义的信念,二是感谢她三年多来对我这个有包袱同学的关照。

未曾想到,3年以后,两套《资本论》竟然放回到一个书橱上,我们二位结为了伉俪。30年后的今日,我们夫妻仍不懈余力并肩工作在社会主义建设的岗位上。可以说,舅舅的初次见面,给我的人生打上了深深的烙印。

(三)生活简朴的舅舅

舅舅在学术上追求卓越,对亲人慷慨大方,而自己的生活却异常简朴。

一双上海皮鞋的事我至今记忆犹新:那是20世纪80年代初,舅舅已经担任了全国政协常委,来沪调研。家中聚会时,他上下打量我一番,明确指出:"以往你穿着布鞋,朴实厚道,现在都换了皮鞋,注重外表?!"舅舅顺口一说,我忐忑不安赶忙坐到舅舅身边向他解释:现在单位(我已分配到研究所工作)走廊都是水磨石,穿松紧鞋太滑,而最关键是现今松紧鞋2.80元一双,而上海皮鞋厂普通橡胶底皮鞋只要8.90元一双。松紧鞋三、四个月必坏一双,都是面子破,而皮鞋一年是穿不坏的,还节约了钱呢!舅舅听了笑了:"哈哈,还有经济低成本运作的思维,我考证一下。"我如释重负。

几年后的又一次聚会,没想到舅舅在探讨上海工业出路和发展时对上海橡胶底普通皮鞋旧话重提,特别赞扬了上海产业工人讲究质量,降低成本,领中国工业企业优良风气之先河。舅妈说:"舅舅也买了一双,这是英国留学回国30年后买的第一双皮鞋,平时在家还舍不得穿,只有全国人大常委开会或登人民大会堂人大主席团主席台才穿呢!"舅舅高兴地笑了,他是穿着故乡的鞋,代表着千百万工人父老兄弟,商磋国事的啊!

舅舅偏爱"生煎馒头,牛肉汤"。舅舅是上海人,回到故乡,尝尝上海菜,这是他的姐姐和小辈唯一能够表达亲情慰劳他的事。每次来沪,问他想吃啥? 回答:"生煎馒头,牛肉汤"。饭桌上我们的每一个菜,他都会问市场价格,供应情况。他把在家中的每次聚会看做是了解民情民意民生的一个途径,观察上海经济发展的窗口。聚餐将毕,最后一道一定是"生煎馒头,牛肉汤",一端上来,舅舅一定会大声叫好!然后捡起一只,很专业地先咬去生煎馒头煎黄的底面,嚼咬一番,然后一口把剩余的部分送入嘴中,一边咬还一边说:"好吃! 好吃!"这时的舅舅,满面红光,眼睛里露出孩童般灿烂的微笑。写到此,我的耳边仿佛响起舅舅的笑声和他感人的话语:"我是工人的儿子,年轻时只能大饼白水充饥,好一些就是阳春面了,看着别人吃生煎馒头,牛肉汤真是羡慕啊!"舅舅的成功和励志也许正来源于贫困生活中追随无产阶级的革命理论——马克思主义,并一生追求,成为一位坚定的马克思主义者,一位坚强的无产阶级的斗士。

(四)为民直言的舅舅

复兴中华,让广大的劳苦大众、中国人民过上幸福美满的生活是舅舅和老一辈仁人志士的终生追求。我的一位领导告诉我:人大办公厅的同志称陶老是一位敢于直言的"倔"老人。

"百年大计,教育为本"。记得是1984年初冬,舅舅又一次来到上海。当时百废待兴,脑力劳动与体力劳动倒挂,"搞原子弹的不如卖茶叶蛋的",人们颇有怨言。在聚会上舅舅告诫我们:"中华振兴,百年大计,教育为本,人才为先。你们要坚守自己的岗位(除我外的同辈兄姐均做过与教育相关的工作)竭尽全力,教书育人,做好人类灵魂的工程师。"并告知正在和政协、人大的同志一起直言提倡设立"教师节",教师的收入只能逐步提高,应该尊重他们的劳动,提高他们的社会地位,形成全国尊师爱教的风气。

不料想舅舅回京没几天,1985年元旦刚过,广播里就传来设立"教师节"的消息。"早春寒意消,园丁快育苗",我国教育界引来了一派新景象。我的兄姐包括舅舅的儿女晓永、晓春都一直坚守在教学的岗位上,默默耕耘,桃李天下,两袖清风,无私奉献。

"工业救国,科技兴国"。据说舅舅是我国提出"工业救国"理念的经济学家之一,早年他极力推崇和呼吁工业的发展和进步。20世纪80年代,第三次浪潮的兴起,90年代,信息技术的发展和高新科技产业的进步,也成了舅舅关注的重点。1993年一次到北京,舅舅留我谈话:原来,同是全国人大常委的电子部原副部长钱敏同志邀舅舅一起为信息技术的发展和中关村高新技术园区设立提交人大议案。作为信息科技战线的一员,我详细讲述了长城模式"科—工—贸"和联想模式"贸—工—科"实施情况,舅舅是功底深厚的经济学家,一语中的:"信息产品市场必须规范运行,这才能让人们享受到高科技生活的乐趣,技术创新发展必须加大投入,这才能确保中国在新一轮全球竞争中脱颖而出。"

多少年过去了,每当看到北京市中关村科技园的蓬勃发展,看到股票市场,中小板,创业板的成功开市,舅舅的探索正在实现。当然,我的耳边也响起舅舅的告诫:"股市必须规范管理,让人民大众投资的钱真正运用到'强国富民'的事业中去,绝不能成为联手投机和私人谋利的场所。"现在我们(从我以下一辈侄甥们均做高新技术相关职业),包括舅舅的孙子陶嘉、阳光都活跃在为新技术、新材料、新产品工作的第一线,竭尽微薄之力,为国为民做出我们力所能及的贡献。

迈出告别大厅,沐浴在阳光四月。我在心中默默地告慰:敬爱的舅舅,您安息吧!祖国人民不会忘记您,我们永远怀念您。您马克思主义践行中国,复兴中华的一生追求,将会有无数后来人坚持努力,它一定能够实现,就像这明媚的四月春色必然升华为骄阳的火焰,照耀着生机勃勃、万物茂盛、繁花如画的祖国大地!

悼姑父

董小英　周　欣[1]

秉怀删述德才无界

际遇风云宠辱若身

（横批：万古千秋）

---

[1]　作者董小英系陶大镛先生内侄女，周欣系陶大镛先生内侄女婿。

先生经济思想述评

老教授中的少壮派

——陶大镛传略

杨国昌[①]

　　陶大镛教授是我国著名的经济学家和教育家,现任北京师范大学经济系教授。四十多年来,他一直从事经济科学的教学和研究工作,经历了坎坷曲折的道路,勤奋治学、成绩卓著。

求学时代

　　1918 年 3 月 12 日,陶大镛出生于上海商务印书馆的一位排字工人家庭。由于家境贫寒,他读完江苏省立上海中学高中商科以后,就进了一家电机制造厂当簿记员,同时利用业余时间刻苦自学数、理、化等课程,1936 年他考上了中央大学(现南京大学)经济系。

　　跨进大学校门以后,陶大镛怀着强烈的求知欲望,贪婪地读了一本又一本古典的和庸俗的经济学著作。同时还挤时间写些文

---

　　① 　作者系北京师范大学原副校长、经济与工商管理学院教授、博士生导师,原文刊载于《中国当代经济学家传略》,辽宁人民出版社 1987 年 6 月版。

章,靠微薄的稿费来维持生活费用。① 那时,他把全部心血都倾注在书堆里,用他自己的话来说,还没有"注视到现实的社会经济问题上去"。② 1937年暑期,他祖母和父亲在贫困中相继去世,再加上抗日战争爆发,在这种阶级压迫和民族压迫的现实面前,他开始考虑现实的社会经济问题了。但是,年轻的陶大镛在当时对这些问题还感到困惑,找不到正确的答案。

一次偶然的机会,他从朋友那里借到了一本列昂节夫的《政治经济学基础教程》,读完以后,得到了启蒙。他后来在回忆这件事时说道:"我激动地读完了这本书,我懂得了人怎样变成'能说话的工具',我懂得了'儿童的鲜血怎么会变成金属货币',我更懂得了资本主义的工场又怎么会变成苛罚的拷问室,从这时起,我不再把父亲之死只看做'个人的悲剧',我深切地理解到它是一个'时代的悲剧'了。从这时起,我不再为资产阶级的庸俗经济学所麻醉,我狂热地开始追求马克思主义的科学真理了。从这时起,我不再消极地憎恨旧社会,我勇敢地愿为新社会的创建而努力了。"③他就是这样开始接触了马克思主义。从此以后,他在课余时间,积极地参加了地下党在校内组织的读书会活动,如饥似渴地学习马列主义通俗理论读物和延安出版的进步书刊。

为了进一步研究马克思主义的经济理论,他省吃俭用,凑了一点钱,托人从香港买来了三大卷《资本论》英译本。利用暑假的机会,一口气读完了这部巨著,而且曾用卡奇(取意卡尔和伊里奇)的笔名,在重庆出版的《读书月报》上发表了《我是怎样读〈资本论〉的?》一文,介绍他读《资本论》的一些体会。④ 多年来,他对这

---

① 见上海《时事新报》,1937年4、5月间陶大镛发表的几篇经济学论文。
② 参见陶大镛《我是怎样学习政治经济学》,《学习》1949年第二期。
③ 陶大镛《我怎样学习政治经济学》,《学习》1949年第二期。
④ 参阅《读书月报》1940年第二卷第二期。

部"工人阶级的圣经",总是爱不释手,即使在颠沛流离的艰苦岁月中,也一直把它带在身边。现在我们翻开他珍藏的这部著作,从页边下注明的日期,还可以清楚地看到他当时的读书进度。显然,当时学习《资本论》对于他的政治启蒙以及后来在经济科学上的造诣,是起了重要作用的。

在马列主义理论和进步同学的影响下,陶大镛于1938年开始参加地下党所领导的学生救亡运动,他发起并负责了"中苏问题研究会"的工作,经常举行座谈会、报告会,放映苏联电影,举办苏联生活图片展览,他还曾以学生代表的身份,邀请周恩来同志以及邹韬奋、潘梓年、钱俊瑞、沈志远等进步人士到沙坪坝中大做报告。此外,他还为党在重庆设立的机关报《新华日报》翻译了不少稿件。① 由于上述活动,他曾受到学校当局和国民党特务的监视。

1940年年初,白色恐怖笼罩着重庆,陶大镛被迫转入了学术活动,筹办并主编刊物《新流》,他在创刊号上,曾发表过一篇题为《科学与哲学》的论文。② 他还试图把马克思主义的基本原理运用于中国经济史的研究,查阅了大量考古史料,写出了十万余字的毕业论文——《中国古代生产技术研究》。该文曾送请郭沫若指导,并由他推荐给《说文》月刊主编卫聚贤,先后在该刊发表了其中的两章:《中国石器时代的生产技术》(1940年发表)和《中国金石并用时代的生产技术》(1941年发表)。隔了两年,《经济科学》(《中山大学学报》)又发表了这篇论文的另一章《中国青铜器时代生产技术研究发凡》。

这几篇学术论文对当时学术界有争议的几个中国经济史的问题,提出了自己的见解。例如,中国古代是否有过石器时代? 这是

---

① 仅在1940年《新华日报》上发表的译文就有八篇,译者笔名是"卡奇"。

② 该刊由生活书店发行,1940年出版过两期。

早年史学界长期争论的问题之一,西方的一些学者,也常把中国古代史看成一个不可解的"谜"。陶大镛在他的《中国石器时代的生产技术》一文中认为,中国也和世界一样,都经历过石器时代,其中包括:始石器时代、旧石器时代和新石器时代三个阶段。他在论文中引用了翔实的史料,论证了石器时代各个阶段的经济生活状况。又如,中国青铜器时代究竟始于何时,历来史学家的意见很不一致,陶大镛根据当时已经出土器物的数量、形制和应用,得出结论说:"中国青铜器时代始于商初,盛于殷末,极盛于周代。"①同时,他还探讨了西周社会的性质问题。在20世纪40年代初,一般学者都把西周列入封建社会的初期,而陶大镛则认为西周属于青铜器时代,"'周之克殷'只是克复了殷的政治统治权,并没有带来一种新的生产力去扑灭旧存的生产关系","西周文化是殷代文化的直接继承"。②他还认为,从西周到战国初期,奴隶是农业生产的主要劳动者。那时虽有自由农民,但是使用奴隶劳动的农业生产却占有相对的优势,尤其是那些被周民族征服了的种族,更大批地沦为生产奴隶了。

陶大镛在大学时代所写的这几篇论文,初次显露了他在经济理论研究方面的才能,从字里行间可以看出,他是以历史唯物主义来指导写作的。他曾说过,人类社会的历史像一根长链,"石器时代、金石时代、铜器时代和铁器时代,都是这根长链上的一环。"③他在论文中分析社会发展过程时,特别强调生产力在社会发展中

---

① 陶大镛:《中国青铜器时代生产技术研究发凡》,《经济科学》1943年第五卷第六期。

② 陶大镛:《中国青铜器时代生产技术研究发凡》,《经济科学》1943年第五卷第六期。

③ 陶大镛:《中国金石并用时代的生产技术》,《说文月刊》1941年第三卷第十二期。

的作用,他说:"每一种生产工具,代表着一定程度的生产力。在石器时代,人类只能生活在渔猎社会和游牧社会;到了金属工具发明之后,人类始能踏进一个比较安定的农业社会。所以,生产工具决定了社会经济的发展。"生产工具的革命,可以促使人类经济生活的革命。① 陶大镛的这些观点,在今天看来,是很平常的唯物史观的 ABC,但在四十多年前封建军阀统治下的旧社会,能讲点唯物史观,的确是难能可贵的。

从事教育工作和出国进修

1940 年夏,陶大镛在中央大学经济系毕业后,考取了南开经济研究所研究生。当时,正是战火纷飞的年代,而研究生的课程与他所追求的革命理想格格不入。一年以后,他毅然放弃研究生的学习,前往香港,加入到一批进步文化工作者邹韬奋、沈志远等的行列,从事进步文化活动。

不料,到达香港不久,太平洋战争爆发,陶大镛虎口余生,混在梅县难民回乡队里,历尽千辛万苦,到达广东坪石镇。经友人介绍,结识了当时在中山大学担任经济系主任的王亚南教授。在王亚南的推荐和帮助下,陶大镛的工作才基本稳定下来,开始在中山大学执教。他在一篇纪念王亚南的文章里写道:"饮水思源,如果没有亚南先生的提携、指引和鼓励,恐怕在科学大道上我还不能如此顺利地踏步前进。"②

从 1942 年至 1946 年,陶大镛先后在中山大学(坪石)、广西大

---

① 详见陶大镛:《中国青铜器时代生产技术研究发凡》,载《经济科学》1943年第五卷第六期。

② 陶大镛:《音容宛在,事业长存》,载《王亚南与教育》,福建教育出版社1980 年版,第 108 页。

学(桂林)、交通大学(重庆)和四川大学(成都)任教,讲授过经济学原理、中国经济史、国际贸易与金融、经济学原著选读、财政学、统计学、会计学、经济数学等课程。由于他在教学和学术上的成就显著,仅用 3 年时间就由讲师、副教授提升为教授,

在这期间,他曾用真名以及大古、石人、奚石人等笔名,在《广西日报》、《中国工业》、《时代中国》、《广东省银行季刊》、《国讯》、《民主周刊》、《民主生活周刊》、《民主与科学》、《民众时报》等报刊上发表大量文章,对国民党反动政府的腐败和官僚资本的罪恶,做了尖锐的揭露。例如,在《肃清官僚资本》一文中,他曾写道,在半封建半殖民地的中国,官僚资本已经枝粗叶茂了。它的发展与中国的官僚政治是分不开的,"大地主、大银行家就是大官僚的化身"。他还认为"消灭官僚政治就成为肃清官僚资本的基本前提",而"肃清官僚资本是建设新中国的开始"。[①]

同时,他还积极参加民主运动。1945 年冬到 1946 年春,他与彭迪先、李相符教授一起,声援昆明"一二·一"惨案,营救被捕的进步学生,因而遭到国民党特务的迫害,这就是当时在四川大学发生的"三教授事件"。

1946—1948 年,应英国文化委员会邀请,陶大镛以进修学者的身份,先后在曼彻斯特大学和伦敦大学从事经济史和经济思想史方面的研究工作。同时,他还十分关心祖国的命运,结识了一批留英的进步人士,共同推进民主运动,声援国内的人民革命战争,并于 1947—1948 年负责筹建了中国民主同盟的英伦支部。

当时,他根据东欧各国驻英使馆提供的政治经济方面的第一手资料,写了许多通讯报导和文章,发表在上海和香港的报刊上,并在此基础上,完成了他的第一部著作《战后东欧的经济改造》

---

① 参见《民主生活》(周刊)1946 年第七期。

（1948年中华书局出版）。该书共有六篇，分别介绍了战后的波兰、捷克斯洛伐克、南斯拉夫、保加利亚、匈牙利和罗马尼亚的社会经济改革情况。随后，他又撰写了《新民主国家论》一书（1948年上海世界知识社出版），这本书从土地改革、国有化政策、经济计划、经济建设和国民生活五个方面，对东欧的人民民主国家进行了综合考察。

陶大镛在上述两部著作中，热情地宣传了东欧各人民民主国家在社会改造方面所取得的成就。很明显，他写作的意图是想通过对东欧各人民民主国家的研究，为中国将来的经济改造提供一点可借鉴的经验。关于这一点，可以从他为本书所做的"自序"中得到说明，他说："我觉得中国的社会经济结构，与东欧诸国颇多类似之处。今天中国的历史任务，也同样是反帝反封建。东欧各国新民主主义的经济改造，已把它们从半封建半殖民地的苦海里拯救了出来。我相信，它们的光辉的业绩，将可给中国经济改造的将来，提供最可珍贵的经验！"[1]值得特别提到的是，他在《新民主国家论》一书中辟有专门一章，论述"中国解放和东南欧"，对中国与东南欧做了一个比较的考察。他认为："从质的方面去考察东南欧诸国与中国的新民主主义，则它们都处于同一历史阶段；而从量的方面去考察，则东南欧新民主国家与新中国的具体发展形态还是稍有不同的。整个说来，中国从半封建半殖民地社会过渡到社会主义的这一个转型过程——即新民主主义的历史阶段——要比东南欧诸国拖长一些！"[2]

应该指出，陶大镛的上述两部著作以及有关的文章都是在国民党统治下的上海发表的。他身居异国，以学者的身份向国统区

---

① 陶大镛：《战后东欧的经济改造》，中华书局1948年版，第4页。

② 陶大镛：《新民主国家论》，世界知识出版社1948年版，第114页。

人民宣传新民主主义,描绘新中国未来的前景,这对于提高人民群众的政治觉悟,起了一定的作用。

在旅欧期间,陶大镛还对世界经济做过认真的研究,其研究成果先后在上海的《新中华》、《世界知识》、《文汇报》以及香港的《大公报》、《经济导报》等报刊上发表过。著有《世界经济与独占资本主义》(1950 年中华书局出版)和《世界经济讲话》(1950 年三联书店出版)两书,系统地阐述了世界经济的研究对象、方法以及世界经济的基本问题和发展趋势。这些著作是当时研究世界经济问题所不可多得的读物,因此,他可说是我国研究世界经济问题的先行者之一。

世界经济是一门新兴的学科。20 世纪以来,特别是 1929 年世界爆发经济危机以来,经济现象的世界性,渐渐为人们所注意,各国学者对于世界经济的研究也日益普遍起来。但当时有关这方面的出版物,都是从技术观点来谈世界经济问题的,尤其是英、美资产阶级经济学家的著作,无论讲国际贸易关系也好,还是讲国际投资关系也好,往往只分析世界经济现象,而不去追溯现象的社会根源,更不敢正视世界经济的现实,把资本主义和社会主义两个制度的斗争完全撇在一边。而陶大镛在旅居伦敦期间,曾亲眼看到"战后的世界经济,在激变中,也在改造中"。它集中表现出来的,是垄断资本主义经济体制的垂死挣扎与社会主义经济体制的飞跃发展。"这一个'变'的历程,将把人类历史推向到崭新的阶段去。"①所以,陶大镛对世界经济的研究,与当时西方流行的传统观点不同,他是以社会主义和资本主义两个制度的斗争,作为基本的出发点,主要从生产过程来说明资本主义、社会主义、新民主主义

---

① 参见陶大镛:《世界经济与独占资本主义》自序,中华书局 1950 年版,第 5 页。

以及前资本主义与世界经济的关联性,着重阐明资本主义经济体制的腐朽性与社会主义经济体制的优越性,最后概括出世界经济发展的总规律和总动向。他说:"不管怎样,世界经济的发展,一定会有它的归宿。当资本主义世界经济体制灭亡了,当社会主义经济体制巩固起来了,世界经济才找到了它的历史归宿点"。"历史是永远向前走的,世界经济也是永远向前发展的。但只有当社会主义变成了世界经济本体的时候,世界经济的发展前途才会是无限光明和幸福的。"[①]

陶大镛对世界经济的研究方法也提出过一些独到见解,他认为,研究世界经济首先要以两大经济体制的并存和对立作为基本的出发点,从而对照资本主义世界经济体制的腐朽性与社会主义世界经济体制的优越性。其次,不能把以国民经济为对象的一般经济规律完全撇开,再重起炉灶,另搞一套全新的原理,恰恰相反,应以一般经济规律为立足点,再探寻出以世界经济为对象的特殊经济规律来。再次,应该从世界经济的发展过程中去考察,解释它何以这样变化和运动。最后,把世界经济作为一个有机整体,全面地考察各种经济现象的国际影响,从中发现各个国民经济的相互关系。以上几点,固然是三十多年前提出来的[②],但在今天仍有参考价值。

此外,还要特别提到,陶大镛在留英期间,为了探寻真理,曾潜心研究了社会主义思想史。1948 年,为了纪念《共产党宣言》问世一百周年,他利用不列颠博物馆的丰富藏书,花了两个月的时间,赶写了《社会主义思想史》一书。当时,在他身边没有一本关于社会主义思想史的中文参考书,而能够写出这样一部系统的著作,确

---

① 陶大镛:《世界经济讲话》,三联书店 1950 年版,第 147 页。
② 参见陶大镛:《世界经济讲话》,三联书店 1950 年版,第 12—13 页。

实是难能可贵的。该书于 1949 年在香港士林书店出版,新中国诞生后由三联书店发行过三版,1955 年做了较大修改和增补以后,改名为《社会主义思想简史》,由中国青年出版社出版。该书系统地介绍了社会主义从空想到科学的发展过程,以及马克思主义同工人运动中的机会主义做斗争的历史。正是通过对各派学说的分析、比较,使他更加坚定了对马克思主义的信念。

为了建设新中国

1949 年年初,中国新民主主义革命胜利在望。一心向往祖国的陶大镛,在党的召唤下,克服重重困难,毅然携带全家远涉重洋,从伦敦赶回香港,暂时在达德学院商经系任教,并主编《〈文汇报〉经济周刊》。他在积极准备北上的同时,仍然抓紧时间从事学术研究。在短短的半年时间里,编了二十多期《经济周刊》,还写了大量的文章发表在香港《文汇报》、《大公报》、《光明报》、《经济导报》等报刊上。

新中国诞生前夕,陶大镛应中国人民银行总行的邀请,绕道营口来到北京。中央人民政府成立后,他担任出版总署编译局计划处处长,并兼任《光明日报》经济周刊主编①;1951 年,新中国第一个综合性学术杂志《新建设》(月刊)问世,陶大镛出任主编;1955—1956 年,他兼任人民出版社特约编审;1956 年他出席了全国科学规划会议,参与制定 1956—1967 年哲学社会科学规划纲要。他在上述工作中,为繁荣我国的社会科学做出了一定贡献。此外,他当时还兼任北京大学法学院教授(1949—1951 年)和辅仁

---

①　前后编了六十多期。后来把《文汇报》和《光明日报》经济周刊的部分文章辑成《新经济论丛》一书出版,分上、下两册,由十月出版社印行。

大学经济系教授(1949—1950年),讲授战后国际政治经济问题和政治经济学。1954年,全国高等学校院系调整以后,他服从工作需要,担任了北京师范大学政治教育系教授兼政治经济学教研室主任,为培育本科生和研究生做了大量的工作。

这段时期,陶大镛在党的领导下,工作兢兢业业,尽管任务繁多,仍然挤出时间从事学术研究。他曾先后在《人民日报》、《光明日报》、《北京日报》、《学习》杂志、《新建设》、《世界知识》、《观察》、《展望》、《经济周报》、《翻译通报》等十几种刊物上发表过许多论文。①

他在钻研学术过程中,曾以高昂的热情投入了新民主主义经济理论的研究工作。他不仅写文章,著书立说,还做过多次讲演。他说:"新中国人民经济的发展,真是一日千里,可是,我们经济学界的研究工作,还落在客观形势的后头。我们经济工作者绝不应停顿在低级的感性阶段,我们必须好好地学习和运用马克思列宁主义和毛泽东思想,来总结我们经济工作的经验,发现出某些经济规律,使我们从感性认识而能动地发展到理性认识,又从理性认识而能动地指导经济工作的实践。只有这样,我们才能更全面、更深入地来认识经济现实。"②

陶大镛回国后著述的第一部著作是《人民经济论纲》(十月出版社1951年版)。该书共分八编,对《共同纲领》所规定的人民经济各项重大政策,从理论上做了阐述,其中包括人民经济构成、性质和历史道路、人民经济的方针政策,土地改革,私人工商业的改造,发行公债,经济规律等问题。在这里,特别要提到的是他对人民经济的商品价值,货币与资本,"剩余价值"与工资,利润、利息

---

① 其中有的文章曾用笔名:大古、林平、郭季青、李明、石清心等。
② 陶大镛:《人民经济论纲》,十月出版社1951年版,第2页。

与地租等基本经济范畴所做的论述。他写道："我们新民主主义的人民经济在发展中,它逐步扬弃了资本主义经济的发展规律,而开始稳步地走向计划化的道路。因此,表现在我们社会里的各种经济范畴,本质上是与资本主义的经济范畴不同的。"①他认为,尽管在我们的人民经济中,也存在着商品、货币、资本、工资、利润、利息、地租等经济范畴,但它们的实质及其所体现的生产关系,绝不能再与资本主义社会混为一谈了。任何一个表现资本主义的经济范畴,在人民经济中都将或多或少地采取改造过了的形态,才能发挥作用。为什么呢? 最根本的原因,在于社会的经济基础不同了,政权的性质不同了,经济的发展规律不同了,因而,在这个社会结构中所表现出来的经济范畴,也就有所不同。

那么,新民主主义的人民经济范畴同社会主义的经济范畴又有什么联系呢? 陶大镛认为,二者不能等同起来,但是,从长远看,人民经济的范畴最终将转变为社会主义的经济范畴。他说:"我们的人民经济正在稳步地向前发展,上面所说的这些范畴的具体内容,也不断地在发展和充实中,我们现在所能指出的,只是一个粗线条的轮廓,不过,新民主主义的经济范畴正逐步地发展、上升和转型为社会主义的经济范畴,那是必然的。"②

关于社会主义经济问题,陶大镛没有写过专门的著作,他的一些观点往往穿插在各种著作中。例如,在他的《世界经济讲话》、《两个平行的世界市场》、《现代资本主义和社会主义基本经济法则》、《三种经济的比较——社会主义、新民主主义、资本主义》等著作中,都广泛地涉及社会主义经济问题,其中包括社会主义经济的所有制问题,社会主义的基本经济规律、国民经济有计划发展规

---

① 陶大镛:《人民经济论纲》,十月出版社 1951 年版,第 144—145 页。

② 陶大镛:《人民经济论纲》,十月出版社 1951 年版,第 166 页。

律和按劳分配规律问题,社会主义的市场问题,社会主义国家在经济建设中的作用问题以及社会主义工业化的基本方针问题等等。

陶大镛除了研究新民主主义和社会主义经济问题以外,在现代资本主义的经济问题研究方面也有较深的造诣。前面提到,他在学生时代曾为重庆《新华日报》翻译过不少稿件,其中有相当数量是关于现代资本主义经济问题的。后来他又在英国从事经济研究工作,使他有机会亲身考察资本主义各国的经济问题,著有《战后的资本主义》(1949年三联书店出版)和《世界经济与独占资本主义》(1950年中华书局出版)等名作。陶大镛在他的论著中,搜集了大量资料,来阐明列宁关于帝国主义的科学论断,详细分析了美、英、法、德等国垄断资本主义的具体发展形态,并论述了战后资本主义总危机问题。

他回国后,继续从事有关现代资本主义的研究工作,并不断在报刊上发表文章。1954年,写成《斯大林关于资本主义体系总危机的理论》一书,由中国青年出版社出版,它系统地介绍了斯大林的有关理论,阐述了资本主义体系总危机的实质、基本特征及其发展的两个阶段,其中着重说明了资本主义体系总危机在第二次世界大战后进一步尖锐化的具体发展过程。同年,上海人民出版社出版了他的《什么是帝国主义》一书,通俗地阐述了列宁关于帝国主义的学说。书中列举了大量的资料来论证垄断资本主义在第二次世界大战后的新发展。

1955年,中国青年出版社又出版了他的《现代资本主义和社会主义的基本经济法则》一书,这是他学习斯大林《苏联社会主义经济问题》的读书笔记。他认为,马克思和恩格斯曾经根据当时(垄断前的资本主义时期)的具体经济条件,阐明了剩余价值规律在资本主义发展过程中所起的作用。到了帝国主义时期,列宁针对新的历史条件,把马克思、恩格斯关于资本主义的发生、发展和灭亡的理论,予以进一步的发展,指出了垄断资本集团一切活动的根本目的,就是为了获取最大限度的垄断利润。后来,斯大林又以马克思的剩余价值学说和列宁的帝国主义学说为依据,总结了垄断资本主义发展中的新的历史事实,进一步阐明了列宁所揭示的现代资本主义,即垄断资本主义经济规律。

陶大镛在这部著作里,引用了许多现实材料,从各个方面论述了现代资本主义和社会主义基本经济规律的主要特点和要求。他着重从经济发展规律的角度,探讨了现代资本主义的历史趋势。他坚信,由于现代资本主义和社会主义基本经济规律发生作用的结果,资本主义制度终于要灭亡,社会主义——共产主义必定在全世界取得完全的胜利。

在逆境中继续探索真理

人生的道路是不平坦的,即使在优越的社会主义制度下,每个人在生命的旅途中也难免会遇到许多曲折和不幸。1957 年,"反右"运动开始了,中国大地掀起了一场席卷全国的政治风暴,39 岁的陶大镛正当年富力强,本来可以为人民做更多的工作,但是,在这场运动中,他却作为当时文教界"六教授"之一,被错划为"右派分子",蒙受了极大的冤屈。

逆风知劲草,烈火见真金。他在 1957 年到 1979 年的 22 年间,特别是在"十年动乱"时期,尽管受到种种打击,但并没有动摇他对马列主义和共产党的信念。在极端困难的条件下,他尽量利用一切可以利用的时间,继续探索真理,从事学术研究工作。

陶大镛在大学时代曾经对经济思想史有过浓厚的兴趣,在旅欧期间又做了一番研究。回国不久,他便撰文全面地批判了当时

在资本主义世界风靡一时的凯恩斯主义。[①] 1957 年"反右"运动
以后,陶大镛被解除了各种职务,这倒给了他潜心研究经济学说史
的大好时机。二十多年来,他对帝国主义时期(19 世纪 70 年代以
来)各派庸俗经济学做了系统的研究,写了近百万字的书稿。

由于众所周知的原因,他在这段时期,不仅写作条件差,发表
机会当然更谈不上。在这二十多年里,只是由于组织上的敦促和
安排,他仅仅在《北京师范大学学报》上发表过两篇学术论文:其
一是《十九世纪末二十世纪初庸俗经济学在方法论上的破产》
(1962 年第四期),这篇文章着重从方法论上对德国历史学派、奥
地利学派、英国剑桥学派、美国制度学派和"边际生产率"学派做
了总的考察和评述。其二是《十九世纪末二十世纪初庸俗经济学
在价值论上的破产》,这篇文章分别批判了奥地利学派的"边际效
用价值论"、马歇尔的"均衡价格论",克拉克的"静态价格论"以及
其他反马克思主义劳动价值学说的谬论。他认为,大体上说来,这
些庸俗价值论的共同特征就在于割断价值与生产、劳动间的必然
联系,掩盖价值所反映的人们的生产关系,抹杀价值的社会历史内
容,以主观臆造的心理规律、"自然"规律来偷换客观存在的价值
规律。

为"四化"再做贡献

粉碎"四人帮"以后,祖国大地迎来了灿烂的春天,党中央以
伟大的气魄和坚强的决心,拨乱反正,为历史上遗留下来的冤假错
案平反昭雪,陶大镛的错案也随着得到了改正。他走过了 22 年的

---

① 详见陶大镛:《凯恩斯主义批判》,《新建设》1951 年 3 月,第三卷第六
期。

艰难曲折道路之后,依然精神矍铄,干劲不减当年,积极为"四化"多做贡献。

现在,他除了担任北京师范大学的教授以外,还是第六届全国人大常委会委员和全国政协常务委员。在民主党派中担任民盟中央副主席和民盟北京市委员会主任委员。在学术方面,他担任国务院学位委员会学科评议组成员、中国社会科学院经济研究所学术委员会委员和一些全国性学术团体的领导职务或名誉职务以及《群言》杂志编辑委员会的主任委员。

兼职过多,在一定程度上影响了他的学术研究。但是,他那蕴蓄已久的学识才华却像打开闸门的江水,滔滔不绝地奔流出来。近几年,他的学术成果主要反映在以下几个方面:

第一,关于现代资本主义的研究。研究这个问题是他的老本行,早在20世纪40年代末和50年代初,他已发表过许多这方面的论著,后来由于本文前面讲过的原因,他虽已很少发表文章,但是,他一直在关注着世界各国资本主义的发展情况,不断从国外的书刊上收集资料。粉碎"四人帮"以后,有一次在桂林参加《政治经济学辞典》的讨论会,应当地宣传部门的邀请,他做了一次题为《关于战后帝国主义经济的几个问题》的报告,这次报告引起了学术界的极大关注。广西社会科学院的几位同志根据录音把它整理出来,发表在该院主办的《学术论坛》(1979年第一期)上。后来他把这次报告中讲到的三个带有普遍性的理论问题,断断续续地写成了三篇文章:第一篇《现代资本主义的基本经济特征》,发表在北京师范大学政治经济学系主办的《经济学集刊》第一集(1980年中国社会科学出版社出版)上;第二篇《现代资本主义的经济增长及其腐朽性》,它的基本内容曾于1980年12月在江苏省高等学校政治经济学教学讨论会上做过报告;第三篇《现代资本主义条件下的无产阶级贫困化》,发表在《北京师范大学学报》(1980年第一期）社会科学版上。

以上三篇文章，应湖南人民出版社之约，以《战后资本主义经济特征》为书名公开出版，这是陶大镛重操旧笔的第一部作品。新华社曾为该书的出版发了一条电讯："现代资本主义到底发生了什么样的变化？列宁关于帝国主义的论断是否过时？陶大镛在其新著《战后资本主义经济特征》中，做了比较详尽的论述，他认为，列宁的论断非但没有'过时'，而且在继续发出新的光芒"。①这条电讯的发出，使人不难想象，陶大镛这部著作在国内外所产生的影响。

在现代资本主义问题的研究中，怎样认识资本主义总危机的问题，学术界有不同的看法。陶大镛在《北京师范大学学报》1983年第二期上，发表了《资本主义总危机的理论和现实》一文，该文明确指出："资本主义总危机非但没有消除，而且进一步加深。"这篇文章的观点受到学术界的注意，有的刊物把它全文转载。

1985年年初，根据湖南人民出版社的要求，他又对《战后资本主义经济特征》一书做了增补。除补充了一些最新的统计资料外，还把近年来发表的几篇有关的论文编了进去，并对全书的内容做了必要的修订，同时把书名改为《现代资本主义经济研究》，在该书的"新版序"中，陶大镛认为，对现代资本主义的研究要避免两种倾向：一是断言金融资本已经"解体"，"经济权力已经转移"，垄断资本主义已经发生了"质变"；与此相反，另一倾向是对战后资本主义世界的新情况和新变化漠不关心，乃至视而不见，对现代资本主义社会经济结构所发生的某些变化及其新的特点，一概予以否定，他说："这两种倾向，'质变论'也好，'不变论'也好，从一个极端到另一个极端，都带有某些片面性，并不能透过现象认清本

---

① 转引自《北京晚报》，1981年10月29日第1版。

质,对具体情况进行分析,从而得出令人信服的科学结论。"

第二,关于《资本论》的研究。他认为,《资本论》中所揭示的资本主义社会的经济运动规律,对于分析现代垄断资本主义仍然是适用的,但是,也不能把《资本论》中的一字一句,都奉为万古不变的信条。因为马克思主义在革命实践的基础上,也在不断地丰富和发展。因此,在研究《资本论》的科学体系时,必须全面地、准确地运用《资本论》中的基本原理和方法,来研究和分析现代资本主义的一些新现象、新问题。①

近几年,他又认真地重温了《资本论》,撰写了《〈资本论〉与现代资本主义》②和《生产自动化与劳动价值论》③等文章,对现代资本主义经济发展中的一些带根本性的理论问题,诸如价值理论、货币理论、剩余价值理论、无产阶级贫困化理论、地租理论、经济危机理论等,进行了一番探讨。他认为,通过上述问题的探讨,我们可以认识到:《资本论》的科学体系并没有"过时",它不仅是分析现代资本主义经济问题的理论武器;"如果进而用以探索社会主义经济运动规律,就一定能提高我们马克思主义的研究水平,使经济科学更好地为开创社会主义现代化建设的新局面做出贡献。"④

陶大镛不仅重视《资本论》的研究,他还非常重视《资本论》的教学工作。1979 年,他担任了政治经济学系主任后,为了提高《资本论》的教学水平,专门组建了《资本论》研究室,并把《资本论》研究列为重点学科,由他主编的《经济学集刊》也着重发表有关《资本论》的文章。1982 年,在大连举行的全国高师《资本论》学术讨

---

① 参见陶大镛:《马克思经济理论探索》,上海人民出版社 1983 年版,第 5 页。

② 载陶大镛:《马克思经济理论探索》,上海人民出版社 1983 年版。

③ 载《世界经济》1983 年第三期。

④ 陶大镛:《马克思经济理论探索》,上海人民出版社 1983 年版,第 82 页。

论会上,他做了《关于提高〈资本论〉的教学和科研水平问题》的报告①,针对当时《资本论》教学中存在的问题,提出了一些改进意见。1984 年,他为上海复旦大学洪远朋教授的新著《通俗〈资本论〉》(1985 年辽宁人民出版社版),写了一篇"代序":《读〈资本论〉一得》,生动地介绍了他多年来学习《资本论》所得到的教益和一些学习方法问题。

为了推动《资本论》的学习和研究,陶大镛除了担任中国《资本论》研究会副会长和全国高等师范院校《资本论》研究会名誉会长,另外还兼任中国《资本论》研究会的刊物《〈资本论〉研究》的副主编。

第三,关于世界经济的研究。这是一门新兴学科,国内从事这项研究的人并不很多。由于陶大镛早年写过一些专著和论文,因而在同行中享有威望,我国已故著名经济学家、原中国世界经济学会会长钱俊瑞教授在一封信中,曾称道陶大镛教授"是我国最早提出并从事世界经济学的创始人之一"。② 1980 年,陶大镛被推举为中国世界经济学会副会长。随后,国务院学位评议组又批准授予他为世界经济学科博士研究生的导师。

1980 年,他在《社会科学战线》第一期发表题为《论世界经济的研究对象》的长篇文章,对世界经济的基本概念、研究对象及其若干理论问题做了详细的阐述。他认为,世界经济目前在我国还是一个比较薄弱的新兴学科,要创建一套马克思主义世界经济学的理论体系,首先要对这门学科的研究对象,充分交换意见,然后在共同认识的基础上,提出若干重要的理论问题和实际问题,分头深入钻研,为今后建立完整的理论体系准备条件。这些问题是:世

① 载:《〈资本论〉学术论文选》,辽宁人民出版社 1983 年版,第 1—23 页。
② 引自 1984 年 3 月 26 日钱俊瑞致陶大镛的信。

界经济的形成和发展;社会主义与资本主义两大体系在经济领域内的对立和斗争及其相互依存的经济联系;现代垄断资本主义经济发展的基本趋势及其新的特征;资本主义世界经济结构中的新变化;帝国主义国家在国际贸易领域中的斗争;战后资本主义世界货币体系的建立及其危机;战后资本主义世界经济危机的发展及其特点;发展中国家经济发展的动向及其在世界经济中的地位;世界社会主义经济体系的发展;世界经济发展的前途等等。陶大镛认为,在深入学习和钻研的基础上,是能够探索出世界范围内起作用的一些特殊经济规律来的。

1981—1982 年,他在香港《经济导报》上先后发表了《西方经济往何处去》和《时代的考验》两篇论文,对战后世界经济的发展做了分析。他在展望西方经济未来的动向时写道:"在可以预见的一段时期内,'滞胀'仍将是主导的趋势。"①

为了实际考察资本主义国家的经济现状,陶大镛教授于1982年作为中国经济学家代表团的成员访问了加拿大。出访归来,他在上海、北京做过多次讲演,畅谈访加观感,并在香港《经济导报》发表文章,介绍加拿大的经济现状和矛盾,以及中加经济关系的发展及其前景。② 1983 年,他又出访德意志联邦共和国,访问回来后,撰写了《西德社会经济的三大问题》(上、下)一文③,就联邦德国经济面临的主要问题——经济增长、社会市场经济机制、社会福利政策——进行了深入的分析。

这里附带提一笔,陶大镛对港澳经济问题也有深入的研究,曾

---

① 陶大镛:《时代的考验——回顾与前瞻》,香港《经济导报》1982 年第一期。

② 详见陶大镛:《加拿大经济现状和中加经济关系的发展》,载香港《经济导报》1982 年第二十九期。

③ 香港《经济导报》1983 年第四十九、五十期。

发表《香港的命运》一文①,现任"港澳经济研究中心"顾问。

第四,关于经济思想史的研究。陶大镛是北京市外国经济学说研究会会长和中国经济思想史学会名誉理事。1980 年,他应外国经济学说研究会之邀,做了一次题为《罗斯托的经济成长阶段论》的报告②,1981 年又发表了一篇人物介绍《罗斯托》③。在他的报告和文章中,对当代西方经济学界影响较大的资产阶级庸俗经济学家兼经济史学家罗斯托的经济思想做了尖锐的批判。此外,他还抽空整理自己在逆境时所写的文稿,现已出版的有《亨刊·乔治经济思想述评》(中国社会科学出版社 1982 年版)一书。该书对过去被人们忽视的、19 世纪后半叶的美国资产阶级庸俗经济学家亨利·乔治的经济思想做了全面的评价。

他认为,亨利·乔治的经济著作的影响,远非一般资产阶级庸俗经济学家的作品所能比拟。仅就《进步与贫困》一书的出版情况来看,它在 19 世纪 80、90 年代,确曾轰动全国,畅销全球,如果低估亨利·乔治在国内外的实际影响,显然是不妥当的。例如,孙中山的民生主义思想就曾受到亨利·乔治的影响。陶大镛在其所著《论孙中山与亨利·乔治》一文中,就孙中山平均地权纲领的思想渊源做了深入的探讨,他认为:"可以这样说,孙中山关于平均地权的基本思想和纲领,曾经直接受着亨利·乔治经济思想的影响。"④所以,从中国经济思想的角度来看,对亨利·乔治经济思想的研究是有其现实意义的。

---

① 载《港澳经济》1983 年第一期。

② 载《国外经济学讲座》第二册,中国社会科学出版社 1980 年版,第 266—287 页。

③ 载《经济学动态》1981 年第十二期。

④ 陶大镛:《亨刊·乔治经济思想述评》,中国社会科学出版社 1982 年版,第 4 页。

近几年,由于陶大镛的社会活动太多,影响了他的手稿整理工作,他打算在适当的时候,把其余手稿整理出来,准备对帝国主义时期以来的各派资产阶级经济学说进行一次总的评述。我们殷切地期待他早日实现这个愿望。

此外,1978—1979年,他应邀参加了许涤新主编的《政治经济学辞典》(人民出版社出版)的编辑工作,是该书编审组的主要负责人之一,负责上卷的资本主义部分和中卷的帝国主义部分的编审工作。1983年,他接受中国大百科全书出版社的邀请,担任《中国大百科全书·经济学》卷资本主义部分的分支主编。1981年,他受人民出版社的委托,主编《社会发展史》一书(1983年出版),该书出版后,受到广大读者的好评,畅销全国,在1983年全国优秀通俗理论读物评选中,获二等奖。1984年,应中国青年出版社之邀,他把二十多年前出版的《社会主义思想简史》一书,重新改写,增添了近年来的研究成果,更名为《社会主义思想史略》,已于1985年出版。

陶大镛作为一名长期从事教育工作的学者,十分重视对中、青年教师的培养,关心和指导他们的业务进步。他认为要培养高质量的学生,首先要有一批高水平的教师,所以他经常督促和鼓励青年教师开展科学研究。例如,为了纪念马克思逝世一百周年,他组织全系教师撰写纪念文章,每篇文稿他都亲自审阅,反复修改,并在此基础上由他主编出版了《马克思经济理论探索》一书(上海人民出版社1983年出版)。此外。他还十分重视研究生的培养工作,坚持给研究生讲课。在他辛勤的指导下,一批研究生已经取得学位并走上了工作岗位,目前他正在指导攻读博士学位的研究生。几十年来,他为国家培养了大批经济理论的教学和研究人才,为社会主义建设做出了可贵的贡献。

信念、理想和治学态度

陶大镛教授在学术上的成就是来之不易的。取得成就的原因固然很多,但首先与他坚定的革命信念、崇高的革命理想和严谨的治学态度有着密切的联系。

一个社会科学家的学术观点和他的政治信念是分不开的。陶大镛立志终身从事马克思主义经济学的研究,正是与他信仰马克思主义联系在一起的。几十年来,他一直在学习、研究和宣传马克思主义,从他已发表的十几部著作和一百多篇论文来看,无论是在解放前写的,还是在解放后写的;无论是在国内写的,还是在国外写的;无论是在顺境时所作,还是在逆境中所作,其内容的阐述都表明了他对马克思列宁主义的坚定信仰。而坚贞不渝的信念,正是一个人能够历经坎坷曲折、勇往直前的力量源泉。

在学术研究上,他特别喜欢马克思所赞许的那句名言:"在科学的入口处,正像在地狱的入口处一样,必须提出这样的要求:'这里必须根绝一切犹豫;这里任何怯懦都无济于事'"。① 多年来,他的研究工作正是按照这个原则进行的。对于学术界争论的问题,他总是根据自己多年的研究,诚实地提出自己的看法,绝不随波逐流或迎合一时的"风向",这也显示出陶大镛在治学上善于独立思考,勇于坚持真理的刚正性格。

他常常对一些青年同志说,搞研究需要有志趣,有了志趣就能自觉;有了自觉性才能做到持之以恒;只要能坚持,终究会做出贡献的。这些经验之谈,正是他自己多年从事学术活动的写照。几十年如一日,他从不间断学术研究工作,即使在火车、轮船上也不

---

① 《马克思恩格斯全集》第 13 卷,人民出版社 1962 年版,第 11 页。

放松。例如,他早年写的《世界经济讲话》一书的初稿,就是他从伦敦回国时在轮船上完成的。一位学者在顺利的条件下,能勤奋耕耘虽然可贵,而更难得的是身处逆境也能坚持下去。陶大镛在蒙受冤屈以后,明明知道自己的文章不可能公开发表,然而他却以一种学者特有的专心钻研学问的精神,孜孜不倦地学习,不厌其烦地收集、整理资料,认真地思考研究问题。现在,他年近古稀,兼职又多,但始终没有停止过研究工作,每次参加较长时间的会议,他总要带点资料和稿件,常常是白天开会,晚上继续学习研究。这种分秒必争,持之以恒的作风,也正是他几十年来在学术上取得成就的重要原因之一。

陶大镛主张经济学研究工作者要有广博、宽厚的基础知识,犹如万丈高楼平地起,没有宽厚坚实的墙基,怎能盖起高楼大厦呢?他也正是这样严格要求自己的。我们从他的著作中可以看到,无论对马克思主义经济学,还是资产阶级经济学;无论对中国经济思想史,还是外国经济思想史;无论对中国经济,还是世界经济,他都做了深入的研究。此外,他在政治学、社会发展史和社会主义思想史方面也有较深的造诣。这里特别要提到,他有这些宽厚的知识,是同他的外语水平密切关系的。他不仅初通德、法、俄等语种,而且还熟练地掌握了英语,在学生时代他就能自如地阅读《资本论》英文本,曾为重庆《新华日报》翻译过不少稿件;在旅欧期间他还翻译过《论马歇尔计划》一书,并曾用英文在国外报刊上发表过文章;解放后参加过苏联《政治经济学教科书》译稿和一些重要文件译稿的审订工作。正是由于他具有这些条件,才能得心应手地进行科学研究工作。

陶大镛教授几十年来走过了坎坷曲折的道路,风吹雨打,刻苦磨炼,终于成为一位著名的经济学家和教育家。1986 年,他已 68岁了,但老当益壮,精力充沛,被称为“老教授中的少壮派”。我们相信,在今后的岁月里,在祖国实现"四化"的征途中,陶大镛教授一定能以他坚定的信念和宽厚的知识以及丰富的治学经验,为我国经济科学的教学和研究事业,做出新的更大的贡献。

陶大镛先生经济思想评介

白暴力　刘　俊[①]

　　陶大镛教授是当代著名经济学家和教育家,我国世界经济学科的主要开拓者。他 1918 年出生于上海。1940 年毕业于中央大学经济系。1942—1946 年先后担任中山大学讲师、广西大学和交通大学副教授、四川大学教授。1946—1948 年应英国文化委员会邀请,在曼彻斯特大学和伦敦大学从事经济史的研究工作。1949年在香港任达德学院教授、《文汇报》经济周刊主编,后赴东北解放区。新中国成立后,历任北京大学、辅仁大学教授,《新建设》月刊主编。1954 年以后任北京师范大学教授。曾任第五届中国人民政治协商会议全国委员会委员,第六届全国政协常务委员,第六、七、八届全国人大常务委员会委员,并任第七届全国人大财经委员会副主任委员,北京市第九届人大常委委员会副主任,中国民主同盟中央委员会副主席(现为名誉副主席),中国世界经济学会副会长,中国《资本论》研究会副会长,中华外国经济学说研究会副会长(现为名誉会长)。现为北京师范大学教授,博士生导师,

---

　　① 作者白暴力系北京师范大学经济与工商管理学院原副院长、教授、博士生导师,刘俊系北京师范大学党委组织部副部长,原文刊载于《高校理论战线》2002 年第 6 期。

北京师范大学经济学院名誉院长。

陶先生视野开阔,知识渊博;学贯中西,融会古今;治学严谨,造诣精深。他的研究涉及经济学领域的各个方面,提出了许多深湛而精辟的理论思想和观点,著述丰富,硕果累累,出版学术专著近30部,发表学术论文数百篇。近年来,陶先生连续主持了国家社会科学基金"八五"规划重点项目"现代资本主义论"、"九五"规划重点项目"世界经济新格局研究"和"十五"规划重点项目"当代马克思主义基本经济理论研究"。

一、关于中国古代经济

(一)关于石器时代的存在问题

中国远古时期有没有石器时代存在,曾经是史学界长期争论的问题。一些西方学者认为这是一个不可解的"谜",陶先生在1939年发表的论文中认为,中国和世界一样,都经历过石器时代,并把它划分为始石器时代、旧石器时代和新石器时代三个阶段。在始石器时代和旧石器时代,使用打制石器;支配这两个时代的生产方式,只能是采集、狩猎经济。当人类进入新石器时代之后,石器工具进步了,磨制石器终于产生了,农业和畜牧业也渐次出现;流荡的生活慢慢地安定下来。陶器的出现是新石器时代的特征,中国新石器时代的陶器文明,更是出类拔萃,着色的彩陶可说是中国新石器文明的体现。

(二)关于中国青铜时代与西周社会性质

陶先生根据出土铜器的数量、制作工艺和应用得出结论:中国青铜器时代始于商初,盛于殷末,极盛于周代,这个阶段是奴隶社会农业生产的全盛时期。尤其是周代,当时的一切生产活动,都以农业为中心。随着农业的大发展,一部分手工业就从农业中分离出来了。

陶先生认为,西周属于青铜器时代,"周之克殷"只是取得了殷的政治统治权,并没有带来一种新的生产力去改变旧存的生产关系。西周文化是殷代文化的直接继承。他还认为,人类社会的历史像一根长链,石器时代、金石并用时代、铜器时代和铁器时代,都是这跟长链上的一环(参看《中国古代生产技术研究》,中山大学学报《经济科学》1943 年第 5、6 期)。

二、关于新民主主义经济

20 世纪 40 年代,陶先生深入研究了新民主主义经济,先后出版了《战后东欧的经济改造》(中华书局 1948 年版)和《新民主国家论》(世界知识出版社 1948 年版),分别论述了东欧各人民民主国家的经济概况、农业和工业的改造、对外贸易、经济生活和经济计划等。他提出:从新民主主义的现在走向社会主义的将来,中间还需经历相当时期的准备、奋斗与努力,这些突出地反映在各国的经济计划、土地改革、国有化政策、经济建设与国民生活方面。他认为,从社会经济结构看,新民主主义国家既不是资本主义国家的"变态",也不是社会主义国家的"化身",更不能说它是资本主义与社会主义的"凑合",它是一种特殊的、新型的、过渡的社会制度,具有特定的历史内容。一方面,由于主要生产手段已经收归国有,新民主主义经济不再是单纯的资本主义商品经济;另一方面,由于小私有生产制继续存在,它还不可能马上实现最理想的社会主义计划经济。它一边在扬弃与清算超经济的与剩余价值的剥削制度,一边又在加紧发展社会化经济,它正一步步转化为社会主义的新经济。陶先生通过与东欧各人民民主国家的研究和中国与东南欧国家的比较,指出:从质的方面去考察东南欧诸国与中国的新民主主义,则它们都处于同一个历史阶段:而从量的方面去考察,则东南欧新民主国家与新中国的具体发展形态还是稍有不同的。整个说来,中国从半封建半殖民地社会过渡到社会主义的这一个转型过程——即新民主主义的历史阶段,要比东南欧诸国拖长一些。这些理论,为新中国的经济改造和经济建设提供了可资借鉴的经验。尤其是《战后东欧的经济改造》一书的出版,当时对于增强中国人民对新中国光明前途的信心,起到了很大作用。

新中国成立后,他在《人民经济论纲》(十月出版社1951年版)这部著作中对《共同纲领》所制定的各项重大经济政策从理论上做了阐述,并对人民经济的商品价值,货币与资本,剩余价值与工资,利润、利息与地租等基本经济范畴进行了论述。他认为:我们新民主主义的人民经济在发展中,逐步扬弃了资本主义经济的发展规律,而开始稳步地走向计划化的道路。因此,表现在我们社会里的各种经济范畴,与资本主义的经济范畴本质上是不同的。他还认为,尽管在我们的人民经济中,也存在着商品、货币、资本、工资、利润、利息、地租等经济范畴,但他们的实质及其所体现的生产关系,与在资本主义社会中是截然不同的。因为社会的经济基础不同,政权的性质就不同,因而,在这个社会结构中所表现出来的经济范畴,也就有所不同。也不能把新民主主义的人民经济范畴同社会主义的经济范畴等同起来。新民主主义的经济范畴正逐步地发展、上升和转型为社会主义的经济范畴,从长远看,人民经济的范畴最终转变为社会主义的经济范畴是必然的。

三、关于世界经济

（一）关于世界经济的研究方法和研究对象

1. 关于世界经济的研究方法

世界经济是一门新兴的学科,20 世纪以来,特别是从 1929 年爆发世界性经济危机以来,经济现象之世界性,渐渐为人们注意。各国学者对于世界经济的研究也日益普遍起来,但当时有关这方面的出版物,都是从技术观点来谈世界经济问题的。尤其是美国庸俗经济学家的著作,谈到国际贸易关系或者国家投资关系,往往只分析世界经济现象,而不去追溯现象的社会根源,史不敢正视世界经济的现实。陶先生是我国研究世界经济的先行者,1946—1948 年他在伦敦期间,就著有《世界经济与独占资本主义》(中华书局 1950 年版)和《世界经济讲话》(三联书店 1950 年版)两本著作,书中系统阐述了世界经济的研究对象、方法以及世界经济的基本问题和历史趋势。这些著作是当时研究世界经济问题不可多得的读物。

他主要从生产过程来论述资本主义、社会主义、新民主主义以及前资本主义经济与世界经济的关联性,着重阐明资本主义世界经济的腐朽性与社会主义世界经济的优越性,最后概括出世界经济发展的总规律和总方向。指出历史是永远向前走的,世界经济也是永远向前发展的。但只有当社会主义经济成为世界经济主体的时候,世界经济的发展前途才会是无限光明的。他认为,世界经济作为一个具有全球规模的经济体系,必须以世界市场的产生为历史前提,它是在世界市场的产生和发展进程中逐步形成的。而世界市场的产生和发展,又与资本主义生产方式的确立紧密相连。他指出,从本质上看,从历史发展进程来看,当今的世界经济,仍包括着资本主义与社会主义两个体系,在这两个体系之间,保持和存在着一定程度的多方面的经济联系。世界经济作为这样一个矛盾统一的整体,绝不是一个资本主义与社会主义的混合体。今天的世界经济正处于从资本主义体系向社会主义体系的历史过渡阶段。虽然这需要经过一段相当长,甚至很长的历史时期,但是,这光辉灿烂的明天,终究是会到来的。

2. 关于世界经济的研究对象

陶先生认为,世界经济并不等于外国经济,更不是一个地理学上的概念。世界经济显然不是一门无所不包、无比庞杂的外国经济,而是依附于政治经济学并从政治经济学中逐步发展出来的一门边缘学科。因此,世界经济的研究领域,当然不会仅仅局限于一国界之内,而是阐明人类社会各个发展阶段上支配物质资料的生产、交换以及与之相适应的分配规律。所以,世界经济的研究绝不能离开政治经济学,它必须以马克思主义政治经济学作为理论基础,应以政治经济学所阐明的基本经济范畴和一般经济规律为依据和出发点,对于世界经济的研究,不能停留在对国际经济关系或经济发展现状的表面现象上的分析,而是要透过现象,探索那些引出在现象后面的整个世界的经济运动规律。

(二)关于当代世界经济

1. 关于经济全球化与一体化问题

陶先生认为,一方面,全球化是资本主义经济也是世界经济发展的进程的必然趋势,但全球化与其说是资本主义的胜利,不如是整个世界相互联系、相互依存程度的日益加深;全球化可能使各国经济融进了世界经济的大循环,促进了具有竞争力国家的繁荣和发展,但也带来了许多消极的后果,使富国与穷国之间的差距越来越大。另一方面,世界经济的全球化与一体化之间既有联系,也有区别。可以把国际经济联系称为"全球化",但不能说是"一体化",因为当今世界经济活动的主体还是以民族国家为基本单位,企业、地区、国家、国家集团之间还存在着制度的多元化和发展的不平衡,世界经济远没有成为一个开放、统一、竞争的体系,欧盟的一体化仅仅是世界经济多元化的特例。只有实现了统一的社会主义经济体系,才能真正出现世界经济的一体化。

2. 关于世界经济活动重心的转移

陶先生认为,世纪之交,两极格局宣告结束,各种力量重新调整和组合,世界经济正朝向多极化方向发展。在新旧格局交替的历史性转折时期,世界经济活动的重心再次发生转移,这是世界经济新格局的重要特点之一。从历史上看,经济活动从太平洋沿岸转移到地中海,又从地中海转移到大西洋,现在又来到太平洋,这是历史性的大转移。随着一个新的世界经济中心——亚太经济活动中心正在形成,世界历史进入了一个崭新的转折时期。第二次世界大战后,世界经济发生了重大变化,其中东亚地区经济的长足发展和迅速崛起尤其引人注目。20 世纪 50—60 年代,日本从废墟上重新崛起,一跃成为世界上第二经济强国;60—70 年代,新加坡、韩国和中国香港、台湾地区经济迅速腾飞;70—80 年代,东盟国家奋起直追,形成了东亚地区经济发展的新浪潮;80 年代以后,中国实行改革开放,经济迅速发展,并显示出极大的发展潜力。战后东亚地区的这种经济增长势头,给亚太甚至世界经济的持续增长注入了新的活力,成为世界经济重心转移的最醒目的重要特征之一。

3. 关于现代资本主义的发展趋势

陶先生认为,任何新的社会经济形态的产生过程都不是在旧制度消灭之后才开始的,而是在旧社会内部孕育发生的。这种过程并非人们自觉活动的结果,而是自发的、不以人们主观意志为转移而自然产生出来的。这是社会经济形态发展的普遍规律,是一种自然历史过程。资本主义的经济结构是从封建社会的经济结构中产生的,后者的解体使前者的要素得到解放。从封建社会过渡到资本主义社会是如此,从资本主义社会过渡到更高级的社会主义社会也同样如此。随着社会生产力的发展,生产社会化程度的提高,在现代资本主义社会内部,逐渐孕育着某些社会主义因素。生产和管理的社会化,为社会主义准备着日益完备的物质基础;资本的社会化、股份化,垄断组织的大量出现,为将来由全体人民来实行"剥夺"做好了准备;现代资本主义经济计划的推行和逐步加强,有助于高度发展的社会生产力逐步冲破私有制生产关系对它的束缚,从而最终实现向社会主义的过渡;现代资本主义社会保障制度的高度发展,为未来社会主义社会的社会保障体系提供了现成的借鉴;"三大差别"的缩小,也是为资本主义向社会主义过渡准备物质条件的重要表现形式。在发达资本主义国家的经济结构内部,已经孕育着某些社会主义因素的萌芽了,国家垄断资本主义为社会主义提供了最完备的物质准备,是社会主义的入口。

4. 中国在今后世界经济格局中的可能地位

陶先生认为,如果中国能够获得相对宽松安全的国际空间,能够保持稳定有序的国内环境,国民经济得到持续、高速、健康的发展,年人口增长率控制在 1% 以内,国民生产总值增长率保持在 7% 左右,那么,中国的综合国力将不断提高,有可能逐步缩小与发达国家的差距,中国在世界经济格局中将处于举足轻重的位置,对世界经济的稳定和发展将发挥重要的作用(以上内容参看《世界经济新格局研究》,北京师范大学出版社 2001 年版)。

(三)关于现代资本主义经济

1. 关于生产和资本的集中与垄断

陶先生认为,第二次世界大战以后,在各个主要资本主义国家,生产和资本都高度集中,无论从规模上或者从速度上看,都大大地超过了战前,垄断化的过程也明显地加快了。他还认为,在战后的西欧和日本,随着生产和资本的高速度集中以及垄断程度的提高,垄断组织也通过混合型的兼并趋向于多样化的经营。这种混合型兼并所形成的综合经营公司,是集中和垄断发展到更高程度后资本积累的特殊产物。

2. 关于金融资本

陶先生认为,战后,各个发达的资本主义国家金融资本都有了空前的膨胀,并且在国家的经济和政治生活中占着绝对的统治地位。各大银行不仅已经控制了社会上的闲散资金,而且正在变成无所不包的金融综合体(其中包括保险公司、投资信托公司、信贷协会、储蓄和放款协会、私人养老基金组织等)。银行垄断资本同工业垄断资本在战后有了进一步的融合,形成空前庞大的金融资本,加强了随之而来的生产规模的扩大、劳动专业化的加深以及社会化程度的提高,金融资本集团同国家政权已经融为一体,使国家机器完全从属于垄断资本,形成了国家垄断资本主义。但是这并没有触及资本主义统治的基础,并没有使资本主义的生产关系发生根本变化,从而不能据以断定它已发展到垄断资本主义的一个"新阶段"。因为,国家垄断资本主义并不是作为帝国主义的一个特殊的方面或特殊的实质而存在的。

陶先生认为,在现代资本主义的条件下,随着生产和资本的更高度集中以及垄断化过程的加快,垄断组织所控制的经济部门越多,它就越有可能在更大规模的基础上实现生产的计划性。个别企业生产的组织性、计划性与整个社会的无政府状态,这是资本主义基本矛盾的表现形式之一。战后各个主要资本主义国家不仅在局部范围内,并且在同国民经济发展有关的某些重要经济部门内,实行对生产的计划调节,更有力地为垄断资本攫取高额利润服务,有些计划措施甚至具有全国规模的性质。其本质正如列宁所说：实行计划并不能使工人摆脱奴隶地位，相反地，资本家将更有计划地攫取利润。

3. 关于资本输出

陶先生认为，第二次世界大战后，整个资本主义世界资本输出的规模扩大了，资本输出的作用加强了，而且资本输出的流向和结构也发生了新的变化，表现出新的特点。在战前，发达的资本主义国家通常把"过剩"资本输出到经济落后的国家，哪边资本少、原料贱、地价低、劳动力便宜，利润率就高，这是帝国主义阶段的基本发展趋势。可是，在战后，特别是 20 世纪 60 年代以后，情况却发生了明显的变化。在各主要资本主义国家的资本继续向经济落后地区输出的同时，在各个发达的资本主义国家之间，出现了资本彼此对流、相互渗透的新情况。这种现象不仅存在于美国同西欧各国和日本之间，还明显地表现在其他发达国家资本输出过程中。上述变化主要是帝国主义时代资本主义经济政治发展不平衡的表现。

4. 关于国际垄断同盟

陶先生认为，在现代资本主义条件下，随着生产和资本国际化过程的加强，随着现代科学和技术的日益国际化，战后资本主义世界的国际经济关系中出现了一种新的趋向，即国际垄断组织企图通过发展国际范围内的国家垄断资本主义，来克服经济生活国际化在各国之间所产生的矛盾。在这样的历史条件下，资本主义世界中出现了"经济一体化"现象：有的采取自由贸易区的形式；有的实行关税同盟；还有一种更为发达的高级形式，即组织成全面的经济同盟。

5. 关于帝国主义殖民体系

陶先生认为，在各个主要资本主义国家之间，在各个垄断资本集团之间,为争夺原料产地、商品市场和投资场所,为了瓜分世界、争夺势力范围,它们之间的斗争非但没有结束,并且在某种程度上更趋复杂化和尖锐化,无论从国际贸易还是从国际金融领域来看,情况都是如此。同时,他还认为,第二次世界大战后,帝国主义的殖民体系虽然已告瓦解,许多原来的殖民地纷纷宣告政治独立,但亚非、拉美广大发展中国家的经济,仍在不同程度上受到形形色色的新殖民主义的欺凌和剥削。因而,保卫国家主权,发展民众经济,反对帝国主义,特别是反对超级大国的掠夺和控制,仍是这些国家和人民反殖、反帝、反霸斗争的一个极其重要的方面。

6. 关于现代资本主义的经济增长及其腐朽性

陶先生认为,在现代资本主义条件下,经济的增长趋势与停滞腐朽的趋势是同时并存的。看来似乎矛盾,其实这恰好是当代资本主义经济和技术发展的历史辩证法。

第二次世界大战后,主要是资本主义国家经济发展的基本趋向,大致可以划分为两个阶段:从战争结束到 20 世纪 70 年代初,是经济迅速发展或高速增长阶段;从 70 年代初期起,特别是从1974—1975 年世界性经济危机以来,就进入了一个缓慢发展或低速增长阶段。前一阶段,在战后科技革命的直接影响下,各个主要资本主义国家的经济增长速度都是空前的,并且表现出极大的不平衡性;后一阶段,是西方经济进入一个从发展到停滞的转折时期。当然,这并不是一个绝对停滞的时期,因此,在"走走停停"的过程中,并没有完全排除局部的、暂时的发展,尽管这仅仅是一种低速增长而已。

对于当代帝国主义的腐朽性问题,陶先生认为应着重从以下三个方面来具体分析:第一,从各个主要资本主义国家经济发展的不平衡性来看,战后,有些国家的发展快,有些国家甚至跳跃式地发展,而相对来说,另有一些国家却是停滞不前。第二,从各个主要资本主义国家产业结构的变化来看,战后科学技术的发展,渗透到社会生产的各个领域,使发达资本主义国家各个产业部门的结构发生了巨大的变化。这主要是军用工业的发展大大地超过了民用工业。毫无疑问,国民经济军事化的畸形发展,必然会严重影响到当代发达资本主义国家的扩大再生产。相形之下,各个主要资本主义国家的民用工业,包括一些传统的工业部门(如采煤、钢铁、纺织业等),却显得大大地落后了。第三,从各个主要资本主义国家的经济发展趋势来看,战后三十多年来,资本主义经济并不是直线式地上升,而是由快速转入低速的增长过程。1974—1975年以来,已经陷入了"停滞膨胀"的困境。这就是说,它们经济的迅速增长是暂时的、相对的,而不是长期的、绝对的,当然更不可能是永久的(参看《现代资本主义论》,江苏人民出版社1996年版)。

四、关于经济理论

(一)关于价值理论

第二次世界大战后,特别是20世纪60年代以来,由于电子计算机、无线电遥控技术等在工艺上的应用,某些生产部门乃至整个生产过程形成了生产自动化、电子化或者电脑化的体系,甚至出现了所谓"无人工厂",劳动生产率大大提高,生产成倍、成百倍甚至上千倍地增长,资本家阶级所获得的利润总量也空前地增长了。对这一问题,陶先生指出,价值总是凝结在商品中的一般的无差别的人类劳动,只有人类的抽象劳动才形成价值。任何机器设备,不管这种设备如何先进,它们本身并不能创造价值。采用了先进的机器设备以后,劳动生产率是大大提高了,但它所增加的是使用价值,而不是价值。不管劳动生产率发生了什么变化,同一劳动(抽象劳动)在同样时间内所提供的价值量总是相同的;在同一时间内,工人操作复杂的机器,比操作简单的机器所创造的价值量要大,但复杂劳动所创造出来的更多价值,却不能算到机器身上,仍旧只能归功于工人的劳动。因为,在生产过程中,不论劳动者所运用技巧和科学知识是如何深广,它所需要的劳动是如何复杂,凝结于商品价值中的仍然只能是人类抽象劳动的耗费。在生产高度自动化的条件下,替资本家创造价值和剩余价值的,不仅仅是主要从事体力劳动的生产工人,还包括日益增多的主要从事脑力劳动的生产工人,他们都是总体工人的组成部分。从这个概念出发,我们就可以清楚地看到,劳动创造价值就不只是说体力劳动创造价值,而且科技、管理劳动同样创造价值。同样的道理,也不能以机器人的出现,甚至"无人工厂"的出现来否定劳动价值论,更不能证明机器创造价值。

(二)关于货币理论

陶先生认为,关于纸币同黄金的关系问题,到目前为止,还不能说纸币已经完全"独立化"了,可以完全摆脱黄金了。黄金依然是国际支付的最后手段,我们至今还不能完全排除它作为世界货币的作用。在现代资本主义条件下,对"金银天然不是货币,但货币天然是金银"这句名言,我们应该全面地、深入地探索,如果认为随着货币形态的演变,它已"失去真实性"了,或者认定"黄金非货币化是历史的必然",都未免过于武断。在资本主义商品经济如此发达,国际经济关系不断扩大的情况下,任何黄金"非货币化"政策也不能割断货币同黄金之间的客观关联,任何国家要根本否定黄金的货币作用,也是办不到的。所以,马克思所阐明的货币流通规律(当然也包括纸币流通规律在内),至今并没有"过时",它继续在闪耀着真理的光辉!

此外,他还提出,黄金究竟怎样以及在什么时候"非货币化",

还是"再货币化",并不取决于任何个人或集团的主观意志,它在根本上还是决定于社会经济制度的变革。他说:只有在"资本主义商品经济已在地球上绝迹了,共产主义的红旗已经飘扬在全世界的上空了,黄金的货币职能也就自然而然地消逝了"。

(三)关于剩余价值理论

陶先生认为,在生产自动化的条件下,产业结构发生了变化,生产工人的概念也扩大了,直接生产领域应该扩大到与物质生产有关的科技、管理部门。因而,凡在物质生产领域中受雇于资本家的科技、管理人员,只要他们的劳动能使资本自行增值,同样也参与剩余价值的生产。而且随着现代化科技成果在生产上的广泛应用,随着资本再生产的物质技术条件的变化,垄断资本剥削的新形式也层出不穷。所以,在战后科技革命的新情况下,各个主要资本主义国家的剩余价值率仍显示上升的趋势。因此,在估算剥削率时,还必须考虑战后出现的新情况,其中比较突出的有两个因素:其一,战后时期,有大批外籍工人背井离乡,涌向各个发达资本主义国家从事各种繁重的劳动,受到当地资本家残酷的剥削。其二,战后跨国公司的畸形扩张,对整个世界经济格局和国际金融关系的发展,都产生了巨大的影响。

(四)关于非物质生产领域中劳动的理论

陶先生认为,在资本主义制度下,作家、演员、教师、医生、艺术家以及其他脑力劳动者,并不直接创造物质财富,只是通过自身的脑力劳动提供某种能够满足人们特殊需要的精神产品或服务。从一般生产过程来看,精神财富的生产与物质财富的生产表现了不同的特点,但从本质上考察,从事精神财富的生产者同样处于雇佣劳动的地位,他们跟物质生产领域里的劳动者一样,也受到资本家阶级的剥削。所以,在现代资本主义条件下,非物质生产领域里的任何劳动者,虽然他们的工资较高,但只要是受资本家雇佣的,同样能给资本家提供利润。当然,也必须看到,资本家对这部分劳动者进行剥削的形式有所不同,而且这部分剥削量在整个资本主义社会的剩余价值总量中所占的比重也是有限的。他还认为,随着现代科学技术的突飞猛进和国家垄断资本主义的迅速发展,资产阶级对劳动者的剥削也有日益强化的趋势。

(五)关于地租理论

陶先生认为,战后科学技术的发展,垄断资本对农业的渗透以及资产阶级国家对农业的干预,都对现代资本主义条件下地租的形成及其变化,产生不同程度的影响:第一,级差地租Ⅰ呈现一种下降的趋势。因为级差地租的产生,跟某种自然力的利用有关,随着科学技术的发展,它的影响便由强转弱,以致逐渐趋于消失。因此,级差地租率下降趋势是资本主义经济发展过程的一个必然现象。第二,级差地租Ⅱ的情况比较复杂。因为,在现代资本主义条件下,既有促使它下降的因素,也存在着使其趋于增长的因素。两者相互影响,可以出现各种不同的情况。但是,总的看来,由于级差地租Ⅱ的存在必须以级差地租Ⅰ的存在为前提条件。这样级差地租Ⅰ的下降趋势,在某种程度上也就阻碍了级差地租Ⅱ上升的可能性。第三,对绝对地租要做具体分析。首先,马克思在谈到"绝对地租"的消失时,加了"上述意义上的"这样一个限制词,这就意味着有保留的涵义。它并不是指任何形式的绝对地租一概"消失",而是指那种"来源于农业品价值超过生产价格的余额"的这部分绝对地租"消失"了。在资本主义发展的不同阶段,绝对地租有其不同的来源:在农业平均资本构成尚未同社会平均资本构成拉平以前,绝对地租是由农业工人所创造的剩余价值的一部分,即来自农产品价值超过生产价格的余额,它经由农业资本家转入土地所有者手中;当农业平均资本构成已经赶上社会平均资本构成以后,这部分绝对地租来自社会的总剩余价值,它是通过国家垄断资本主义的农业措施,经由国民收入再分配的渠道直接地转入土地所有者手中。总之,只要土地私有制存在一天,就不可能从根本上消灭绝对地租。在现阶段,一方面,由于工农业中资本有机构成逐渐拉平,绝对地租率(并非绝对地租量)有着下降的趋势;另一方面,由于土地私有权的垄断以及农产品垄断价格的形成(加以土地价格的不断上涨),还会出现另一种抵消的趋势。

(六)关于经济危机理论

陶先生认为,在战前资本主义经济周期的四个阶段各有明显的标志和特点;而到了战后,整个经济危机及其周期发生了变化:在危机阶段,生产下降的幅度不像过去那样猛,危机持续的时间也不像过去那么长,有的物价非但不跌,反而上涨;萧条阶段很不明显,复苏阶段生产回升乏力,固定资本更新不快,这两个阶段的界限不容易划清;进入高涨阶段,生产的增长速度也不那么快,并有大量的失业。整个说来,危机的周期比战前有所缩短,发生的次数也频繁了。究其原因,首先,是战后科技革命对再生产周期的变化起了很大作用;其次,国家垄断资本主义的迅速发展对战后的历次经济危机也产生了明显影响;最后,战后跨国公司和跨国银行的畸形发展,使资本主义世界的经济周期运动受到更为复杂的影响,在一定程度上使世界经济危机的周期性趋势有所加强。

他还认为:资本主义总危机作为全面危机、普遍危机或一般危机,它的基本内容,在战后新的历史条件下已经有所扩大,既包括了经济和政治危机,也包括了社会危机和资本主义意识形态的危机。社会危机的主要表现是:第一,酗酒和吸毒已经成为社会的祸害:第二,犯罪率增长速度惊人,恐怖笼罩西方社会;第三,自杀案例不断增加,悲剧日益增多。第四,道德败坏,家庭趋于解体。西方世界所出现的社会危机,也会在思想文化领域中反映出来,战后资本主义社会正经受深刻的意识形态方面的危机,现代资产阶级的文化,正处于没落和腐朽的状态中(参看《现代资本主义经济研究》第五篇,湖南人民出版社 1985 年版)。

五、关于经济思想史

陶先生认为,对于西方经济思想和经济理论,既不能盲目地全盘否定,也不能盲目地全盘接受,应该在马克思主义指导下,"取其精华,去其糟粕",吸收千人经济思想中的一切进步的,推进社会前进的东西,并给以批判地综合和创新,"洋为中用"。

(一)对亨利·乔治经济思想的评述

陶先生认为,亨利·乔治的经济著作的影响,远非一般资产阶级庸俗经济学家的作品所能比拟,他的《进步与贫困》一书在 19世纪末叶,确曾轰动全国,畅销全球,如果低估了亨利·乔治在国内外的实际影响,显然是不妥当的。

亨利·乔治关于地租国有化的基本信条,纯粹是一种资产阶级经济学家的观点,他越是醉心于他的地租的狂想,就越像恩格斯所说的"必定压制一切社会主义的东西"。虽说从经济思想体系来看,亨利·乔治在一定程度上也接近于西斯蒙第和蒲鲁东的小资产阶级政治经济学,但是,就他在政治经济学上所"确立"的"一些普遍的原则"而论,除了关于地租论和"单一税"学说以外,其理论所体现的矛盾和肤浅性,显然要比西斯蒙第和蒲鲁东严重和突出。因为,他在资产阶级政治经济学史上的地位,也无法跟西斯蒙第和蒲鲁东相提并论。从思想倾向来看,亨利·乔治同英国资产阶级社会改良主义者霍布森也有某些相似的地方。但是霍布森对现代资本主义所持的批判态度,却不是亨利·乔治所可比拟的。因此,对亨利·乔治这类渗透着资产阶级改良主义的经济思想进行批判,仍然具有重大的现实意义(参看《亨利·乔治经济思想评述》,中国社会科学出版社1982年版)。

(二)对19世纪末20世纪初资产阶级庸俗经济学的分析

陶先生从方法论上对德国历史学派、奥地利学派、英国剑桥学派、美国制度学派和边际生产率学派做了考察和批判。他认为,无论是哪一个庸俗经济学的流派,也无论这批资产阶级辩护士玩弄什么样的迷惑手法,就整个方法论来说,"固陋浅薄"是各派的共同特征。尽管他们把各式各样的伪科学的法宝统统搬了出来:从心理学到生物学,从庸俗历史学到庸俗社会学,乃至从数学公式到力学原理,统统都无法挽救他们在方法论上的破产。

此外,陶先生还分别批判了奥地利学派的"边际效用价值论"、马歇尔的"均衡价格论"、"克拉克的"静态价格论"以及其他反马克思劳动价值学说的谬论。他认为,这些庸俗价值论的共同特征就在于割断价值与劳动间的必然联系,掩盖价值所反映的人们的生产关系,抹杀价值的社会历史内容,以主观臆断的心理规律、"自然"规律来偷换客观存在的价值规律(参看《外国经济思想史新编》,江苏人民出版社1990年版)。

(三)对凯恩斯主义的分析

凯恩斯主义是19世纪30年代以来出现的一个影响最大的资产阶级经济学流派。在50年代初期,正当凯恩斯的经济思想弥漫整个资本主义世界的时候,陶先生撰文批判了凯恩斯主义。他认为,凯恩斯主义是资本主义总危机时代的产物,它反映了资本主义制度的衰谢,是被当做挽救资本主义制度的"万应灵丹"而被提出来的,代表了垄断资本集团的根本利益。

陶先生认为,凯恩斯主义的立场、观点、方法与马克思主义毫无共同之处:凯恩斯站在资产阶级的反动立场,而马克思是站在无产阶级的革命立场;凯恩斯是一个主观唯心论者,而马克思是一个辩证唯物论和历史唯物论者;凯恩斯找出资本主义的缺憾,是为了医好它,使它"返老还童",而马克思发现资本主义的内在矛盾,是为了证明资本主义必然灭亡和无产阶级革命必然胜利的历史真理(参看《外国经济思史新编》,江苏人民出版社1990年版)。

(四)对罗斯托"经济成长阶段论"的分析

罗斯托是当代西方经济学界影响较大的资产阶级庸俗经济学家和经济史学家,他的主要代表作《经济成长的阶段——非共产党宣言》一书,在战后西方世界曾轰动一时。

陶先生认为,罗斯托的经济成长"六大阶段"说(传统社会、为起飞创造前提阶段、起飞阶段、向成熟挺进阶段、高额群众消费阶段、追求生活质量阶段)从一开始就把矛头指向马克思,妄图用他的"成长阶段论"从根本上否定历史唯物主义。其实,它并不是什么新鲜货色。从19世纪末以来,形形色色的资产阶级庸俗经济学家虚构过不少这样的"阶段论",像德国历史学派的毕夏尔、希尔德布兰德、施穆勒以及美国制度学派的泛勃仑等人,分别提出过"三阶段说","四阶段说"或"五阶段说",其共同特征就在于否定生产力和生产关系的矛盾是社会发展的根本动力。罗斯托的"六阶段"说也只是这类庸俗"阶段论"的翻版而已。

陶先生的著作在思想界具有广泛的重要影响,例如他1948年在英国期间,为纪念《共产党宣言》发表100周年所写,由香港士林书店出版的《社会主义思想简史》深受广大读者欢迎,影响了一代人。

陶大镛先生思想敏锐、深邃,善于发现和洞察经济现象和社会经济中的深层次问题,其经济理论和成果具有前瞻性、时代性、科学性,许多真知灼见对我国的改革开放和社会主义现代化建设具有理论意义和现实指导意义。陶先生为当代经济学的发展做出了卓越的贡献,他的经济理论和经济思想是经济学宝库的珍贵财富。

陶大镛世界经济思想述评

赵春明[①]

我国著名经济学家陶大镛教授早在学生时代,就开始了对现代西方发达国家经济的研究。那时,他为重庆《新华日报》翻译的稿件中,就有相当数量是关于资本主义经济问题的。

1946—1948 年,陶大镛教授在英国从事经济研究工作,使他有机会亲身考察资本主义各国的经济问题。在这几年里,他为上海的《新中华》、《世界知识》和《文汇报》以及香港的《经济导报》等报刊写过大量的报道和文章,并在这些论文的基础上写成了《战后的资本主义》和《世界经济与独占资本主义》。陶大镛教授回国后,继续从事这方面的研究工作,并撰写了《什么是帝国主义》和《现代资本主义和社会主义的基本经济法则》等著作,从不同的侧面分析了帝国主义在第二次世界大战后的新发展。这些研究成果对于我们今天考察现代发达国家经济仍具有重要的参考价值。

20 世纪 50 年代中期以后,陶大镛教授由于身处逆境,长时间没有再发表有关现代发达国家经济方面的论著。但是,他仍密切

---

① 作者系北京师范大学经济与工商管理学院副院长、教授、博士生导师,原文刊载于《光明日报》2010 年 5 月 11 日。

地注视着现代资本主义的经济情况,不断地积累资料。当他的错案得到改正以后,首先出版的著作就是《战后资本主义经济特征》一书,阐述了他经过多年的研究之后,对当时关于现代发达国家经济重大理论问题的基本观点。当时,学术界还流行斯大林的总危机论,认为停滞和腐朽是西方发达国家的主要经济特征。陶大镛教授认为,第二次世界大战后,主要西方发达国家经济还是呈现出了发展的基本趋向,其中大致可以划分为两个阶段,即从战争结束到 20 世纪 70 年代初是经济迅速发展或高速增长阶段;从 20 世纪 70 年代初期起,特别是从 1974—1975 年世界性经济危机以来,就进入了一个缓慢发展或低速增长阶段。前一阶段,在战后科技革命的直接影响下,主要西方发达国家的经济增长速度都是空前的,并且表现出了极大的不平衡性。后一阶段则是西方经济进入一个从高速发展到低速增长的转折时期,但尽管如此,在"走走停停"的过程中,也没有完全排除发达国家的发展趋势。

20 世纪 80 年代末尤其 90 年代初以来,随着世界经济格局的变化、经济全球化趋势的不断发展和美国"新经济"的出现,西方国家又出现了许多新特点。陶大镛教授紧扣时代脉搏,对这些新的特点进行了持续而深入的研究。这突出地反映在由他主持的国家社会科学基金"八五"重点课题结项成果《现代资本主义论》和国家社会科学基金"九五"重点课题结项成果《世界经济新格局研究》两书之中。

篇幅长达近 80 万字的《现代资本主义论》并没有从现存的简单结论出发,而是通过掌握了大量关于现代西方发达国家经济发展的第一手资料,将历史、理论和现实相结合,从实际出发,遵循实事求是的原则,以现代资本主义发展进程中的具体情况为依据,采取定性分析和定量分析相结合,一般描述和案例分析相统一的方法,对整个现代资本主义社会进行具体分析,按照历史的本来面目做出符合实际的论述。例如,对西方发达国家的社会保障制度,作者在客观描述的基础上,指出它既是现代资本主义社会阶级矛盾与斗争的产物,是经济社会化发展的结果,对现代西方发达国家的经济稳定和社会发展起了巨大作用;同时又指出,这种为缓解周期性经济危机及其所激化的社会冲突而设置的"润滑剂"装置,又是社会付出的昂贵"代价",它加速了垄断资本主义向国家垄断资本主义的转化,并给现代西方各国的国民经济发展带来了日益严重的后果。这种辩证地、实事求是地认识和剖析现代资本主义发展各个层面的方法,成为贯穿全书的一条主旨。这在该书关于其他主要问题的分析,如现代西方发达国家的金融资本、产业结构、企业制度、市场体系和宏观调控、阶级结构、跨国公司、周期波动及科技革命对现代发达国家经济发展的影响等当中也得到了充分的体现。

对现代资本主义发展趋势的探索,是《现代资本主义论》中具有特色的另一创新之处。早在1989年,陶大镛教授就提出了现代资本主义"向社会主义过渡"是一个"自然历史过程"的命题。他的这一观点,在《现代资本主义论》中得到了进一步的贯彻和发挥。为此,该书在理论上、历史发展上进行探索的同时,又进一步从现代资本主义发展的实践上,考察了资本主义向社会主义过渡的物质条件和方式。作者认为,随着社会生产力的发展,生产社会化程度的提高,在现代资本主义社会内部,逐渐孕育着某些社会主义因素,生产和管理的社会化,为社会主义准备着日益完备的物质基础;资本的社会化、股份化,垄断组织的大量出现,为将来由整个社会即全体人民来实行"剥夺"做好了准备;现代资本主义国家职能的某些变化,对社会经济进行宏观调控和微观调控职能的加强,为社会主义消除社会生产的无政府状态做了必要的准备;现代发达国家经济计划的推行和逐步加强,有助于高度发展的社会生产力逐步冲破私有制生产关系对它的束缚,从而最终实现向社会主义的过渡;现代资本主义社会保障制度的高度发展,为未来社会主义社会的社会保障体系提供了现成的借鉴;"三大差别"的缩小,也是资本主义向社会主义过渡准备物质条件的重要表现形式。论著通过对现代资本主义的具体发展形态的考察和探索后得出结论,在发达资本主义国家的经济结构内部,已经孕育着某些社会主义因素的萌芽了,国家垄断资本主义是社会主义的最完备的物质准备,是社会主义的入口。对现代资本主义发展趋势的这一探索,既是作者不拘成说的学术结晶,也是作者矢志不渝的理想和信念的真实表达。

世界经济活动重心转移是当代世界经济的重要特点之一。早在20世纪80年代初期,陶大镛教授就提出世界经济活动的重心逐渐向环太平洋地区转移的观点。他在1982年2月中国经济学家代表团访问加拿大期间,参加经济讨论会的发言中指出:"至少对西方文明来说,经济活动中心一向是在地中海一带,后来转移到欧洲的西北部以及北大西洋,现在正逐渐移向太平洋地区。""我们相信,一个新兴的太平洋贸易和投资区就将出现。并且从20世纪的90年代起就可能将有一个迅速的发展。"《世界经济新格局研究》一书对此做了进一步的分析。

作为太平洋地区的重要国家美国,仍是目前唯一的超级大国。美国一直在努力操控着世界最重要的几家国际经济机构,并试图按自己的设想构筑整个世界经济秩序,尤其是在国际贸易和金融领域推行普遍性的准则。毫无疑问,目前美国在世界经济中的地位和影响力,比其他任何一个国家都要大。这种地位和影响力是建立在美国雄厚的经济基础之上的,这种局面在可预见的将来很难从根本上发生变化。与此同时,东亚地区经济的长足发展和迅速崛起也非常引人注目。20世纪50—60年代,日本从废墟上重新崛起,一跃成为世界上第二大经济强国;20世纪60—70年代,新加坡、韩国和中国香港、台湾地区经济迅速腾飞;20世纪70—80年代,东盟各国奋起直追,形成了东亚地区经济发展的第三次浪潮;20世纪80年代以后,中国实行改革开放,经济迅速勃兴和发展,并且显示出了极大的发展潜力。战后东亚地区的这种经济增长势头,给亚太甚至世界经济的持续增长注入了新的活力,成为世界经济重心转移的一个最重要的特征之一。尽管东南亚金融危机发生以后,这一进程受到了一定程度的影响,但是东南亚金融危机的爆发并不意味着东亚经济发展模式的终结。只要东亚国家和地区对其模式做出适当调整,东亚经济就仍有获得继续较高速增长的基础和发展前景。

在当代世界经济格局发生演变的过程中,陶大镛教授认为,中国为了维护国家经济和政治文化等方面的利益,应重新思考和理性发展与美国、日本、俄罗斯、印度、欧盟及其主要成员国、东盟、韩国等国家的关系,以国家为依托,以各类企业为单位,通过全面转变经济增长方式和产业结构的升级,经济、社会、人口的可持续发展,区域经济的协调发展和城市化的提高,社会主义市场经济和民主法治政治体制的完善等战略手段和途径,来实现中国未来的发展战略目标。

我国世界经济学科的先行者和奠基人

宿景祥[1]

陶大镛先生离开了我们,离开了他所钟爱的世界经济学界,世界经济学界也失去了他这位杰出的先行者和奠基人。

1946 年夏,陶先生应英国文化委员会的邀请,以四川大学教授的身份,赴英国曼彻斯特大学做访问学者,研究中国古代经济发展史。1947 年夏,他完成了考古研究方面的课题,便把注意力集中到东南欧社会主义经济改造问题上。用陶先生的话说,当时在东南欧一些国家,"新民主主义已经吐了苗,生了根,接受着时代的洗练",这些变化对于中国未来的发展,自然有重要的参考价值。

1947 年秋至 1948 年夏,陶先生在上海《新中华》杂志连续发表了 6 篇论文,分别论述了波兰、捷克斯洛伐克、南斯拉夫、保加利亚、匈牙利和罗马尼亚等东南欧六国,战后进行社会主义经济改造的真实情况和巨大成就。这些论文充满激情,材料丰富、翔实、新颖、鲜活,甫一发表,即刻在国内知识界引起强烈反响。当时,解放战争正酣,中国社会正面临历史转折关头,许多知识界人士已透过战火和硝烟,看清了中国未来的轮廓,迫切需要了解国外有关社会

---

① 作者系中国现代国际关系研究院研究员。

主义的最新情况。有鉴于此,中华书局于1948年将这些论文结集出版,这就是陶大镛先生早年重要著作《战后东欧的经济改造》。

陶先生的《战后东欧的经济改造》一书,引用了大量外文材料,学术味较重。时任上海《世界知识》杂志社社长的胡愈之先生,目光敏锐,看到了这些文章中所包含的重要思想,便邀请陶先生用更为通俗的语言,来介绍东南欧经济改造的情况。于是,《世界知识》杂志在1948年接连刊登了陶先生所撰写的5篇论文,分别从经济计划、土地改革、国有化政策、经济建设和国民生活等不同角度,更为系统地阐述了新民主主义革命的历史地位和基本任务;同时,也为未来新中国的经济前景,勾画出一幅美好的蓝图。随后,世界知识出版社以《新民主国家论》为名,将这些论文结集出版。此书出版前,《世界知识》杂志便以非常醒目的标题,报道了这一讯息。这本书出版后,影响非常大。到了1949年上海解放时,世界知识出版社至少再版了5次,包括延安在内的许多解放区也都刊印过这本书。

世界经济作为一门学科,大体上形成于20世纪30年代。资本主义世界发生的"大萧条",将经济现象的世界性特征展现出来,促使各国经济学者愈益注重研究世界经济。但直到战后初期,有关世界经济研究的著作还较少,而且主要是从技术层面谈世界经济,尤其是英、美等国经济学家的著作,往往偏重于分析贸易和投资等具体问题。陶先生通过对东南欧新民主主义经济的研究,认识到研究世界经济,首先要以两大经济体制的并存和对立,作为基本的出发点。在研究方法上,提出了自己独到的见解。

陶先生研究世界经济,强调从资本主义的本质来分析,他的论文也很受当时知识界的欢迎。上海《世界知识》1948年11月7日发表陶先生《论战后资本主义与世界和平》一文时,专门加了"编者按":"好久以来,我们接到许多读者来函,问起第三次大战会不会爆发。看目前国际局势的紧张,火药味一天比一天的浓重,确乎不能不令人关切到这个问题。但战争来与不来,自有一定的条件和规律。我们不是刘伯温,当然不能妄加猜测。最近陶大镛先生自伦敦寄来一稿,就战后资本主义展望世界和平的前途,立论精辟,完全有科学的根据……爰刊于此,或足以帮助我们从基本上认识大战问题,而不致有所迷惘与惶惑吧!"

陶先生 1949 年回国,到香港后,鉴于当时国内局势尚未安定,只好暂住下来。这段时间里,他曾为香港《大公报》和《文汇报》等报刊撰写了大量国际经济评论。陶先生的《东南欧与新中国》一文,于 1949 年 3 月 6 日在《文汇报》上发表,曾在香港知识界中间引起了一次争鸣。陶先生在这篇文章中指出,战前东欧各国的社会经济结构,与旧中国有诸多相似之处,都是滞留在半封建半殖民地的历史阶段,封建地主与官僚买办集团,实际掌握了政权。在这样落后反动的社会基础上,如果没有一个革命的人民政权,而想一下子跨进社会主义社会,当然是绝无可能的。在这些国家里,社会革命的历史进程,必须分为两个阶段:第一阶段是新民主主义革命,第二阶段才是社会主义革命。在新民主主义的革命阶段,它最大的历史使命,就在彻底清算帝国主义与封建主义! 这个反帝反封建的双重任务,依靠旧民主主义是不可能完成的,只有在共产党的领导下来完成。但新民主主义的任务是发展生产力,只有待生产力发展水平达到了一定的高度,才能向社会主义过渡,因而,这个过渡的时间不宜太短。就社会发展形态上看,中国与东南欧处于同一个历史阶段,因而,中国也必然应选择新民主主义道路。同时,由于中国工业发展水平较东南欧落后,故从新民主主义向社会主义过渡,所需要的时间也要拖长一些。今天来看这些观点,不能不承认他的远见卓识。

1950 年,中华书局出版了陶先生的《世界经济与独占资本主义》,三联书店出版了他的《世界经济讲话》,这两部书,系统地阐述了世界经济的研究对象、研究方法,以及世界经济的基本问题和发展趋势。这些著作是当时研究世界经济问题所不可多得的读物。《世界经济讲话》这部篇幅不大的论著,1950 年 8 月刊第一版,当年 12 月就印了第三版,可见是很受读者欢迎的。1953 年,世界知识出版社出版了新中国成立后第一本《世界知识手册》(即《世界知识年鉴》)。1954 年,《世界知识手册》改版,增加了 3 篇专题文章,即《一年来中华人民共和国的外交成就》、《一年来的国际政治》和《一年来的国际经济》,陶先生应邀撰写了《一年来的国际经济》一文,这是我国世界经济综述性论文的经典文献。1979年,应钱俊瑞同志之邀,为迎接中国世界经济学会的成立,陶先生又撰写了《论世界经济的研究对象》一文,对世界经济学科中的若干重大理论问题,进行了全面、系统的阐述,同样是我国世界经济学科的一篇重要的理论文献。

陶先生就是这样,用自己的辛勤努力,早早地为我国世界经济学科探索出了一条可行之路,我们将永远铭记他,怀念他!

不断拓展世界经济研究的新领域

赵春明　杨国昌[1]

　　世界经济学是第二次世界大战后兴起的一门新兴学科,我校陶大镛教授早在 1950 年就出版了《世界经济讲话》(三联书店)和《世界经济与独占资本主义》(中华书局)等学术论著,对我国世界经济学的建立产生了重要影响。我国已故著名学者、第一任中国世界经济学会会长钱俊瑞教授在一封信中,曾称道陶大镛教授"是我国最早提出并从事世界经济学的创始人之一"[2]。

　　1980 年,陶大镛教授被推举为中国世界经济学会副会长,次年,我校以陶大镛教授为学术带头人的世界经济学科首批获得博士学位和硕士学位授予权。

　　二十多年以来,我校世界经济学科已形成了一支老中青结合的、优秀的教学和研究队伍。其中既有老一辈学术带头人,也有国家级中青年专家、教育部人文社会科学跨世纪人才培养计划入选者、高等学校优秀青年教师奖获得者、做出突出贡献的中国博士学

---

　　① 作者赵春明系北京师范大学经济与工商管理学院副院长、教授、博士生导师,杨国昌系北京师范大学原副校长、经济与工商管理学院教授、博士生导师,原文刊载于《北京师范大学学报》(哲社版)2002 年第 5 期,收录本书时略有删节和修改。

　　② 引自 1984 年 3 月 26 日钱俊瑞致陶大镛的信。

位获得者,还有在英国、奥地利等获得博士学位的优秀学者,他们活跃在世界经济各个领域并取得了重要的研究成果。

在长期的研究过程中,我校世界经济学科与时俱进,紧扣时代脉搏,取得了丰硕成果,在保持基础理论研究尤其是对现代资本主义经济研究居于国内领先地位的基础上,不断拓展世界经济研究的新领域,在学术界产生了较大的影响。在"九五"期间,我校世界经济学科获得全国普通高等学校人文社会科学优秀成果二等奖和三等奖各1项,中国图书奖1项,北京市哲学社会科学优秀成果二等奖4项,其他省部级奖6项。还有数篇研究成果被中宣部全国规划办辑入《成果要报》呈送国家有关领导和决策机构。2002年,我校世界经济学科被列入北京市"十五"规划重点建设学科,2007年被评审为国家重点培育学科。

目前,我校世界经济学科已形成了四个具有明显特色的研究方向,这就是:(1)当代资本主义与世界经济格局研究,学科带头人和学术骨干是陶大镛教授、杨国昌教授、唐任伍教授和白暴力教授。本研究方向的特色是研究当代资本主义的最新发展,以及根据当代资本主义的发展情况研究经济全球化及世界经济格局的变化。"九五"以来承担省部级以上课题7项,出版著作8部,发表论文126篇。(2)国际金融研究,学术带头人和学术骨干是李翀教授、贺力平教授、何璋教授和钟伟教授。本研究方向的主要特色是研究国际资本的流动、国际资本市场的发展、汇率制度和汇率的变化、金融的监管等。"九五"以来承担省部级以上课题8项,出版著作14部,发表论文154篇。(3)国际贸易与投资研究,学术带头人和主要学术骨干是赵春明教授、曲如晓教授和仲鑫教授。本研究方向的特色是在深入研究国际贸易理论的基础上,重点考察国际贸易和投资的运行机制、非关税壁垒的应对及运用、国际环境变化对中国贸易与投资的影响及其对策等。"九五"以来承担省部级以上课题 7 项,出版著作 6 部,发表论文 103 篇。(4)国际大都市比较研究,学术带头人和学术骨干是李晓西教授、沈越教授和赖德胜教授。本研究方向的特色是依托世界经济学科,着力于研究国际城市化进程和北京建设国际大都市目标的有关重大问题。"九五"以来承担省部级以上课题 9 项,出版著作 10 部,发表论文 132 篇。

除了与国内学术界保持密切的联系并处于较为领先的地位以外,我校世界经济学科还非常注重与国外的学术交流。目前,我校世界经济学科已与美国加州伯克利大学、英国伦敦大学、日本东京大学、奥地利维也纳经济大学、德国汉堡世界经济研究所和韩国研究开发院等 8 个国际著名院校和研究机构建立了学术交流和合作关系。今后将进一步加强与美国国际经济研究所、剑桥大学国际研究中心等国际著名机构的联系与合作,以推动世界经济的研究,进一步提高我校世界经济学科的国际知名度。

一、深入开展研究现代资本主义经济

我国著名经济学家陶大镛教授早在学生时代,就开始了对现代资本主义经济的研究。那时,他为重庆《新华日报》翻译的稿件中,就有相当数量是关于资本主义经济问题的。

1946—1948 年,陶大镛教授在英国从事经济研究工作,使他有机会亲身考察资本主义各国的经济问题。在这几年里,他为上海的《新中华》、《世界知识》和《文汇报》以及香港的《经济导报》等报刊写过大量的报道和文章,并在这些论文的基础上写成了《战后的资本主义》和《世界经济与独占资本主义》。陶大镛教授回国后,继续从事这方面的研究工作,并撰写了《什么是帝国主义》和《现代资本主义和社会主义的基本经济法则》等著作,从不同的侧面分析了帝国主义在第二次世界大战后的新发展。这些研究成果对于我们今天考察现代资本主义经济仍具有重要的参考价值。

20世纪50年代中期以后，陶大镛教授由于身处逆境，长时间没有再发表有关现代资本主义经济方面的论著。但是，他仍密切地注视着现代资本主义的经济情况，不断地积累资料。当他的错案得到改正以后，首先出版的著作就是《战后资本主义经济特征》一书，阐述了他经过多年的研究之后，对当时关于现代资本主义经济重大理论问题的基本观点。

垄断资本主义在战后的几十年里，发生了许多新变化，从各方面表现出一些新的特点，其中特别是关于现代资本主义的经济增长及其腐朽性问题，国内外经济学界的意见颇为分歧。

在20世纪50年代初，斯大林曾经提出，由于第二次世界大战后产生了一些新条件，列宁在1916年所发表的著名论点，即资本主义虽然腐朽，但整个说来其发展比以前要快得多的论点"已经失效了。"①从这一论断出发，在过去一个相当长的时期内，我们国内流行的政治经济学教材中，都认为帝国主义时代资本主义国家在经济和技术上只有停滞腐朽的趋势，而不能迅速发展了。这种观点显然是不符合战后时期各发达国家经济增长和技术发展的实际情况。可是后来，国内有些经济理论工作者看到战后主要资本主义国家在生产和科学技术方面的迅速发展，因而对列宁关于当代帝国主义腐朽性的科学论断又产生了怀疑乃至否定。因此，如何正确认识现代资本主义条件下经济增长和停滞腐朽的问题，确实是当时研究现代资本主义的一个重大理论问题和现实问题。

陶大镛教授在《战后资本主义经济特征》一书的第二篇阐述

① 斯大林：《苏联社会主义经济问题》，人民出版社1958年版，第24页。

了他的看法。他认为,在现代资本主义条件下,经济增长趋势与停滞腐朽的趋势是同时并存的。他说:"在现代资本主义条件下,帝国主义的经济发展,一方面表现出停滞腐朽的趋势,同时又表现出迅速增长的趋势,看来似乎矛盾,其实这恰好是当代帝国主义经济和技术发展的历史辩证法。"①

那么,怎样认识战后资本主义的经济增长呢?陶大镛教授认为,总的来说,第二次世界大战后,主要资本主义国家经济发展的基本趋向,大致可以划分为两个阶段,从战争结束到20世纪70年代初是经济迅速发展或高速增长阶段;从70年代初期起,特别是从1974—1975年世界性经济危机以来,就进入了一个缓慢发展或低速增长阶段。前一阶段,在战后科技革命的直接影响下,各个主要资本主义国家的经济增长速度都是空前的,并且表现了极大的不平衡性。后一阶段,是西方经济进入一个从发展到停滞的转折时期,当然,这并不是一个绝对停滞的时期,因此,在"走走停停"的过程中,并没有完全排除局部的、暂时的发展,尽管这仅仅是一种低速增长而已。

当代帝国主义的腐朽性又表现在哪里呢? 通常的说法是表现在"垄断所造成的生产和技术停滞的趋势","经济危机的加深","社会劳动的严重浪费","食利者阶层的形成","社会危机的加深","政治上的全面反动",等等。陶大镛教授认为,以此来说明帝国主义的腐朽性虽说"未尝不可",然而尚不足以突出战后时期的特点。他说:"如果从战后资本主义经济发展的全过程及其基本特征来看,我认为对当代帝国主义的腐朽性似应着重从以下三个方面来具体分析。"第一方面,从各个主要资本主义国家经济发

---

① 陶大镛:《战后资本主义经济特征》,湖南人民出版社1981年版,第64页。

展的不平衡性来看。在战后时期,正是由于资本主义经济发展不平衡规律的作用,有些国家的发展就快,有些国家甚至跳跃式地发展。而相对来说,另有一些国家却是停滞不前。对比之下,就可暴露出后者的腐朽性了。第二方面,从各个主要资本主义国家产业结构的变化来看。战后科学技术的发展,渗透到社会生产的各个领域,使发达资本主义国家各个产业部门的结构发生了巨大的变化。这主要是军用工业的发展大大地超过了民用工业。毫无疑问,国民经济军事化的畸形发展,必然会严重影响到当代发达资本主义国家的扩大再生产。相形之下,各个主要资本主义国家的民用工业,包括一些传统的工业部门(如采煤、钢铁、纺织业等),却显得大大地落后了。第三方面,从各个主要资本主义国家的经济发展趋势来看。战后三十多年来,资本主义经济的整个发展趋势,并不是直线式地上升,而是由快速转入低速的增长过程,从1974—1975年以来,已经陷入了"停滞膨胀"的困境。这就是说,它们经济的迅速增长是暂时的、相对的,而不是长期的、绝对的,当然更不可能是永久的。从这个角度来剖析现代垄断资本主义所固有的停滞腐朽的趋势就更加容易理解了。

20世纪80年代末尤其90年代初以来,随着世界经济格局的变化、经济全球化趋势的不断发展和美国"新经济"的出现,西方国家又出现了许多新特点。我校世界经济学科与时俱进,紧扣时代脉搏,对这些新的特点进行了持续而深入的研究。这突出地反映在由陶大镛教授主持的国家社会科学基金"八五"重点课题结项成果——《现代资本主义论》一书之中。

由陶大镛教授主编的《现代资本主义论》(江苏人民出版社1996年版)一书,篇幅长达78万字,系我校经济学院和一部分高校以及中央研究单位的二十多位专家学者联合攻关,历时4年的成果。该书首先考察了现代资本主义最本质的经济特征。对这一关键性问题,《现代资本主义论》并没有从现存的简单结论出发,而是通过对现代资本主义发展中大量的活生生的材料进行分析,从中得出有助于认识现实的结论。如就现代资本主义国家中控制垄断的反垄断法来说,现代资本主义国家逐渐完善的反垄断法虽不能说形同虚设,但在实际上并没有真正遏制住生产和资本的集中。恰恰相反,发达资本主义国家中垄断组织的规模越来越大(波音公司和麦道公司合并就是一个明显的例证),垄断化的过程也明显加快。尤其是现代资本主义国家中一浪高过一浪的兼并浪潮,已由过去的"大鱼吃小鱼"发展为"大鱼吃大鱼",更加剧了垄断化的进程。这些垄断企业在科技迅速进步、国际分工进一步深化、生产社会化发展到国际规模的条件下,发展成具有全球规模的跨国垄断公司,并由主宰一国一个行业的生产和销售,发展到在世界范围内主宰某个行业生产和贸易的垄断集团。因此,现代资本主义国家中,垄断不仅没有削弱,相反已从国内垄断扩大到国际垄断。现代资本主义的全部经济特征仍然是以垄断为基础的,不管它的具体形态起了什么变化,垄断仍是现代资本主义最本质的特征。《现代资本主义论》对当代资本主义的政治、经济、社会及国际关系诸方面的分析,即始终一贯地抓住这一本质特征来展开的。

在分析过程中,作者掌握了大量关于现代资本主义国家经济发展的第一手资料,这些资料多是20世纪80年代末和90年代初以来现代资本主义国家正式公布的,其中包括不少西方政界要人的讲话和著名学者的研究成果,因而具有权威性,也最具说服力。对这些搜集到的经过筛选的富有时代感和学术价值的资料,《现代资本主义论》的作者并不是简单的堆砌,也不是从先验的理念出发去下结论,而是将历史、理论和现实相结合,从实际出发,遵循实事求是的原则,以现代资本主义发展进程中的具体情况为依据,采取定性分析和定量分析相结合,一般描述和案例分析相统一的方法,对整个现代资本主义社会进行具体分析,按照历史的本来面目做出符合实际的论述。例如,对西方发达国家的社会保障制度,作者在客观描述的基础上,指出它既是现代资本主义社会阶级矛盾与斗争的产物,是经济社会化发展的结果,对现代资本主义国家的经济稳定和社会发展起了巨大作用;同时又指出,这种为缓解周期性经济危机及其所激化的社会冲突而设置的"润滑剂"装置,又是社会付出的昂贵"代价",它加速了垄断资本主义向国家垄断资本主义的转化,并给现代资本主义各国的国民经济的发展带来了日益严重的后果。这种辩证地、实事求是地认识和剖析现代资本主义发展各个层面的方法,成为贯穿全书的一条主旨。这在该书关于其他主要问题的分析,如现代资本主义的金融资本、产业结构、企业制度、市场体系和宏观调控、阶级结构、跨国公司、周期波动及科技革命对现代资本主义经济发展的影响等当中也得到了充分的体现。

对现代资本主义发展趋势的探索,是《现代资本主义论》中具有特色的另一创新之处。

早在 1989 年,陶大镛教授就提出了现代资本主义"向社会主义过渡"是一个"自然历史过程"的命题。[1] 他的这一观点,在《现代资本主义论》中得到了进一步的贯彻和发挥。按照辩证唯物主义和历史唯物主义的观点,自然界的变化,主要是由于自然界内部的矛盾运动;社会的变化,则主要是由于社会内部矛盾的发展,推动了人类社会从低级阶段一步步走向高级阶段。社会历史的发展犹如一条长河,具有一定的延续性和继承性。任何新的社会经济形态的产生过程都不是在旧制度消灭之后,而是在旧社会内部孕

---

[1]　陶大镛:《探索现代资本主义的发展阶段(上)》,《北京师范大学学报》1989 年第 3 期。

育发生的。这种过程并非人们自觉活动的结果,而是自发地、不以人们主观意志为转移而自然产生出来的。

为此,该书在理论上、历史发展上进行探索的同时,又进一步从现代资本主义发展的实践上,考察了资本主义向社会主义过渡的物质条件和方式。作者认为,随着社会生产力的发展,生产社会化程度的提高,在现代资本主义社会内部,逐渐孕育着某些社会主义因素,生产和管理的社会化,为社会主义准备着日益完备的物质基础;资本的社会化、股份化,垄断组织的大量出现,为将来由整个社会即全体人民来实行"剥夺"做好了准备;现代资本主义国家职能的某些变化,对社会经济进行宏观调控和微观调控职能的加强,为社会主义消除社会生产的无政府状态做了必要的准备;现代资本主义经济计划的推行和逐步加强,有助于高度发展的社会生产力逐步冲破私有制生产关系对它的束缚,从而最终实现向社会主义的过渡;现代资本主义社会保障制度的高度发展,为未来社会主义社会的社会保障体系提供了现成的借鉴;"三大差别"的缩小,也是资本主义向社会主义过渡准备物质条件的重要表现形式。论著通过对现代资本主义的具体发展形态的考察和探索后得出结论,在发达资本主义国家的经济结构内部,已经孕育着某些社会主义因素的萌芽了,国家垄断资本主义是社会主义的最完备的物质准备,是社会主义的入口。对现代资本主义发展趋势的这一探索,既是作者不拘成说的学术结晶,也是作者矢志不渝的理想和信念的真实表达。①

《现代资本主义论》一书出版后,产生了较大的社会反响。在由知名专家组成的鉴定小组会议上,专家们给予了高度评价,一致

---

① 杜厚文、任武:《信念的力量 真理的探索——评陶大镛教授主编的〈现代资本主义论〉》,《世界经济》1997 年第 11 期。

认为："'现代资本主义经济研究'课题组以马克思主义的基本原理为指导,按照理论与实际相结合、历史与现实相统一的原则,全面、系统地论述了现代资本主义的经济结构、阶级关系、社会矛盾和国际关系,分析了现代资本主义发展的历史趋势。课题成果内容丰富,资料翔实,论证充分,对现代资本主义出现的新情况和新问题进行了实事求是的客观剖析,是世界经济与政治研究领域的一项新探索和新成果。同时它有助于读者全面、正确地认识现代资本主义,对我国的改革开放和社会主义现代化建设事业也具有重要的现实意义。"书中的某些重要观点后来被辑入中宣部全国社科规划办《成果要报》,报送国家有关领导和决策机构。该书还被评选为教育部第二届人文社会科学优秀成果二等奖。

这里还需要提到的是,在这个时期,杨国昌教授主持的"九五"国家社科规划重点项目《马克思经济学理论体系的历史地位和现实指导作用》,对反映资本主义市场经济的马克思经济学六册结构体系做了系统的研究,同时,还以资本主义在20世纪所发生的变化为背景,系统地回顾了马克思主义政治经济学理论体系的演变过程,特别是分析了发达资本主义国家在第二次世界大战后发生的变化,如新科技革命、资本社会化的进展、政府宏观调控的加强、产业结构的调整、国际分工和经济全球化的加深,对马克思经济学提出了哪些新问题以及如何解释这些问题。其研究工作也已引起了学术界的关注。

二、不断拓展世界经济研究的新领域

20世纪90年代以来,我校世界经济学科通过自身培养和引进人才,学科队伍得到了较大幅度的充实和加强,对当代世界经济的研究领域也在不断地拓展。为了全面把握当代世界经济发展的现状及其历史走向,学科组成员从世界经济格局的演变和发展、世界经济活动的重心转移、经济全球化、国际贸易、国际金融、国际投资等方面,多角度、多侧面地对当代世界经济做了深入剖析。以下是学科组成员关于当代世界经济发展重要问题所做研究并在国内学术界产生较大影响的一些代表性观点。

(一)关于世界经济新格局问题

"九五"期间,我校世界经济学科承担了国家社会科学基金重点课题"世界经济新格局研究"项目。经过课题组成员的联合攻关,该项目已圆满结项并以同名著作出版。在有关主要国家(或集团)在新旧格局交替中的地位和作用的分析中,课题组着重分析了当代世界经济的五个重要组成部分,即美国、欧盟、日本、俄罗斯和中国。

关于美国,课题组经过深入的考察后认为目前世界经济格局中的一个重要特点是"一超多强",美国是唯一的超级大国。美国一直在努力操控着世界最重要的几家国际经济机构,并试图按自己的设想构筑整个世界经济秩序,尤其是在国际贸易和金融领域推行普遍性的准则。美国政府也曾多次公开宣称,美国的经济繁荣要求美国在国际金融和贸易机构中发挥领导作用。毫无疑问,目前美国在世界经济中的地位和影响力,比其他任何一个国家都要大。这种地位和影响力是建立在美国雄厚的经济基础之上的。鉴于在过去10年里美国重新获得并加强了一些经济上的优势,这种局面在可预见的将来很难从根本上发生变化。

关于欧洲联盟,课题组认为,虽然从GNP的分布情况看,在世界经济中,欧盟的经济实力与美国的经济实力基本上是平分秋色的,但是,由于欧洲联盟是组合而成的经济联盟,具有政治、经济、军事、就业、资源等多层面的不稳定性与不平衡性,因此就欧盟的实际经济实力来讲,其实不能与美国同等看待。

关于日本,日本经济百余年特别是战后的发展,从一个东方的落后国家,成为仅次于美国的世界第二经济大国。但进入 20 世纪 90 年代之后,日本经济出现了从未有过的萧条和衰退。"泡沫经济"以及由此产生的不良债权,被称为萧条的最大祸首。至于为什么会产生"泡沫经济"和不良债权,课题组认为,日本"泡沫经济"及其不良债权的根子在于日本战后的发展之源——出口导向、贸易立国之中。以美元为中心的国际货币体系,日本对美元贸易的巨大顺差使日本获得了巨大的利益,也使日本受到了不少的伤害。既要趋外向型经济发展之利,又要避免"泡沫经济"之害,日本面对这样的难局,选择的余地并不多。要避免 20 世纪 90 年代的噩梦重演,日本就必须另辟新径。

关于俄罗斯,课题组认为,俄罗斯经过政治和经济上的多年动荡,经济实力有所下降,但这并不意味着它已经在世界上就弱不可言,从工业水平上进行分析,俄罗斯在几个主要领域依然处于世界前列。农业方面,1997 年,俄罗斯有几种主要产品是处在前列的。总体来看,俄罗斯改革的最后效果尚不明显,重塑大国形象的努力也一再遭受挫折。但是由于俄罗斯拥有丰厚的资源和人力资源宝库,其军事力量也依然十分强大。在未来世界经济格局中,俄罗斯潜力依旧,很可能在政治、经济、军事、外交诸方面发生巨大的正方向的变化。

关于中国,课题组认为,在仍由西方国家占据主导地位的世界经济新旧格局交替过程中,中国如何界定自己的地位和作用,并确立可行的发展战略,这是当前的重大理论和政策问题。中国正式加入世界贸易组织,在长期利好的同时,也在短期内对我国民族产业产生了较大的冲击。为此,课题组从市场、竞争、财务及经济技术等方面分析了中国国家竞争能力的结构及提升问题;从国际环境和国内环境方面考察了中国实施发展战略的制约因素,并进一步探讨了中国实施战略目标的手段和对策等等。在国家战略上,课题组认为,中国为了维护国家经济和政治文化等方面的利益,应重新思考和理性发展与美国、日本、俄罗斯、印度、欧盟及其主要成员国、东盟、韩国等国家的关系,以国家为依托,以各类企业为单位,通过全面转变经济增长方式和产业结构的升级,经济、社会、人口的可持续发展,区域经济的协调发展和城市化的提高,社会主义市场经济和民主法治政治体制的完善等战略手段和途径,来实现中国未来的发展战略目标。①

为了更为深入地考察世界经济格局的演变和发展问题,学科组成员还在其他研究工作中对这一问题进行了探讨。比如,贺力平教授以经济增长为中心线索回顾了世界范围内各国经济发展历程的来龙去脉,总结和探索了20世纪各国经济增长的经验教训和经济结构的规律性变化趋势。在研究过程中,作者沿着马克思主义经典作家提出的思路,在分析对比19世纪和20世纪经济增长的实际情况及其主要特征的基础上,提出可以将19世纪的工业革命和工业化运动视为"古典经济增长",将20世纪前半叶视为从"古典经济增长"到"现代经济增长"的过渡时期或转折阶段,而在20世纪后半叶世界范围内出现了"现代经济增长",其根本特点是继续现代化,即人们在物质财富极大丰富的基础上继续追求物质财富的增长,不停地创造发明新技术去替代已有技术,在相互依赖的市场环境中寻求可持续的发展。不仅如此,研究者还将近代以来的中国经济变化置于宽广的世界经济大背景之中,在几乎所有相关领域中都对比分析了国际经济变动趋势与中国经济变动趋势,这样的分析方法不仅更加有利于总结概括适用于中国经济发

---

① 陶大镛主编:《世界经济新格局研究》,北京师范大学出版社2001年版。

展的经验教训,而且可帮助读者更加清晰地从全球角度认识中国经济发展的国际地位,增强读者对未来中国经济持续增长的信心。① 沈越教授则以德国社会市场经济作为个案进行了深入分析。他系统地考察了自 19 世纪末期以来德国民主社会主义经济理论的发展演变,研究了以伯恩斯坦、希法亭、阿尔弗勒德·韦伯、卡尔·席勒等人的经济理论对当代德国社会民主主义经济体制的重大影响,以及对战后德国社会市场经济体制的形成和发展的影响。②

(二)关于世界经济活动的重心转移问题

世界经济活动重心转移是当代世界经济的重要特点之一。从历史上看,世界经济活动重心从太平洋沿岸转移到地中海,又从地中海转移到大西洋,现在则来到了太平洋,这是历史性的大转移,一个新的世界经济重心即亚太经济活动重心正在形成,世界历史正在进入一个崭新的转折时期。

早在 20 世纪 80 年代初期,陶大镛教授就提出世界经济活动的重心逐渐向环太平洋地区转移的观点。他在 1982 年 2 月中国经济学家代表团访问加拿大期间,参加经济讨论会的发言中指出:"至少对西方文明来说,经济活动中心一向是在地中海一带,后来转移到欧洲的西北部以及北大西洋,现在正逐渐移向太平洋地区。""我们相信,一个新兴的太平洋贸易和投资区就将出现。并且从 20 世纪的 90 年代起就可能将有一个迅速的发展。"赵春明教授则以东亚经济为个案,着重研究了这一问题。

---

① 贺力平:《经济增长:席卷全球的 20 世纪进程》,四川人民出版社 2000 年版。

② 沈越:《德国社会市场经济探源》,北京师范大学出版社 1999 年版。

赵春明教授认为,第二次世界大战后,世界经济发生了重大变化,其中东亚地区经济的长足发展和迅速崛起尤其引人注目。20世纪50—60年代,日本从废墟上重新崛起,一跃成为世界上第二大经济强国;60—70年代,新加坡、韩国和中国香港、台湾地区经济迅速腾飞;70—80年代,东盟各国奋起直追,形成了东亚地区经济发展的第三次浪潮;80年代以后,中国实行改革开放,经济迅速勃兴和发展,并且显示出了极大的发展潜力。战后东亚地区的这种经济增长势头,给亚太甚至世界经济的持续增长注入了新的活力,成为世界经济重心转移的一个最重要的特征之一。尽管东南亚金融危机发生以后,这一进程受到了一定程度的影响,但是东南亚金融危机的爆发并不意味着东亚经济发展模式的终结。只要东亚国家和地区对其模式做出适当调整,东亚经济就仍有获得继续较高速增长的基础和发展前景。①

(三)关于经济全球化问题

在如何对待全球化与一体化等问题上,国内外学术界有不同的看法。学科组认为,一方面,全球化是资本主义经济也是世界经济发展中的一种进程,但全球化与其说是资本主义的胜利,不如说是整个世界相互联系、相互依存程度的日益加深;全球化可能使各国经济融进世界经济的大循环,促进了具有竞争力国家的繁荣和发展,但也带来了许多消极的后果,使富国与穷国之间的差距越来越大。另一方面,世界经济的全球化与一体化之间既有联系,也有区别,不可同日而语。我们现在可以把国际经济联系称为"全球化",但不能说是"一体化",因为当今世界经济活动的主体还是以

---

① 赵春明:《亚太地区经济发展多元化研究》,北京师范大学出版社1995年版;《从神话到现实——东亚崛起与现代化模式》,武汉出版社1998年版。

民族国家为基本单位,企业、地区、国家、国家集团之间还存在着制度的多元化和发展的不平衡,世界经济远没有成为一个开放、统一、竞争的统一体系,欧盟的一体化仅仅是区域经济一体化。而对于世界经济一体化的未来,学科组认为,只有实现了统一的社会主义世界经济体系,才能真正出现世界经济的一体化。

唐任伍教授在前人研究的基础上,选择"全球化规则"这一独特的视角入手,运用比较分析、案例解剖的方法,通过对全球化规则的剖析与研究,探讨了全球化的运行基础、机制、特点及其实质。他认为,全球化以全球市场化为目标,以全球信息化为条件,以国际资本的迅速流动为特点,以生产全球化为形式,"优质生产要素"在全球范围内呈"倒瀑布型"配置,最后向发达国家集聚。因此,全球化在促进整个世界财富迅速增长的同时,却导致了财富占有天平的严重倾斜,地区与地区之间、国家与国家之间、阶层与阶层之间的两极分化更加严重,发达国家在尽享全球化"红利"的同时,广大发展中国家却在饱受贫穷落后之苦,总体上处于更为不利的地位。所以,要建立一个各国公平、世界共存、世界各国"共赢"的经济全球化,解决全球化过程中出现的"现代性隐忧",就必须改变全球化规则,建立起一种为世界上所有文化都能分享和接受的"全球规范",即"太空船道德"而非"救生艇道德",确立起共担风险、而非单方面坐享红利的全球化机制。[1]

(四)关于国际金融问题

李翀教授认为,随着经济的全球化,首先是美元凭借美国经济、技术的优势而试图成为世界性货币。不过,美元在布雷顿森林体系解体后受到了来自德国马克、英镑、法国法郎、日元等多种硬

---

[1]　唐任伍:《世界经济大趋势研究》,北京师范大学出版社 2001 年版。

通货的压力,而1999年元旦启动的欧元挟欧盟的综合实力对美元造成了更大的冲击。同时,欧元的诞生还导致了金融交易品种的创新和国际金融市场的变化,如欧元的期货合同和期权、欧元利率的期货合同和期权、欧洲债券的期货合同和期权等创新的金融衍生品种。

20世纪60年代欧洲货币市场和债券市场的形成,标志着金融市场全球化的开始;70年代的金融工具创新、金融市场发展和放松资本管制,都推动了金融市场的全球化。随着国际分工和国际贸易的深化,国际上货币和资本的流动速度加快,金融衍生工具市场加大,证券市场出现了集中和垄断的趋势,互联网又从功能和效率上进一步深化了国际金融市场。反过来,金融市场的全球化又推进着世界经济的全球化,其直接后果是国际资本更大规模和更加频繁地国际流动,进而影响着各种资源在全球范围的配置效率。当然,金融市场全球化也有不利影响,包括各国国际储备的急剧变化和金融资产价格的剧烈波动,货币的脆弱性和经济的虚拟化,国内资本的外流和对国民经济的冲击,以及外资对本国企业和产业的控制。而且,在世界货币没有出现之前,国别货币是代行世界货币职能的,本国货币的输出意味着商品和劳务的收入,货币和资本从来就不是无国界的中性货币,发达国家通过国际金融不仅获得了国际铸币税收,还执行着发达国家的金融政策和其他政策。

20世纪80年代以来,金融危机频繁发生,如何在金融全球化中防范国际资本的投机性冲击和降低金融风险,就成为每一个国家焦虑的国家经济安全问题。近几年,对短期国际资本流动管制有效性的讨论再度热烈,部分经济学家主张在国际金融市场的"车轮下撒点沙子",许多发展中国家也实行了种种限制外国短期资本流动的措施。对此,李翀教授认为对短期资本流动实行限制主要存在三个问题:一是实施限制措施存在困难;二是限制措施容

易被逃避;三是实施限制措施需要付出较高的成本。因此,在遭受
国际资本投机性冲击时,不到万不得已,不宜实行限制性措施。即
使实行,也应事先宣布而不应突然提出,从而使投资者保持对该国
政策的信心。

关于我国如何实现金融开放和汇率制度的改革问题,李翀教
授认为,要充分获取金融开放的利益和限制金融开放的风险,必须
要注意金融开放的次序。首先,要先实现利率市场化,再实现货币
自由化。其次,要先实现贸易的自由化,再实现货币自由化。再
次,要先增强货币当局的调控能力,再实现货币自由化。最后,要
先实行长期资本流动的自由化,再实行短期资本流动的自由化。
此外,我国在现行浮动汇率制度下选择的是管理浮动方式并在该
方式下采用了强制性结汇、货币当局买卖外汇供求差额、限制汇率
每日变动幅度等调节措施,这些措施在 20 世纪 90 年代中期我国
进行汇率制度改革时具有积极意义。但随着我国经济的发展,这
些调节措施的弱点则逐渐暴露出来:如人民币汇率不能有效地反
映外汇市场的供求情况,从而难以发挥汇率机制的作用;货币当局
在外汇市场上处于被动地位,对货币当局的货币政策造成较大的
压力。故此,我国汇率制度近期改革的方向是:增加可以保留外汇
的企业和提高保留外汇的比例,逐步实行自由结汇制;货币当局不
再承担买卖外汇供求差额的责任,适当放宽对人民币汇率每日变
动幅度的限制,以建立汇率调节机制等等。①

白暴力教授从马克思主义政治经济学基本原理角度,探讨了
东南亚金融危机爆发的深层次原因。他认为,东南亚金融危机爆
发的根源仍然是资本主义的基本矛盾及其尖锐化,仍然是个别企
业生产的有组织性与社会生产无政府状态之间的矛盾、生产的无

---

① 李翀:《国家金融风险论》,商务印书馆 2000 年版。

300

限发展与人民群众有支付能力需求相对缩小矛盾尖锐化的具体体现。

首先,主要来自于美国的 7000 亿美元与生产无关的过剩资本在全世界范围内不受任何国际组织监管的自由投机,兴风作浪,时而大量赢利,时而大量亏损,肆意冲击各国经济和国际金融体系,深刻反映了资本主义经济空前的无政府状态,是垄断资本主义腐朽性的集中体现。

其次,亚洲特别是东南亚各国经济的片面性发展所造成的生产过剩是形成此次经济危机最基本的原因。进入 20 世纪 50 年代后,日本、韩国、印度尼西亚、菲律宾、新加坡等东南亚各国,利用西方发达国家大力发展知识、技术密集型高科技产业,把劳动密集型制造业转移到新兴国家的市场机会,在国内资源短缺和市场狭小的前提下,走上一条以制造业为龙头,特别是以组装型产业为先导的外向型经济发展道路,曾经带来了显著的经济增长。由于这种增长是建立在资本家对最大利润的追求之上的,广大劳动者的收入受到劳动力价值的约束,因此,这些国家国内市场的发展跟不上经济的增长,市场相对狭小。另外,进入 90 年代后,在东南亚各国制造业生产力积聚膨胀的同时,南美等其他一些新兴市场国家亦走上外向型经济发展道路,其制造业供给能力迅速增长,不断挤占东南亚各国的市场份额,使其市场相对饱和。而发达国家经济结构调整于 90 年代基本完成,广阔的制造业市场已不复存在,随着西方国家贸易保护对东南亚国家开放度不断下降,使东南亚各国制造业生产过剩,出口增长锐减,1996 年泰国电子电器出口增长率为 0.5%,而原材料进口却相对增加,使东南亚各国财政赤字严重,本币贬值。国际私人资本面对制造业严重过剩,只得转向金融、房地产投资,形成泡沫经济,使东南亚各国经济危机四伏。以美国索罗斯为首的套利基金正是抓住了东南亚各国生产过剩,泡

沫经济的缺陷,发动攻击,从而引发了这一场第二次世界大战以来
最深刻的环球性经济危机。①

钟伟教授则将金融资本全球化作为中心逐步展开分析,讨论
了其国际进程、动力机制、宏观效应、演进趋势和监管体系建设等
重要问题。在研究过程中,他努力尝试着将研究视角扩展到国
际政治和国际关系等领域,用一种整体性的历史分析去研究金
融资本全球化问题,从而得出了一些值得关注的论点,如其对裂
合力、货币本质的描述,对边缘性金融危机和新金融霸权主义等
概念的引入和运用,对区域金融板块取代单极化的中心——外
围体系的趋势分析,以及以人民币作为支点实现区域化货币的
战略等等。②

(五)关于国际贸易问题

中国"入世"之后,按照有关承诺和规定,我国将大幅度地削
减关税水平和部分明显不符合世界贸易组织要求的非关税壁垒,
关税壁垒保护市场的作用将大大下降。在这种情况下,以不违背
世界贸易组织基本准则为前提,开展对非关税壁垒的战略性研究
和运用就已成为摆在我们面前不可回避的一项十分紧迫的任务。
为此,赵春明教授着重研究了"入世"后我国如何应对及运用非关
税壁垒的问题。他认为,从策略性角度出发,我国应及时地从关税
壁垒保护转向非关税壁垒保护,而在非关税壁垒保护中,又应将重
点放在隐性非关税壁垒的开发和运用方面。

一般来说,非关税措施可以分为显性和隐性两大类。所谓显

---

① 白暴力:《马克思主义政治经济学原理》,陕西人民出版社 2000 年版。
② 钟伟:《资本浪潮:金融资本全球化论纲》,中国财政经济出版社 2000 年
版。

性非关税措施,主要是指对进口数量产生直接限制作用的措施,如进口配额、"自动"限制出口、进口许可证、指定经营、行政控制及外汇管制等;隐性非关税措施,主要指那些虽不直接限制进口数量,但在实际上却能起到阻碍进口作用的措施,如国内立法、技术标准、卫生安全要求、政府采购政策等。加入世界贸易组织后,我国的保护策略之所以应及时地从显性非关税措施向隐性非关税措施转变,主要理由一是显性非关税措施较为明显地违背了世界贸易组织的基本原则。在世界贸易组织的八大原则中,取消数量限制原则即是其中之一,而且《关贸总协定1994》第11条明确规定:"不得设立或维持配额、进口许可证或其他措施,以限制或禁止其他缔约方领土的产品的输入,或向其他缔约方领土输出或销售出口产品",而对于其他非关税措施,乌拉圭回合谈判中则规定了"维持现状和逐步回退"的原则。因此过多地实施显性非关税措施,容易遭到世界贸易组织其他成员们的反对和报复,而推行隐性非关税措施则仍有一定的生存空间。二是从世界范围内来看,许多国家正在逐步减少显性非关税措施,而对隐性非关税措施的使用却越来越多。如西方发达国家,20世纪90年代以来采用的新贸易保护措施就有十多类,它们都表现出了浓厚的隐性非关税手段色彩,如地区经济主义、劳工标准、环境保护、强化反倾销、知识产权、人权标准等等。最后,在显性非关税措施条件下,往往表现为一种强烈的政府行为,尤其是进口配额、进口许可证和行政控制,其政府干预的痕迹就更为明显,这些措施在对国内市场起到一定保护作用的同时,也导致了严重的寻租行为,从而造成资源的扭曲和低效使用。

总之,经过深入细致的分析之后,赵春明教授认为,加入世界贸易组织后,并不意味着我们只能全盘接受,被动遭受冲击。相反,只要我们认真研究世界贸易组织的有关保障条款,学习借鉴别国的实践经验,在运用非关税措施尤其隐性非关税措施来保护国内产业和市场方面,仍有相当大的回旋余地和发展前景。①

三、面向新世纪　争取更大成绩

我校世界经济学科在完成国家社会科学基金"八五"规划重点课题《现代资本主义经济研究》和"九五"规划重点课题《世界经济新格局研究》之后,以陶大镛教授为首的课题组又获得了国家社科基金"十五"规划重点课题《马克思主义经济理论的新发展》,这个课题依据当代世界经济的新变化、新发展,拟着重探讨以下几个重大理论问题:(1)关于劳动价值论,着重研究在信息经济条件下劳动价值学说的地位以及国际价值问题。(2)关于货币理论,重点研究电子货币问题,证券及衍生工具的虚拟价值和市场价格以及它们对货币数量的影响,从商品流通到货币流动到证券流动再到衍生工具的流通的异化过程。(3)关于资本理论,主要研究现代资本运行的新特点和规律,特别是在经济全球化条件下国际资本的运行规律。(4)关于剩余价值理论,主要研究剩余价值和剩余劳动在各社会形态中特别是当代的存在形式,其中着重研究国际剩余价值。(5)关于所有制理论,主要研究马克思和恩格斯之后,马克思主义所有制理论的发展,并对马克思的所有制理论与西方现代产权理论做比较研究。(6)关于分配理论,着重研究生产要素分配与剩余价值理论的关系。(7)关于危机理论,主要运用马克思的经济危机理论,结合经济全球化、信息化等世界经济的最新发展态势,揭示当代西方国家经济危机变形的表现、原因及发

---

① 赵春明主编:《非关税壁垒的应对及运用——"入世"后中国企业的策略选择》,人民出版社 2001 年版。

展趋势。

"十五"期间,我校世界经济学科除了注重基础理论研究之外,还将在应用研究方面有所突破,主要表现为以下三个方面:(1)在国际金融方面,开展对短期国际资本流动的研究。20 世纪 90 年代以来,频繁发生的金融危机表明,短期国际资本投机性冲击已成为引起金融动荡的重要因素。该研究主要分析投机性的成因、机理、预警和防范等,以深化对国际资本流动的认识。(2)在国际贸易方面,重点考察国际贸易的环境变化对中国贸易的影响及其对策。(3)在为北京市经济建设服务方面,着重研究我国加入世贸组织后北京外向型经济发展和相应的对策,开展"国际大都市形成和发展比较"研究,为把北京建成世界一流水平的国际化大都市献计献策。

为了实现上述目标,我校世界经济学科将以马克思主义的立场、观点和方法为指导,使用相应的数学和计量方法,客观地分析和吸收西方经济学者的科学成果,结合当代世界经济的现实,与时俱进,把有关对现代资本主义经济和当代世界经济的研究提高到一个新的水平。

信念的力量　真理的探索

——评陶大镛教授主编的《现代资本主义论》

杜厚文　任　武[①]

陶大镛教授是我国著名的经济学家,也是我国世界经济学科最早的开创者之一。不久前他主编的《现代资本主义论》一书已由江苏人民出版社出版了。这部近百万字的著作是陶教授主持的国家“八五”哲学、社会科学重点研究课题的最终成果,也是近年来研究现代资本主义篇幅最大、内容最全面的学术著作。正如一位专家在评述该著时所说:该著的出版,把我国对现代资本主义的研究向前推进了一大步,对观察世界经济发展的动向,从而对我国社会主义市场经济框架的创建也具有十分重要的参考价值。

一

第二次世界大战以来,由于现代科技革命对世界经济的重大影响,以及资本主义国家发展不平衡规律作用的加强,现代资本主

---

①　作者杜厚文系中国人民大学原副校长、中国世界经济学会原副会长、中国人民大学经济学院教授、博士生导师;任武即唐任伍,系北京师范大学管理学院执行院长、教授、博士生导师,原文刊载于《世界经济》1997 年第 11 期。

义社会的经济结构和国际关系都发生了变化,资本主义发展进程中表现出来的新情况和新特点,引起了世界各国学者的广泛兴趣和探索,提出了种种不同的看法,诸如"后工业社会"、"人民资本主义"、"混合经济论"、"成熟的资本主义"、"晚期资本主义"、"科学和工业一体化的资本主义"等,更有人认为,"旧资本主义"已经消亡,取而代之的是"新资本主义",金融资本已经"解体",财团不复存在,经济权力发生转移,垄断资本主义发生了"质变",等等。他们从不同的侧面,剖析了现代资本主义的某些特征,见仁见智,各执一词。其焦点在于:现代资本主义最本质的特征究竟是什么?

针对这一关键问题,《现代资本主义论》并没有从现存的简单结论出发,而是通过对现代资本主义发展中大量的活生生的材料进行分析,从中得出有助于认识现实的结论。

先就现代资本主义国家中控制垄断的反垄断法来说,现代资本主义国家逐渐完善的反垄断法虽不能说形同虚设,但在实际上并没有真正遏制住生产和资本的集中。恰恰相反,发达资本主义国家中垄断组织的规模越来越大(波音公司和麦道公司合并就是一个明显的例证),垄断化的过程也明显加快。尤其是现代资本主义国家中一浪高过一浪的兼并浪潮,已由过去的"大鱼吃小鱼"发展为"大鱼吃大鱼",更加剧了垄断化的进程。这些垄断企业在科技迅速进步,国际分工加深,生产社会化发展到国际规模的条件下,发展成具有全球规模的跨国垄断公司,并由主宰一国一个行业的生产和销售,发展到在世界范围内主宰某个行业生产和贸易的垄断集团。因此,现代资本主义国家中,垄断不仅没有削弱,相反已从国内垄断扩大到国际垄断。现代资本主义的全部经济特征仍然是以垄断为基础的,不管它的具体形态起了什么变化,垄断仍是现代资本主义最本质的特征。《现代资本主义论》对当代资本主义的政治、经济、社会及国际关系诸方面的分析,也始终一贯地抓住这一本质特征来展开的。

二

对现代资本主义发展趋势的探索,是《现代资本主义论》中具有特色的创新之处。

早在 1989 年,陶大镛教授就提出了现代资本主义"向社会主义过渡"是一个"自然历史过程"的命题。① 他的这一观点,在《现代资本主义论》中得到了进一步的贯彻和发挥。

按照辩证唯物主义和历史唯物主义的观点,他在《现代资本主义论》中指出,自然界的变化,主要是出于自然界内部的矛盾运动;社会的变化,则主要是由于社会内部矛盾的发展,推动了人类社会从低级阶段一步步走向高级阶段。社会历史的发展犹如一条长河,具有一定的延续性和继承性。任何新的社会经济形态的产生过程都不是在旧制度消灭之后,而是在旧社会内部孕育发生的。这种过程并非人们自觉活动的结果,而是自发地、不以人们主观意志为转移而自然产生出来的。这是社会经济形态发展的普遍规律,是一种"自然历史过程"。"资本主义社会的经济结构是从封建社会的经济结构中产生的。后者的解体使前者的要素得到解放。"②"资产阶级赖以形成的生产资料和交换资料,都是在封建社会里造成的。"③从封建社会过渡到资本主义社会是如此,从资本主义社会过渡到更高级的社会主义社会也同样如此。在资产阶级社会里发展的生产力,同时又创造着解决这种对抗的物质条件。

---

① 《探讨现代资本主义的发展阶段》(上、下),《北京师范大学学报》1989年第 3、6 期。

② 《马克思恩格斯全集》第 23 卷,人民出版社 1972 年版,第 783 页。

③ 《马克思恩格斯全集》第 4 卷,人民出版社 1958 年版,第 471 页。

这种物质条件的创造,由于自然过程的必然性,造成了对资本主义社会自身的否定。无产阶级解放所必须的物质条件是在资本主义生产过程中自发地产生的。这是否定的否定。这种否定不是重新建立私有制,而是在资本主义时代成就的基础上,重新建立个人所有制,即一种与私有制相对立的公有制,这是经过长久的阵痛从资本主义社会里产生出来的一种新的经济形态。

论著在理论上、历史发展上进行探索的同时,又进一步从现代资本主义发展的实践上,考察了资本主义向社会主义过渡的物质条件和方式。作者认为,随着社会生产力的发展,生产社会化程度的提高,在现代资本主义社会内部,逐渐孕育着某些社会主义因素。生产和管理的社会化,为社会主义准备着日益完备的物质基础;资本的社会化、股份化,垄断组织的大量出现,为将来由整个社会即全体人民来实行"剥夺"做好了准备;现代资本主义国家职能的某些变化,对社会经济进行宏观调控和微观调控职能的加强,为社会主义消灭社会生产的无政府状态做了必要的准备;现代资本主义经济计划的推行和逐步加强,有助于高度发展的社会生产力逐步冲破私有制生产关系对它的束缚,从而最终实现向社会主义的过渡;现代资本主义社会保障制度的高度发展,为未来社会主义社会的社会保障体系提供了现成的借鉴;"三大差别"的缩小,也是资本主义向社会主义过渡准备物质条件的重要表现形式。论著通过对现代资本主义的具体发展形态的考察和探索后得出结论:在发达资本主义国家的经济结构内部,已经孕育着某些社会主义因素的萌芽了,国家垄断资本主义是社会主义的最完备的物质准备,是社会主义的入口。

对现代资本主义发展趋势的这一探索,既是作者不拘成说的学术结晶,也是他矢志不渝的理想和信念的真实表达。

三

　　《现代资本主义论》一书的另一个特点,就是辩证地、实事求是地研究现代资本主义社会的具体情况和时代特征。

　　总体看来,对现代资本主义的研究存在着两种倾向,一种是对马克思主义经典作家的论述进行教条式的理解,对现代资本主义社会中出现的大量新的情况和特征视而不见;另一种就是被现代资本主义发展中的大量表面现象所迷惑,并断言马克思主义关于现代资本主义的基本论述也已过时。对待现代资本主义研究领域中存在的这两种片面性,作者认为:马克思主义所阐明的资本主义运动规律对于剖析现代资本主义并没有"过时",因为马克思主义是科学,是创造性的革命学说,而科学的本身是不会停滞不前的。马克思主义的强大生命力,就在于它是生气勃勃的科学理论,始终在社会实践和科技进步的基础上不断地充实和丰富自己的已有成果,因而它是在实践中不断地向前发展的。但是,作者也充分认识到,马克思一直生活在自由竞争的资本主义时代,对垄断资本主义阶段毕竟没有亲身的经历;列宁的时代仍然处于垄断资本发展的早期阶段,也未能看到后来国家垄断资本主义发展的情景。对于科技革命以及资本主义社会政治经济的发展和变化,他们虽有过不少科学预见,但我们不应苛求他们归纳到自己的不朽著作中。对于现代资本主义社会政治经济状况,就需要我们今天的理论工作者来进行深入的探索。

　　大量掌握现代资本主义国家社会政治经济发展的第一手资料,对现代资本主义出现的新现象和新特点,进行实事求是的剖析,并从中找出符合现代资本主义发展进程中的一些规律性的东西来,是《现代资本主义论》具有强烈感染力的重要原因。论著中采用的资料,大多是 20 世纪 80 年代末 90 年代初以来现代资本主义国家正式公布的,其中包括不少西方政界要人的讲话以及著名的学者的研究成果等。这些资料具有权威性,也最具说服力。例如,在论述现代资本主义的社会问题时,作者依据的主要是美国联邦调查局公布的《美国统计摘要》以及兹比格涅夫·布热津斯基等前政界要人的著述。这样以其人之矛,攻其人之盾,增强了说服力和可信度。

对这些搜集到的经过筛选的富有时代感和学术价值的资料,《现代资本主义论》的作者并不是简单的堆砌,也不是从先验的理念出发去下结论,而是将历史、理论和现实相结合,从实际出发,遵循实事求是的原则,以现代资本主义发展进程中的具体情况为依据,采取定性分析和定量分析相结合,一般描述和案例分析相统一的方法,对整个现代资本主义社会进行具体分析,按照历史的本来面目做出符合实际的论述。例如,对西方发达国家的社会保障制度,作者在客观描述的基础上,指出它既是现代资本主义社会阶级矛盾与斗争的产物,是经济社会化发展的结果,对现代资本主义国家的经济稳定和社会发展起了巨大作用;同时又指出,这种为缓解周期性经济危机及其所激化的社会冲突而设置的"润滑剂"装置,又是社会付出的昂贵"代价",它加速了垄断资本主义向国家垄断资本主义的转化,并给现代资本主义各国的国民经济的发展带来了日益严重的后果。这种辩证地、实事求是地认识和剖析现代资本主义发展各个层面的方法,成为贯穿全著的一条主旨。

四

强烈的"精品意识"是《现代资本主义论》的又一大特色。

研究现代资本主义,是学术界的一个老课题。因此如果不求精求新,就会给人一个"似曾相识"的"老生常谈"之嫌。作者长期研究资本主义,从承担这一课题开始,就集中了十余个单位的专家、教授27人,就全书的体系、结构、研究方法以及现代资本主义发展中的一些新情况、新特点,反复研讨,经过5年的磨砺,数易书稿,才得以撰成该著。

"精品意识"不仅体现在资料、观点和方法上,而且体现在结构、体例上。论著在重点研究现代资本主义经济结构的同时,对最能反映现代资本主义本质特征的阶级关系和社会矛盾也进行了研究。对于反映现代资本主义整体发展状况的国际经济关系,包括现代西方跨国公司,资本主义区域经济一体化的发展,以及美日、美欧、日欧、南北关系等,论著不惜笔墨,进行了较为详细的研究和探讨,全面系统地展示了现代资本主义国家之间既联合又斗争的种种错综复杂的矛盾。为了使读者对现代资本主义发展的全过程有一个整体的了解,论著的开篇对资本主义的发展过程做了简单的回顾,末篇对现代资本主义发展的历史趋势,进行了展望和预测。整部论著,内容全面,框架周密,前呼后应,浑然一体。

当然,由于《现代资本主义论》是一部集体研究的论著,全书的文字风格、体例特征尚有不一致的地方。

全球化、金融创新与中国战略

——评陶大镛教授主编的《世界经济新格局研究》

李　明①

　　20 世纪是世界经济和政治格局反复变换的世纪。深入研究世界经济新格局问题,对于我们正确认识和把握世界经济的发展趋势,确立中国经济的发展战略具有重大的意义。陶大镛教授主持的国家哲学社会科学基金"九五"重点项目"世界经济新格局研究",对此进行了全面而独到的分析,其最终成果集中反映在他所主编、由北京师范大学出版社 2001 年 7 月出版的同名著作当中。

　　早在 20 世纪 80 年代初期,陶大镛教授就提出世界经济活动的重心逐渐向环太平洋地区转移的观点。他在 1982 年 2 月中国经济学家代表团访问加拿大期间,参加经济讨论会的发言中指出:"至少对西方文明来说,经济活动中心一向是在地中海一带,后来转移到欧洲的西北部以及北大西洋,现在正逐渐移向太平洋地区。""我们相信,一个新兴的太平洋贸易和投资区就将出现。并且从 20 世纪的 90 年代起就可能将有一个迅速的发展。"本书在总

――――――――

　　① 作者即李由和赵春明的合称,李由系北京师范大学经济与工商管理学院副教授,赵春明系北京师范大学经济与工商管理学院副院长、教授、博士生导师,原文刊载于《经济学动态》2002 年第 5 期。

论中对世界经济活动重心逐渐向环太平洋地区转移的趋向做了进一步阐述。

在如何对待全球化与一体化等问题上,该书做了深入和辩证的分析。作者认为,一方面,全球化是资本主义经济也是世界经济发展中的一种进程,但全球化与其说是资本主义的胜利,不如说是整个世界相互联系、相互依存程度的日益加深;全球化可能使各国经济融进了世界经济的大循环,促进了具有竞争力国家的繁荣和发展,但也带来了许多消极的后果,使富国与穷国之间的差距越来越大。对此,作者并没有肤浅地停留在经济全球化的赞美和幻想上,而是继承了对资本主义批判和对落后国家与弱势群体关怀的理性精神,这充分体现在第一篇中。另一方面,世界经济的全球化与一体化之间既有联系,也有区别,不可同日而语。我们现在可以把国际经济联系称为"全球化",但不能说是"一体化",因为当今世界经济活动的主体还是以民族国家为基本单位,企业、地区、国家、国家集团之间还存在着制度的多元化和发展的不平衡,世界经济远没有成为一个开放、统一、竞争的统一体系,欧盟的一体化仅仅是世界经济多元化中的特例。而对于世界经济一体化的未来,该书认为,只有实现了统一的社会主义世界经济体系,才能真正出现世界经济的一体化。

从世界经济新旧格局交替的角度,着重研究世界经济的运行规则和结构特征,这是全书的分析重点。因此,该书用了三篇的篇幅来分别论述世界经济格局交替中的国际贸易、国际金融和国际投资问题。

传统上,人们将国际贸易与国际金融视为两种不同的经济现象,古典的国际贸易模型也证明国际贸易与国际投资是一种相互替代关系,即增加贸易障碍会引发资本要素的流动,限制资本流动会促进贸易发展。但随着经济的国际化和全球化,这两者之间的联系越来越密切,贸易与金融呈现出了相互融合或交叉的趋势。弗农的产品生命周期理论、小岛清的边际产业扩张论及邓宁的综合优势理论都在一定程度上推进了国际贸易和国际投资的研究工作,后来的研究则进一步把横向一体化和国际贸易联结起来,主要分析发达国家之间的经济活动,把纵向一体化的国际直接投资与国际贸易联结起来,主要分析跨国公司母公司与子公司之间进而发达国家与发展中国家之间的经济活动。该书第二篇对国际贸易中的国际投资行为进行了相当清晰的分析,揭示了国际贸易与国际投资的某些内在机理。此外,该书还研究了新旧格局交替中发达国家贸易政策的最新走向,从战略性贸易政策的实施、技术壁垒与绿色壁垒的凸显、电子商务带来贸易政策的创新等方面对其做了较详细的分析,并指出,尽管发达国家之间的贸易摩擦持续不断,但磋商协调已成为其处理贸易关系的重要方式。

现代的市场经济又可以被称为货币经济和信用经济,因为市场经济是以货币为价值尺度符号和交易媒介的。该书第三、四篇对新旧格局交替中的欧元的走向、世界金融市场、非直接投资、国际投资、跨国并购等国际金融和国际投资问题展开了全面分析。

随着经济的全球化,首先是美元凭借美国经济技术的优势而尝试成为世界性货币。不过,美元的野心在布雷顿森林体系解体后受到了德国马克、英镑、法国法郎、日元等多种硬通货的顽强狙击,而1999年元旦启动的欧元挟欧盟的综合实力更对美元造成了极大冲击,欧元和美元极有可能在国际货币流通和储备中双峰并峙。同时,欧元的诞生还导致了金融交易品种的创新和国际金融市场的变化,如欧元的期货合同和期权、欧元利率的期货合同和期权、欧洲债券的期货合同和期权等创新的金融衍生品种。

世界经济全球化也就意味着金融市场全球化。20世纪60年代欧洲货币市场和债券市场的形成,标志着金融市场全球化的开始;70 年代的金融工具创新、金融市场发展和放松资本管制,都推动了金融市场的全球化。随着国际分工和国际贸易的深化,国际上货币和资本的流动速度加快,金融衍生工具市场加大,证券市场出现了集中和垄断的趋势,互联网又从功能和效率上进一步深化了国际金融市场。反过来,金融市场的全球化又推进着世界经济的全球化,其直接后果是国际资本更大规模和更加频繁地国际流动,进而影响着各种资源在全球范围的配置效率。当然,金融市场全球化也有不利影响,包括各国国际储备的急剧变化和金融资产价格的剧烈波动,货币的脆弱性和经济的虚拟化,国内资本的外流(中国近几年就存在着这种现象)和对国民经济的冲击,以及外资对本国企业和产业的控制。而且,在世界货币没有出现之前,国别货币是代行世界货币职能的,本国货币的输出意味着商品和劳务的收入,货币和资本从来就不是无国界的中性货币,发达国家通过国际金融不仅获得了国际铸币税收,还执行着发达国家的金融政策和其他政策。

20 世纪 80 年代以来,金融危机频繁发生,如何在金融全球化中防范国际资本的投机性冲击和降低金融风险,就成为每一个国家焦虑的国家经济安全问题。近几年,对短期国际资本流动管制有效性的讨论再度热烈,部分经济学家主张在国际金融市场的"车轮下撒点沙子",许多发展中国家也实行了种种限制外国短期资本流动的措施。对此,作者认为对短期资本流动实行限制主要存在三个问题:一是实施限制措施存在困难;二是限制措施容易被逃避;三是实施限制措施需要付出较高的成本。因此,在遭受国际资本投机性冲击时,不到万不得已,不宜实行限制性措施。即使实行,也应事先宣布而不应突然提出,从而使投资者保持对该国政策的信心。香港在 1997 年和 1998 年两度反投机中取得的有益经验,形成了香港模式。

在世界经济新旧格局交替的过程中,中国如何界定自己的地位和作用,并确立可行的发展战略,这是当前的重大理论和政策问题。中国正式加入世界贸易组织,在长期利好的同时,也在短期内对我国民族产业产生了较大的冲击,我国正面临着国有企业改革举步维艰、"三农"问题加剧、美国经济衰退和国际环境恶化等问题的困扰,而中国的国际竞争力总排名自1996年经历了从上升到下降的趋势。面临各种挑战,必须对国家的优势和劣势、机遇和威胁以及国家发展战略的内容和实施,做出清晰和全面的分析。该书的最后一章即对此问题进行了有益的探讨。如从市场、竞争、财务及经济技术等方面分析了国家竞争能力的结构及提升问题;从国际环境和国内环境方面考察了中国实施发展战略的制约因素,并进一步探讨了中国实施战略目标的手段和对策等等。在国家战略上,该书认为,中国为了维护国家经济和政治文化等方面的利益,应重新思考和理性发展与美国、日本、俄罗斯、印度、欧盟及其主要成员国、东盟、韩国等国家的关系,以国家为依托,以各类企业为单位,通过全面转变经济增长方式和产业结构的升级,经济、社会、人口的可持续发展,区域经济的协调发展和城市化的提高,社会主义市场经济和民主法治政治体制的完善等战略手段和途径,来实现中国在21世纪的发展战略目标。

附　录

陶大镛先生主要著作目录①

一、著 作

1.《战后东欧的经济改造》,中华书局 1948 年版。

2.《新民主国家论》,上海世界知识社 1948 年版。

3.《论马歇尔计划》,[美]艾伦著,陶大镛译,上海世界知识社 1948 年版。

4.《战后的资本主义》,三联书店 1949 年版。

5.《社会主义思想史》,三联书店 1949 年版,1996 年上海三联书店再版。

6.《世界经济讲话》,三联书店 1950 年版。

7.《世界经济与独占资本主义》,中华书局 1950 年版。

8.《土地改革与新民主主义》,陶大镛等著,上海展望周刊社

---

① 陶大镛先生的主要著作目录由杨国昌教授整理编辑。需要说明的是,由于陶大镛先生一生的著述很多,特别是在 39 岁之前的青年时期尤为突出,同时陶先生有时也用笔名发表文章,目前所知道的就有卡奇、大古、林平、郭季青、李明、奚石人、石人、石清心等,再加上时间久远,所以很难完全找齐。现在的著作目录主要以四川人民出版社出版的《中国当代著名经济学家》第二集第406—417 页的《陶大镛主要经济著作目录》为基础,同时参考了《陶大镛文集》以及北京图书馆和北京师范大学的藏书目录进行补充。此外,还根据美国国会图书馆、哥伦比亚大学图书馆的藏书目录进行了核对。

1950 年版。

9.《列昂节夫〈政治经济学〉的主要内容》,陶大镛等著,学习杂志社 1951 年版。

10.《人民经济论纲》,十月出版社 1951 年版。

11.《新经济论丛》,陶大镛编,十月出版社 1951 年版。

12.《关于国家的社会主义工业化的几个问题》,陶大镛等著,中南人民出版社 1954 年版。

13.《斯大林关于资本主义体系总危机的理论》,中国青年出版社 1954 年版。

14.《什么是帝国主义》,上海人民出版社 1954 年版,1956 年重印。

15.《怎样学习政治经济学》,上海人民出版社 1955 年版。

16.《两个平行的世界市场》,世界知识社 1955 年版。

17.《现代资本主义和社会主义的基本经济法则》,中国青年出版社 1955 年版。

18.《社会主义思想简史》,中国青年出版社 1956 年版。

19.《战后资本主义发展的不平衡与帝国主义矛盾的尖锐化》,北京师范大学政治教育系 1972 年印。

20.《战后资本主义经济特征》,湖南人民出版社 1981 年版。

21.《亨利·乔治经济思想述评》,中国社会科学出版社 1982 年版。

22.《社会发展史》,陶大镛主编,人民出版社 1982 年版。

23.《马克思经济理论探索——纪念马克思逝世一百周年学术论文集》,陶大镛主编,上海人民出版社 1983 年版。

24.《人类社会的过去、现在和将来》,陶大镛主编,北京出版社 1985 年版。

25.《社会主义思想史略》,中国青年出版社 1985 年版。

26.《现代资本主义经济研究》,湖南人民出版社 1985 年版。

27.《现代西方经济理论十五讲》,陶大镛编,江苏人民出版社 1986 年版。

28.《外国经济思想史新编》,江苏人民出版社 1990 年版(上册),1991 年版(下册)。

29.《陶大镛文集》(上、下卷),北京师范大学出版社 1992 年版。

30.《现代资本主义论》,陶大镛主编,江苏人民出版社 1996 年版。

31.《陶大镛文集》(世界经济卷),北京师范大学出版社 1998 年版。

32.《世界经济新格局研究》,陶大镛主编,北京师范大学出版社 2001 年版。

33.《新民主主义经济论纲》(北京师范大学教授文库·陶大镛卷),北京师范大学出版社 2002 年版。

二、论　文

1.《中央储备银行职责》,《时事新报》1937 年 4 月 9 日。

2.《科学化的人事管理》,《时事新报》1937 年 4 月 19 日—21 日。

3.《银行保证制度应循之原则》,《时事新报》1937 年 5 月 14 日。

4.《我是怎样读〈资本论〉的?》(笔名:卡奇),《读书月报》第 2 卷第 2 期(1940 年)。

5.《科学与哲学》,《新流》1940 年第 1 期。

6.《中国石器时代的生产技术》,《说文月刊》1940 年第 2 卷。

7.《中国金石并用时代的生产技术》,《说文月刊》1941 年第 3 卷第 12 期。

8.《中国青铜器时代生产技术研究发凡》,中山大学学报《经济科学》1943 年第 5 卷第 6 号。

9.《论我国战后的工业建设与产业资本》,《广东省银行季刊》1943 年第 3 卷第 2 号。

10.《限价声中的工业》,《中国工业》(桂林)1943 年第 21 期。

11.《论我国利用外资的过去与将来》,《广东省银行季刊》1943 年第 3 卷第 4 号。

12.《论当前的工业救济》,《中国工业》(桂林)1944 年第 25 期。

13.《中国工业资本论》,《广西企业季刊》1944 年第 2 卷第 2 号。

14.《银根紧缩与通货膨胀——从柳州金融波动说起》,《行务通讯》(广西银行)1944 年第 5 卷第 9 号。

15.《怎样迎接胜利之神》,《国讯》1945 年第 383 期。

16.《新世界的大宪章》,《国讯》1945 年第 386 期。

17.《民主之光》,《国讯》1945 年第 397 期。

18.《新中国远景光明》,《国讯》1945 年第 400 期。

19.《经济复兴的前提与条件》,《国讯》1945 年第 401—402 期。

20.《资本主义的将来》,《大学》(成都)1946 年第 5 卷第 1 期。

21.《从物价飞涨谈到肃清官僚资本》,《民主周刊》1946 年第 6 期。

22.《肃清官僚资本》,《民主生活周刊》(渝)1946 年第 7 号。

23.《美"货"与美"祸"》,《文汇报》(上海)1946 年 9 月 18 日。

24.《香港一瞥——旅英随笔之一》,《文汇报》(上海)1946 年 10 月 29 日。

25.《中国工业化的前途》,《文汇报》(上海)1946 年 10 月 30 日。

26.《佛国杂拾——旅英随笔之二》,《文汇报》(上海)1946 年 11 月 19 日。

27.《圣地泪痕——旅英随笔之三》,《文汇报》(上海)1946 年 11 月 20 日。

28.《怀雅典·吊罗马——旅英随笔之四》,《文汇报》(上海)1946 年 11 月 25 日。

29.《雾伦敦——旅英随笔之五》,《文汇报》(上海)1946 年 12 月 13 日。

30.《我国出口贸易的症结及其前途》,《中国出口货展览会特刊》(上海)1946 年。

31.《香港与英国的贸易关系》,《经济导报》(香港)1947 年 1 月 8 日。

32.《一年来英国国际贸易的剖视——战前及战后英国贸易的总分析》,《经济导报》(香港)1947 年 2 月 27 日,3 月 6 日。

33.《英国经济大势》,《文汇报》(上海)1947 年 3 月 11 日。

34.《美国经济恐慌的预兆》,《文汇报》(上海)1947 年 3 月 18 日。

35.《香港与英国的贸易关系》,《经济导报》(周刊)1947 年第 2 期。

36.《一年来英国国际贸易的剖视——战前及战后英国贸易的总分析(上、下)》,《经济导报》(周刊)1947 年第 8、9、10 期。

37.《论当前世界经济的动向》,《经济导报》(香港)1947 年 5 月 1 日。

38.《英国国际收支论——一个历史的分析》,《经济导报》(香港)1947 年 6 月 19 日。

39.《美国对外贷款的面面观》,《经济导报》(香港)1947 年 7 月 24 日。

40.《英镑的将来》,《经济导报》(周刊)1947 年第 31 期。

41.《英国的国有运动——伦敦通讯》(笔名:大古),《文汇报》(上海)1947 年 5 月 2 日。

42.《美帝国主义经济的演变过程》,《经济周刊》1947 年第 5 卷第 5—6 号。

43.《论英美间的贸易战争》,《经济导报》(香港)1947 年 8 月 14 日。

44.《论英镑自由兑换问题》,《经济导报》(香港)1947 年 9 月 4 日。

45.《远水救不了近火》,《世界知识》1947 年第 16 卷第 10 期。

46.《美国扩张政策的经济基础》,《经济导报》(香港)1947 年 10 月 16 日。

47.《战后波兰的经济改造》,《新中华》1947 年第 5 卷第 22 号。

48.《英国的金元恐慌》,《华侨日报》(新加坡)1947 年 7 月 7 日。

49.《英国工会发展史》(笔名:犇牛),《文汇报》(香港)1947 年 9 月 26 日。

50.《国际贸易会议展望》,(笔名:高林),《文汇报》(上海)1947 年 11 月 17 日。

51.《德国鲁尔经济与世界和平》,《经济导报》(香港)1947 年 11 月 20 日。

52.《英国经济新动态》,《文汇报》(上海)1947 年 12 月。

53.《如何建设人民经济》,《中国建设》1947 年第 3 卷第 2 号。

54.《一九四七年英国经济总结》,《经济导报》(香港)1948 年 1 月 1 日。

55.《从资本投资展望英国工业》,《文汇报》(上海)1948 年 1 月。

56.《战后捷克斯洛伐克的经济改造》,《新中华》1948 年第 6 卷第 2 号。

57.《1948 年英国经济展望》,《经济导报》(香港)1948 年第 52 号。

58.《论法郎贬值的国际影响》,《经济导报》(香港)1948 年 2 月 24 日。

59.《英镑的苦斗》,《经济导报》(香港)1948 年 2 月 24 日。

60.《英镑·马歇尔计划·美元》(笔名:大戈),《南洋经济》1948 年第 1 卷第 5 期。

61.《战后南斯拉夫的经济改造》,《新中华》1948 年第 6 卷第 5 号。

62.《论新民主国家的经济计划》,《世界知识》(上海)1948 年 3 月 13 日。

63.《再论英国的国际收支》,《经济导报》(香港)1948 年 3 月 16 日。

64.《英镑·美元·黄金》,《经济导报》(香港)1948 年 4 月 27 日。

65.《释国际贸易宪章》,《时代批评》(香港)1948 年 5 月 5 日。

66.《伦敦金银市场》,《经济导报》(香港)1948 年 6 月 1 日。

67.《论新民主国家的国有化政策》,《世界知识》(上海)1948 年 6 月 12、19 日。

68.《战后保加利亚的经济改造》,《新中华》1948 年第 6 卷第 8—9 号。

69.《战后匈牙利的经济改造》,《新中华》1948 年第 6 卷第 10 号。

70.《美国经济走向军事化》,《经济导报》(香港)1948 年第 71 号。

71.《论新民主国家的土地改革》,《时与文》1948 年第 3 卷第 7 期。

72.《战后罗马尼亚的经济改造》,《新中华》1948 年第 6 卷第 11 号。

73. *The New Democracies and the Future of China*(新民主主义与中国的将来),Thenew Central European Observer,June 12,1948,Vol. 1,No. 3.

74.《论新民主国家的国民生活》,《世界知识》(上海)1948 年 7 月 17、24 日。

75.《论新民主国家的经济建设》,《世界知识》(上海)1948 年 7 月 31 日、8 月 7 日。

76.《南斯拉夫在歧途上》,《世界知识》1948 年第 18 卷第 9 期。

77.《从西欧联盟到柏林冷战》,《世界知识》1948 年第 18 卷第 10 期。

78.《记国际知识界和平大会》,《世界知识》1948 年第 18 卷第 11 期。

79.《苏联的工资与物价》,《经济周报》1948 年第 7 卷第 16—17 期。

80.《论战后资本主义与世界和平》,《世界知识》(上海)1948 年 11 月 6 日。

81.《与 H. 詹森先生一席谈》,《世界知识》1948 年第 18 卷第 18 期。

82.《在英吉利海峡的两岸》(本刊特约伦敦航讯)(笔名:大古),《世界知识》1948 年第 18 卷第 21 期。

83.《从伦敦到布拉格——欧陆散记之一》,《文汇报》(香港) 1949 年 1 月 7 日。

84.《夏洛宫巡礼——欧陆散记之二》,《文汇报》(香港) 1949 年 1 月 8 日。

85.《捷克的新生——欧陆散记之三》,《文汇报》(香港) 1949 年 1 月 14 日。

86.《今日瑞士——欧陆散记之四》,《文汇报》(香港) 1949 年 1 月 15 日。

87.《巴黎观感——欧陆散记之五》,《文汇报》(香港) 1949 年 1 月 17 日。

88.《北方传来的福音——自由·安定·欢乐》,《文汇报》(香港) 1949 年 2 月 5 日。

89.《从"金元饥馑"看资本主义的将来》,《〈文汇报〉经济周刊》(香港) 1949 年 2 月 7 日。

90.《美国面临经济的风暴》,《文汇报》(香港)社论 1949 年 2 月 11 日。

91.《金元寡头的忧悒》,《文汇报》(香港)社论 1949 年 2 月 12 日。

92.《论新民主主义的本质》(星期论文),《大公报》(香港) 1949 年 2 月 20 日。

93.《又一张空头支票——评"流亡内阁"的财金方案》,《文汇报》(香港)社论 1949 年 2 月 26 日。

94.《争民主的新浪潮》,《文汇报》(香港)社论 1949 年 3 月

5 日。

95.《东南欧与新中国》,《文汇报》(香港)1949 年 3 月 6 日。

96.《人类和平的新希望》,《文汇报》(香港)社论 1949 年 3 月 19 日。

97.《光明的号召》,《文汇报》(香港)社论 1949 年 3 月 26 日。

98.《开展新文化启蒙运动》,《文汇报》(香港)"思想与生活"栏,第 15 期 1949 年春。

99.《谁敢挑起大战?》,《文汇报》(香港)社论 1949 年 4 月 2 日。

100.《从新预算看英国经济》,《文汇报》(香港)社论 1949 年 4 月 9 日。

101.《评港府黄金禁令》,《文汇报》(香港)社论 1949 年 4 月 16 日。

102.《论世界和平的经济基础》(星期论文),《大公报》(香港)1949 年 4 月 24 日。

103.《"冷战"中的一道阳光——展望德国问题》,《文汇报》(香港)社论 1949 年 5 月 7 日。

104.《英国对外贸易的危机》,《文汇报》(香港)社论 1949 年 5 月 14 日。

105.《香港用不着惊惶》,《文汇报》(香港)社论 1949 年 5 月 21 日。

106.《论独占资本主义的历史命运》(星期论文),《大公报》(香港)1949 年 5 月 22—23 日。

107.《一个欧洲,两个天地》,《文汇报》(香港)社论 1949 年 5 月 28 日。

108.《纽约跌风的新认识》,《文汇报》(香港)社论 1949 年 6 月 4 日。

109.《新上海·新经济》,《文汇报》(香港)社论 1949 年 6 月 10 日。

110.《伟大的开端》,《文汇报》(香港)社论 1949 年 6 月 12 日。

111.《看工党前途》,《文汇报》(香港)社论 1949 年 6 月 18 日。

112.《研究经济科学的科学态度》(笔名:李明),《大公报》(香港)1949 年 6 月 20 日。

113.《怎样防卫"民主橱窗"? ——兼论港府新政》,《文汇报》(香港)社论 1949 年 6 月 25 日。

114.《英镑贬值再认识》,《文汇报》(香港)社论 1949 年 7 月 2 日。

115.《新民主主义商品形态论》(笔名:石清心),《文汇报》(香港)1949 年 7 月 4 日。

116.《论英镑贬值与资本主义新危机》,《经济导报》(香港)1949 年 7 月 5 日。

117.《唐宁街的哀鸣》,《文汇报》(香港)1949 年 7 月 9 日。

118.《英国工党的"政治健康"》,《文汇报》(香港)社论 1949 年 7 月 23 日。

119.《论人民民主专政的历史内容》,《光明日报》1949 年第 3 卷第 10 期。

120.《论英镑贬值与资本主义新危机》(笔名:王祥生),《经济导报》(香港)1949 年第 128 期。

121.《人民民主专政与中国经济》,《文汇报》(香港)社论 1949 年 7 月 18 日。

122.《费边社会主义的理论与实践》,《新中华》1949 年第 12 卷第 9—10 期。

123.《英美经济矛盾与资本主义总危机》,《新建设》1949 年第 1 卷第 2 期。

124.《文化革命与知识分子的责任》,《新建设》1949 年第 1 卷第 4 号。

125.《我是怎样学习政治经济学的》,《学习》1949 年第 1 卷第 2 期。

126.《世界经济的新动向》,《光明日报》1949 年 9 月 16 日。

127.《世界经济的基本认识》,《光明日报》1949 年 11 月 18 日。

128.《苏联外交政策的理论与实践》,《新中华》1949 年第 12 卷第 22 号。

129.《发行公债与发展经济》,《新建设》1949 年第 1 卷第 8 号。

130.《一年来的中国经济》,《新建设》1950 年第 1 卷第 9 号。

131.《英国工党、大选、社会主义》,《新建设》1950 年第 1 卷第 11 号。

132.《资本主义总危机的新阶段》,《观察》1950 年第 6 卷第 8 号。

133.《论新民主国家的政治制度》,《新中华》1950 年第 13 卷第 4 期。

134.《人民经济的新发展与新胜利》,《新建设》1950 年第 2 卷第 3 号。

135.《纸币购买力的几个问题》,《学习》1950 年第 2 卷第 9 期。

136.《马克思与工人运动》,《新中华》1950 年第 13 卷第 9 号。

137.《国际劳动节与国际主义的团结》,《新建设》1950 年第 2 卷第 6 号。

138.《马克思与〈资本论〉》,《光明日报》1950 年 5 月 5 日。

139.《调整工商业和私人资本的出路》,《新建设》1950 年第 2 卷第 9 号。

140.《三种经济的比较(社会主义、新民主主义、资本主义)》,《经济周报》1950 年第 11 卷第 5 期。

141.《"信"和"顺"的矛盾和统一》(笔名:大古),《翻译通报》1950 年第 1 卷第 1 期。

142.《土地改革与新民主主义革命》,《展望丛刊》1950 年第 2 辑。

143.《从经济上看美帝也是纸老虎》,《展望丛刊》1950 年第 2 辑。

144.《反动的逻辑与历史的真理》,中国民主同盟总部宣传委员会编印,1950 年版。

145.《正义的怒火正在燃烧》,中国民主同盟总部宣传委员会编印,1950 年版。

146.《斥艾奇逊的反动逻辑》,《展望》1951 年第 5 卷第 13 期。

147.《向着胜利进军》,《新中华》1951 年第 14 卷第 1 号。

148.《凯恩斯主义批判》,《新建设》1951 年第 3 卷第 6 号。

149.《关于人民经济的几个基本范畴》,《新建设》1951 年第 5 卷第 1 号。

150.《"五四"运动与中国社会科学的发展》,《光明日报》1951 年 5 月 4 日。

151.《苏联经济空前发展的历史意义》,《新中华》1951 年第 14 卷第 22 期。

152.《论美国经济上的弱点》,载《美帝国主义的政治与经济》,新建设杂志社 1951 年版。

153.《对于爱国主义应有的认识》,载《在爱国主义旗帜下团结前进》,中国民主同盟总部宣传委员会编印,1951年版。

154.《发展人民经济的基本纲领》,载《新经济论丛》(上),十月出版社1951年版。

155.《英美间的贸易战争》(笔名:奚石人),载《新经济论丛》(下),十月出版社1951年版。

156.《读〈我们的经济政策〉》,《新建设》1952年第1号。

157.《苏联新五年计划的伟大历史意义》,《世界知识》1952年第36期。

158.《统一的世界市场的瓦解与资本主义总危机》,《学习》1952年第8期。

159.《马克思主义关于生产力与生产关系的理论》,《新建设》1952年第12号。

160.《新民主主义的理论与实践》,载《新政治经济学习文萃》,民主建国会天津市分会编印,1952年版。

161.《民主世界市场的繁荣和帝国主义市场的萎缩》,《人民日报》1953年1月26日。

162.《永远走向胜利的社会主义经济》,《世界知识》1953年第4期。

163.《美元与英镑的斗争》,《经济周报》1953年第26期。

164.《中苏经济合作与社会主义工业化》(笔名:郭季青),《新建设》1953年第11期。

165.《论我国工业化的基本方针》,载《怎样实现国家的社会主义工业化》,工人出版社1954年版。

166.《一年来的国际经济(1954)》,载《世界知识手册》,世界知识社1954年版。

167.《一年来的国际经济(1955)》,载《世界知识手册》,世界知识社1955年版。

168.《梁漱溟社会政治观点的封建性及买办性》,《北京师范大学学报》1956 年第 1 期。

169.《早春寒意消,园丁快育苗》,《人民日报》1957 年 4 月 27 日。

170.《十九世纪末二十世纪初庸俗经济学在方法论上的破产》,《北京师范大学学报》1962 年第 4 期。

171.《十九世纪末二十世纪初庸俗经济学在价值论上的破产》,《北京师范大学学报》1963 年第 4 期和 1964 年第 1 期。

172.《关于战后帝国主义经济的几个问题》,《学术论丛》1979 年第 1 期。

173.《现代资本主义与无产阶级贫困化》,《北京师范大学学报》1980 年第 1 期。

174.《论世界经济的研究对象》,《社会科学战线》1980 年第 2 期。

175.《罗斯托的经济成长阶段论》,载《国外经济学讲座》第 2 册,中国社会科学出版社 1980 年版。

176.《论现代资本主义的基本经济特征》,《经济学集刊》1980 年第 1 期。

177.《应用〈资本论〉的基本原理和方法,使经济科学更好地为"四化"服务》,《思想战线》1981 年第 1 期。

178.《西方经济往何处去?》,《经济导报》(香港)总 1705 期(1981 年)。

179.《音容宛在,事业长存》,载《王亚南与教育》,福建教育出版社 1981 年版。

180."序",载杨国昌编著《〈资本论〉研究资料汇编》,河北人民出版社 1981 年版。

181.《战后帝国主义国家金融资本的膨胀及其变化》,《红旗》

杂志 1981 年第 19 期。

182.《罗斯托》,《经济学动态》1981 年第 12 期。

183.《时代的考验——回顾与展望》,《经济导报》1982 年第 1 期。

184.《中国和加拿大经济关系的发展:过去、现在和将来》, 1982 年 2 月中国经济学家代表团访加期间参加研讨会的发言,载《陶大镛文集》(世界经济卷),北京师范大学出版社 1998 年版。

185.《〈资本论〉与现代资本主义》,《世界经济导报》1982 年 3 月 15、22 日,4 月 12、19 日。

186.《是计划经济,还是商品经济?》,《光明日报》1982 年 6 月 26 日。

187.《加拿大经济现状和中加经济关系的发展》,《经济导报》(香港)1982 年第 29 期。

188.《有感于"一江春水向东流"》,《民族团结》1983 年第 1 期。

189.《西德社会经济的三大问题》,《经济导报》(香港)1983 年 12 月 12、19 日。

190.《关于提高〈资本论〉的教学和科研水平问题》,载《〈资本论〉学术论文选》,辽宁人民出版社 1983 年版。

191.《我国社会主义经济制度的新特征》,载《新宪法十二讲》,江苏人民出版社 1983 年版。

192.《认清中国国情,建设社会主义》,《中国经济问题》1984 年第 1 期。

193.《简论我国经济特区的性质》,载《特区经济理论问题论文集》,人民出版社 1984 年版。

194.《杰出的经济学家沈志远》,《群言》1985 年第 7 期。

195.《读〈资本论〉一得(代序)》,载洪远朋编著《通俗〈资本论〉》,辽宁人民出版社 1985 年版。

196.《知识分子的光辉榜样——敬悼胡愈老》,《光明日报》1986 年 1 月 31 日。

197.《中澳经济关系展望》,1986 年 5 月 2 日在澳大利亚 Griffith 大学现代亚洲研究院欢迎会上的致词,载《陶大镛文集》(世界经济卷),北京师范大学出版社 1998 年版。

198.《向李公朴、闻一多两位先烈学习》,《北京盟讯》1986 年第 8、9 期。

199.《罗斯托的经济成长阶段论》,载《现代西方经济理论十五讲》,江苏人民出版社 1986 年版。

200.《香港与内地经济贸易关系的回顾与前瞻》,载香港《中国经济特区年鉴》1986 年版。

201.《纵观世界经济的发展趋势(1987)》,《北京师范大学学报》1987 年第 3 期。

202.《从亚太地区形势看中美经济关系》,1987 年 4 月在美国参加"中美知名人士会晤"研讨会上的发言,载《陶大镛文集》(世界经济卷),北京师范大学出版社 1998 年版。

203.《为中年知识分子紧急呼吁》,《群言》1987 年第 8 期。

204.《中国对外经济发展战略》,载《我国社会经济和科技发展战略问题》,上海知识出版社 1987 版。

205.《再论世界经济的动向(1987)》,载《经济导报》(香港)1987 年纪念特刊。

206.《香港在中国对外开放中的地位和作用》,载《过渡时期的中港经济关系》,香港三联书店 1988 年版。

207.《深切怀念剑农同志》,载朱剑农著《中国经济问题论集》,湖北人民出版社 1988 年版。

208.《资本主义生产方式》,载《中国大百科全书·经济卷》

Ⅲ,1988年版。

209.《海峡两岸为何要加强经济交流?》,《台声》月刊1988年第10期。

210.《探索价格改革的指导方针》,《群言》1988年第12期。

211.《经济工作要牢牢树立"教育为本"的战略观念》,《经济工作通讯》1989年第2期。

212.《隐忧·对策·希望——谈"百年大计,教育为本"》,《求是》1989年第2期。

213.《忘却顶上霜 到老犹磅礴——纪念许涤新同志逝世一周年》,《群言》1989年第2期。

214.《探索现代资本主义的发展阶段——对"向社会主义过渡"问题的再认识》,《北京师范大学学报》1989年第3、6期。

215.《历史不会忘记——奥斯威辛集中营罪行录》,《群言》1989年第8期。

216.《用马克思主义指导经济理论研究和写作》,载《经济专家论写作》,中国经济出版社1989年版。

217.《商品流通体制改革纵横谈》,载《治理经济环境,建立流通新秩序》,中国商业出版社1989年版。

218.《疾风知劲草拳拳报国心——沉痛悼念关梦觉同志》,《群言》1990年第6期。

219.《列宁主义的历史地位》,《高校理论战线》1990年第6期。

220.《再论我国经济特区的性质》,载《百位学者对深圳的思考》,海天出版社1991年版。

221.《坚持马克思主义与中国实际相结合——纪念王亚南诞辰90周年》,《人民日报》1991年12月27日。

222.《坚持真理 忧国爱民——沉痛悼念彭迪先同志》,载彭迪先著《我的回忆与思考》，四川人民出版社1992年版。

223."序"，载杨国昌著《马克思经济学说研究》，沈阳出版社
1992年版。

224.《对股份制与现代企业制度的一些思考》，《新华文摘》
1994年第12期。

225.《从世界经济格局的变化看中国经济发展的前景——海
峡两岸资深学者学术研讨会论文》，载《经济学家》1995年第1期。

226."序"，载赵春明著《亚太地区经济发展多元化研究》，北
京师范大学出版社1995年版。

227.《迈向21世纪的世界经济与中国》，载刘诗白主编《迈向
21世纪的中国经济——海峡两岸学者对中国经济前景的展望》，
西南财经大学出版社1996年版。

228.《祖国好，香港更好》，《经济导报》（香港）1997年6月
23日。

229.《风雨50年》，《群言》1999年第10期。

230."代序"，载《柳风拂晓——秦柳方选集之三》，中国财政
经济出版社2001年版。

231.《回忆许涤新》，《当代思潮》2002年第5期。

责任编辑:郑海燕

封面设计:肖　辉

图书在版编目(CIP)数据

哲人虽逝　清风长存——陶大镛先生纪念文集/北京师范大学

　经济与工商管理学院　中国民主同盟中央委员会 编.

　-北京:人民出版社,2011.4

ISBN 978－7－01－009721－3

Ⅰ.①哲…　Ⅱ.①北…②中…　Ⅲ.①陶大镛(1918~2010)-纪念

文集　Ⅳ.①K825.46-53

中国版本图书馆 CIP 数据核字(2011)第 034528 号

哲人虽逝　清风长存

ZHEREN SUISHI QINGFENG CHANGCUN

　　——陶大镛先生纪念文集

北京师范大学经济与工商管理学院　中国民主同盟中央委员会　编

人民出版社 出版发行

(100706　北京朝阳门内大街 166 号)

北京中科印刷有限公司印刷　新华书店经销

2011 年 4 月第 1 版　2011 年 4 月北京第 1 次印刷

开本:710 毫米×1000 毫米 1/16　印张:21.75

字数:271 千字

ISBN 978－7－01－0009721－3　定价:56.00 元

邮购地址 100706　北京朝阳门内大街 166 号

人民东方图书销售中心　电话 (010)65250042　65289539